科学出版社"十四五"普通高等教育本科规划教材

金融风险管理

FINANCIAL RISK MANAGEMENT

叶五一 焦守坤 主 编

科学出版社
北　京

内 容 简 介

本书作为金融专业的教科书,包含传统金融风险度量及风险管理理论的同时,兼顾了基于金融科技的风险管理理论等现代金融风险管理内容。本书系统介绍了金融风险管理与监管、金融风险测度、信用风险、流动性风险、操作风险以及市场风险等基本理论,并基于金融科技分析了各类金融风险识别、度量、管理和监管手段。本书以实用性为目的,详细且系统地介绍了金融风险管理理论,为学生从事风险管理、风险监管等工作奠定基础。

本书的读者对象为金融学专业、计算金融专业、金融工程专业的高年级本科生以及金融硕士专业学位研究生。

图书在版编目(CIP)数据

金融风险管理 / 叶五一,焦守坤主编. -- 北京:科学出版社,2025. 6. -- (科学出版社"十四五"普通高等教育本科规划教材). -- ISBN 978-7-03-082522-3

Ⅰ.F830.9

中国国家版本馆 CIP 数据核字第 2025P626N0 号

责任编辑:方小丽 / 责任校对:张亚丹
责任印制:张　伟 / 封面设计:楠竹文化

科学出版社 出版
北京东黄城根北街 16 号
邮政编码:100717
http://www.sciencep.com
北京天宇星印刷厂印刷
科学出版社发行　各地新华书店经销

*

2025 年 6 月第 一 版　　开本:787×1092　1/16
2025 年 6 月第一次印刷　　印张:12 3/4
字数:302 000

定价:58.00 元
(如有印装质量问题,我社负责调换)

前　言

党的二十大报告指出，当前我国"防范金融风险还须解决许多重大问题"并强调要"守住不发生系统性风险底线"[①]。2023 年中央金融工作会议明确指出"坚持把防控风险作为金融工作的永恒主题"，"要全面加强金融监管，有效防范化解金融风险"。随着全球金融市场的复杂性和不确定性日益增加，政府、金融机构、企业和个人无不面临着前所未有的挑战与考验。金融科技（financial technology，FinTech）将传统金融与现代信息技术深度融合，正以前所未有的力量重塑金融行业的面貌，对金融风险管理的影响尤为深远。本书在这一时代背景下编纂而成，旨在为读者提供一个系统、深入且理论与实践并重的现代金融风险管理体系框架。本书不仅涵盖了金融风险管理的基本概念、原理与方法，还紧密结合了金融科技发展的最新趋势，深入探讨了金融科技如何深刻影响并重塑金融风险管理的面貌。

在具体内容的编排上，本书共分为十个章节，每一章都围绕金融风险管理的关键环节展开，层层递进，相互支撑，形成了一个完整的知识体系。从风险与金融风险这一基础概念出发，逐步深入到金融风险管理的核心理念与流程，再进一步拓展至金融监管与巴塞尔协议等全球性的风险管理框架与标准。随后，通过金融风险测度、金融时间序列风险模型以及基于多元分布模型的金融风险度量等章节，本书详细介绍了金融风险度量的理论与方法，为量化金融风险提供了坚实的数学与统计学基础。在此基础上，本书进一步聚焦于具体风险类型的度量与管理，包括信用风险度量与管理、流动性风险度量与管理、操作风险度量与管理以及市场风险度量与管理。这些章节详细阐述了各类风险的成因、特性与影响，以 VaR（value at risk，风险价值）和 ES（expected shortfall，预期亏损）为例，数理地阐述了金融风险的量化和度量方法，并针对每一类金融风险介绍了其具体的测算方法。

尤为重要的是，本书特别关注了金融科技对金融风险管理的影响。随着大数据、人工智能（artificial intelligence，AI）、区块链等技术的不断发展，金融科技正在以前所未有的速度改变着金融行业的面貌，金融风险管理也面临着新的挑战与机遇。本书将金融科技在风险管理中的应用融合进每一章节，深入分析了金融科技如何优化风险识别、评估、监控与应对的流程，提高风险管理的效率与精度，为读者揭示了金融科技在金融风险管理领域的广泛应用前景与潜在价值。

本书借鉴国际主流教材，根据我国学生的知识体系进行编写，主要面向金融学、金

[①] 《习近平：高举中国特色社会主义伟大旗帜　为全面建设社会主义现代化国家而团结奋斗——在中国共产党第二十次全国代表大会上的报告》，https://www.gov.cn/xinwen/2022-10/25/content_5721685.htm[2022-10-25]。

融科技和金融工程专业的本科生及研究生。希望通过本书的学习，能够帮助读者建立起对金融风险管理的全面认识与深刻理解，掌握金融风险管理的核心技能与方法，为未来的职业生涯打下坚实的基础。同时，我们也期待读者能够关注金融科技的最新发展动态，积极探索金融科技和金融风险管理相结合的新路径与新模式。

本书在写作过程中，得到了付林、周宏君、王依琳、葛一凡、曾凌、陈向阳以及胡闻洛等的实际帮助。吕梦迪帮助作者解决了排版问题，并完成了多次校订工作。在此向他们一并致谢。

本书还有不少遗憾之处，敬请读者指正，以便能不断完善我们的教材。

叶五一　焦守坤
2024 年 9 月
于中国科学技术大学

目　　录

第 1 章　风险与金融风险 ··· 1
1.1　风险的概念 ··· 1
1.2　金融风险的概念 ··· 2

第 2 章　金融风险管理 ··· 8
2.1　金融风险管理的概念 ··· 8
2.2　金融风险管理的进程 ··· 11
2.3　现代金融风险管理 ··· 14

第 3 章　金融监管与巴塞尔协议 ··· 24
3.1　金融监管 ··· 24
3.2　巴塞尔协议 ··· 32

第 4 章　金融风险测度 ··· 37
4.1　VaR ·· 37
4.2　ES ·· 39
4.3　VaR 与 ES 的联合建模 ·· 40
4.4　其他风险测度 ··· 45

第 5 章　金融时间序列风险模型 ··· 47
5.1　金融时间序列的典型化事实 ··· 47
5.2　线性时间序列与预测 ··· 50
5.3　ARCH 模型与 GARCH 模型 ·· 58
5.4　波动率预测和 VaR 与 ES 的估计 ·· 61

第 6 章　基于多元分布模型的金融风险度量 ··· 64
6.1　多元时间序列的典型化事实 ··· 64
6.2　多元分布 ··· 66
6.3　多元混合正态分布 ··· 75
6.4　Copula 方法 ·· 79
6.5　复杂金融风险的度量 ··· 87

第 7 章　信用风险度量与管理 ··· 93
7.1　信用风险的概述 ··· 93
7.2　传统信用风险度量 ··· 98
7.3　现代信用风险度量 ··· 102
7.4　基于 FinTech 的信用风险分析 ·· 116
7.5　信用风险管理 ··· 117

第 8 章 流动性风险度量与管理 ········ 123
8.1 流动性风险 ········ 123
8.2 流动性风险度量 ········ 126
8.3 基于 FinTech 的流动性风险分析 ········ 136
8.4 流动性风险管理 ········ 145

第 9 章 操作风险度量与管理 ········ 150
9.1 操作风险的定义 ········ 150
9.2 操作风险的分类 ········ 151
9.3 操作风险的度量 ········ 155
9.4 基于 FinTech 的操作风险分析 ········ 164
9.5 操作风险管理 ········ 165

第 10 章 市场风险度量与管理 ········ 171
10.1 市场风险的概念 ········ 171
10.2 市场风险测度 ········ 175
10.3 基于 FinTech 的市场风险分析 ········ 188
10.4 市场风险管理 ········ 191

参考文献 ········ 198

第1章　风险与金融风险

1.1　风险的概念

风险指一个事件产生不利结果的可能性。风险的本质包括客观存在、偶然性和可测性。尽管可以采取预防措施来减少风险事件发生所带来的损失，但是完全消除风险是不可能的。对于个别事件而言，风险导致事故发生充满了不确定性。不幸事件何时、何地以及以何种方式发生，都具有相当大的偶然性，因此对于独立的个体来说，很难在事前准确预测。然而，在大量相似的风险事件中，某一特定风险在一段时间内的发生具有一定的规律性。因此，就大规模的风险群体而言，可以使用概率来度量风险事件发生的可能性。

风险事件通常指的是可能对个人、组织或社会造成不利影响的不确定性事件。这些事件可能导致经济损失、人身伤害、财产损害或其他不利后果。风险事件的特点包括潜在性（即它们尚未发生，但有可能发生）和不确定性（即无法确定它们是否会发生以及何时发生）。

风险事件可以涵盖各个领域，包括金融市场、自然灾害、健康和医疗、商业经营等。管理和评估风险事件对于个人和组织来说至关重要，这通常涉及风险识别、评估、控制和监测的过程，以最大程度地减少不利影响或损失。一些常见的风险事件如下。

（1）自然灾害风险，如地震、飓风、洪水和山火等，这些事件的发生通常难以预测和控制，可能带来严重的生命和财产损失。

（2）经济风险，涵盖信用风险、操作风险、流动性风险、市场风险等经济领域的不确定性，这些因素可能直接影响企业的盈利能力、市场前景和就业状况。

（3）健康风险，涉及传染病暴发、流行病、药物副作用等，这些事件威胁到人们的健康状况和生命安全。

（4）技术风险，包括网络安全漏洞、数据泄露、系统故障等，这些事件威胁到个人和组织的信息安全。

（5）法律和法规风险，涉及法律诉讼、法规变动、合规挑战等因素，这些变化可能对企业的运营策略、法律地位和市场行为产生影响。

（6）环境风险，涉及污染、气候变化、资源短缺等，这些因素可能对生态系统和全球的可持续发展造成不利影响。

（7）地缘政治风险，包括战争、政治动荡、贸易争端等国际层面的风险，这些问题会对国际关系和全球经济产生深远影响。

风险事件通常隐藏着一系列潜在的风险因素。风险因素是指可能对项目、企业、金融资产或整个经济系统造成负面影响的各种条件。了解并识别这些风险因素对实施有效的风险管理至关重要。风险因素根据其来源可分为内部风险因素和外部风险因素。其中，内部风险因素主要源自组织内部的运作和决策过程。这些因素通常可以被组织控制或显著影响，主要包括人力资源管理、组织结构与文化等方面。首先，员工的技能、经验和行为会对组织的运作产生重大影响。人力资源的不当管理，如招聘不足、培训不充分或激励机制失效，都会导致生产力低下和高员工流失率。其次，不透明的决策过程或僵化的组织结构会妨碍有效的风险管理和创新，不良的组织文化也会影响决策过程和员工行为。外部风险因素则源自组织外部环境，通常不受单一组织的控制，主要包括市场变化、法律和政策变动、经济环境的改变等。首先，市场需求的波动、价格变动和竞争强度的增加都是重要的市场风险因素，会影响到公司的收益能力和市场份额。其次，政府政策、法律法规的变化会影响组织的运营模式和成本结构，如新的环保法规需要企业投资新技术，增加运营成本。最后，宏观经济条件，如经济增长率、利率水平和汇率变动等都可以对企业的财务表现产生影响，经济衰退往往伴随需求下降，导致收入降低等。

1.2　金融风险的概念

1.2.1　金融风险的定义和分类

风险无处不在，尤其对于金融行业来说，金融风险更是以显著的集中性、潜在的破坏性和深远的传播性闻名。目前常见的金融风险类型包括信用风险、市场风险、流动性风险、操作风险等。

（1）信用风险，是指在金融交易中因债务人或交易对手未能履行合约义务，或其信用质量变化而导致金融工具价值发生变化，进而给债权人或金融工具持有者带来潜在损失的风险。信用风险的产生与信用过程中的不确定性密切相关，随着信用交易规模的扩大，信用风险的影响日益凸显。金融危机与信用风险紧密相关，如1997年的亚洲金融危机和2008年的全球金融危机。这些危机揭示了在金融市场中管理信用风险的重要性。有效的信用风险管理是金融机构运营的核心组成部分，关乎投资安全与收益的最大化。为了降低信用风险，金融机构采取了多种策略，包括进行信用评级、实施风险分散的投资组合策略以及要求相应的担保或抵押。

（2）市场风险，也称为系统性风险，是指投资价值因市场价格波动而导致的潜在损失风险。这种风险通常与整个市场运动相关，而非特定的个别资产。国际清算银行将市场风险定义为资产负债表内和表外的资产价格由于股票、利率、汇率、商品价格的变动而发生变化的风险。2004年12月29日，中国银行业监督管理委员会颁布的《商业银行市场风险管理指引》对市场风险给出了全面而完整的定义：市场风险是指因市场价格（利率、汇率、股票价格和商品价格）的不利变动而使银行表内和表外业务发生损失的风险。市场风险存在于银行的交易和非交易业务中。市场风险包括利率风险、汇率风险、股票价格风险、商品价格风险等。例如1997年亚洲金融危机、2000年互联网泡沫破裂、2020年新冠疫情引起的市场波动，市场风险都是主要因素之一。

（3）流动性风险，指的是在市场上进行资产或投资的买卖时，可能遇到难以迅速变现或以不利价格变现的风险。这一风险主要涉及资产的买卖能力和价格的波动性。对于银行和金融机构而言，流动性风险可分为负债流动性风险和资产流动性风险。首先，负债流动性风险要求银行在任何时候都能满足存款人提款或投资者赎回投资的需求。如果银行无法在客户需要时提供足够的资金，就会面临流动性风险。其次，资产流动性风险则要求金融机构能迅速提供资金给借款人并满足正常的贷款需求。如果金融机构不能及时满足贷款需求，也会产生流动性风险。流动性风险通常由资产和负债之间的差额以及期限的不匹配引发。流动性风险是投资决策中需要重点考虑的因素，它影响着投资者在需要变现资产时的能力和资金的安全性。投资者通常需要综合考虑投资组合的流动性，以确保能够在需要时以合理价格变现其投资。2023年美国硅谷银行面临严重的流动性不足问题，无法满足客户大规模的提现需求，最终宣布倒闭，暴露了金融机构在流动性管理和风险控制方面的不足。

（4）操作风险，是指由银行内部的操作系统、人员管理、内部控制、信息系统以及外部事件等方面的失败或不足，导致的直接或间接的损失风险。操作风险也是金融机构需高度关注的重要风险类型。操作风险的来源主要包括内部流程失败、人员管理失误、信息系统故障等。内部流程失败指由操作流程设计不当或执行不力导致的风险，如交易处理错误、数据输入错误等。人员管理失误包括员工操作失误、内部欺诈、缺乏培训等。信息系统故障指由系统设计缺陷、技术故障或网络攻击导致的风险，如系统崩溃、数据泄露和黑客攻击等。操作风险的特征包括广泛性、不可预测性和多样性。操作风险的广泛性指的是该风险几乎覆盖了金融机构的所有业务和操作环节，影响范围非常广泛。操作风险会影响金融机构的各个业务领域，包括前台交易、后台清算、客户服务、技术支持等，在一个部门出现也会影响到其他部门。操作风险的不可预测性指的是操作风险受多种因素影响，包括人为因素、技术因素、外部环境等，且往往是突发的，完全预测和控制操作风险具有一定难度。操作风险的多样性指的是其表现形式多样，从人为错误到系统故障再到外部事件，包括但不限于人为操作失误、系统崩溃、数据泄露、欺诈行为、自然灾害等，种类繁多。巴林银行的倒闭事件即操作风险管理失误的著名案例。因此，需要制定有效的风险管理策略，以减轻操作风险并保护其业务。

1.2.2 金融风险的案例和特点

20世纪90年代始于泰铢大幅度贬值的亚洲金融危机，给包括韩国、印度尼西亚和马来西亚在内的多个国家造成了严重影响，如经济倒退、企业倒闭等。2007年美国房地产市场的崩溃，尤其是次级抵押贷款市场的失败，导致金融机构遭受重大资产贬值，引发全球信贷市场的冻结和经济衰退。紧随次贷危机的全球金融危机，揭示了全球金融系统的过度杠杆和风险管理不足的问题。

自2020年新冠疫情暴发初期开始，全球金融市场经历了剧烈波动。特别是美国股市，在2020年3月仅仅一个月内就发生了四次熔断，显示出市场的极端恐慌和不确定性，债券市场和外汇市场也经历了不同以往的异常波动。

从2021年至2024年,美国通胀率也发生了巨大的变化。2021年初,通胀率相对较低,但随着经济从疫情影响中逐步恢复,通胀率开始显著上升。据美国劳工统计局数据,2021年1月通胀率为1.4%,2021年6月升至5.4%。进入2022年,通胀率进一步上升,到6月达到9.1%的高点,此后有所回落,但整体仍处于较高水平。2024年3月,通胀率略有下降,为3.5%。

在此背景下,美国联邦储备系统(以下简称美联储)自2022年3月起采取紧缩货币政策措施,多次加息抑制通胀压力。2022年以来美联储的加息时间、幅度和加息后联邦基金利率区间如表1-1所示。

表1-1 美联储加息时间、幅度和加息后联邦基金利率区间

时间	加息幅度(基点)	加息后联邦基金利率区间
2022年3月	25	0.25%~0.50%
2022年5月	50	0.75%~1.00%
2022年6月	75	1.50%~1.75%
2022年7月	75	2.25%~2.50%
2022年9月	75	3.00%~3.25%
2022年11月	75	3.75%~4.00%
2022年12月	50	4.25%~4.50%
2023年2月	25	4.50%~4.75%
2023年3月	25	4.75%~5.00%
2023年5月	25	5.00%~5.25%
2023年7月	25	5.25%~5.50%
2023年11月	25	5.50%~5.75%

此外,2023年3月,由于流动性风险等原因,美国的硅谷银行和签名银行相继宣布破产。这些事件进一步证明了疫情对金融市场的深远影响仍在持续。

通过上述案例,可以初见金融风险的一些特点。下面将详细介绍金融风险的特点,深入了解金融风险特点不仅有助于投资者、金融机构和政府更好地识别和管理风险,还有助于应对不断变化的金融市场环境。

金融风险具有普遍性、多样性、不确定性、相互关联性、隐蔽性和全球性等特点。普遍性意味着金融风险无处不在,涉及市场、机构和个人;多样性指金融风险种类繁多,如市场风险、信用风险等;不确定性表明风险的发生和影响难以预测;相互关联性意味着不同风险可能相互触发;隐蔽性指风险可能隐藏在复杂金融产品和结构中;全球性则指金融风险能迅速传播至全球,如美国次贷危机。这些特点要求金融机构采取全面的风险管理策略,以维护金融稳定。

1. 普遍性

金融风险的普遍性是指金融风险存在于金融系统的各个层面,影响金融市场、机构和个人。它包括市场风险、利率风险、汇率风险、信用风险、流动性风险等,涉及股票、债券、外汇、衍生品等多个领域。银行、保险公司、投资公司等金融机构都须面对不同

类型的风险。例如，股票市场公司面临市场风险，债券市场公司面临利率风险，外汇市场公司面临汇率风险，衍生品市场公司面临复杂的信用风险和操作风险，银行面临信用风险和流动性风险等。

2. 多样性

金融风险的多样性是指其种类繁多，涵盖了多种类型的风险，每种风险具有不同的来源、特性和影响方式。常见的有市场风险（包括股价风险、利率风险、汇率风险、商品价格风险等）、信用风险（包括违约风险、迁移风险、结算风险等）、操作风险（包括系统故障、内部欺诈、外部事件等）、流动性风险（包括资产流动性风险、负债流动性风险等）、法律风险（包括合规风险、合同风险、诉讼风险等）、声誉风险（包括品牌风险、客户信任风险等）。

3. 不确定性

金融风险的不确定性是指金融风险的发生、影响和程度具有较大的不可预测性且难以精确衡量的特点。它主要来源于市场环境的复杂变化、政策和法规的调整、外部事件以及经济和金融数据的不完整性。市场价格波动、经济周期性变化、央行货币政策调整、新监管要求、自然灾害、地缘政治事件和全球金融危机等都可能增加金融风险的不确定性。此外，信息不对称和数据不准确也会影响风险评估和决策，进一步增加金融风险的不确定性。

4. 相互关联性

金融风险的相互关联性是指不同类型的金融风险之间存在相互关联和影响的事实。这些风险相互交织在一起，导致一个风险事件触发或加剧其他风险，使金融系统更脆弱。例如，市场风险与信用风险相互影响，如价格下跌增加违约风险，信用事件恶化市场情绪；市场风险与流动性风险也紧密相连，价格大幅波动引发资产抛售，导致流动性问题，市场不稳定进一步加剧这些问题。

5. 隐蔽性

金融风险的隐蔽性是指隐藏在复杂的金融交易、资产结构、市场行为和机构运营中，难以被及时发现或评估，往往直到风险显现时才被识别。由于现代金融产品，如衍生品和资产支持证券具有复杂性，其风险难以识别和评估。金融机构利用监管差异进行监管套利，规避监管要求，隐藏风险。数据不透明和信息披露不足增加了风险评估的难度，使风险状况难以被全面了解。此外，市场情绪和投资者行为偏差，如过度自信和从众效应，导致风险被低估或忽视，增加市场风险。

6. 全球性

金融风险的全球性是指金融风险的影响和传播具有跨国界的特征。它主要来源于全球金融市场的高度互联、国际贸易与跨国交易的复杂性以及外汇市场的波动。跨境资本流动和跨国金融机构的存在加强了市场间的联系，但同时也使金融风险能够迅速传播,如美国的次贷危机就迅速蔓延至全球金融市场。全球供应链和国际贸易网络的复杂性,加上贸易摩擦和关税变化等因素,都会导致全球金融市场的波动。此外,外汇市场的高频波动和主要货币汇率波动对国际贸易与投资产生广泛影响,增加了金融风险的全球性。

1.2.3 金融风险对社会发展的影响

金融风险对社会发展构成深远影响,它不仅会触发经济危机和衰退,损害投资环境,增加金融市场波动,还会导致信贷紧缩和流动性问题。此外,金融风险会加剧失业问题,扩大收入差距,影响社会公平。它还会导致资产价格剧烈波动,改变人们的储蓄和投资行为,从而影响经济增长。金融风险也给社会保障体系带来压力,减少社会保障基金的投资回报,增加政府财政负担,导致公共服务和社会福利水平下降。

1. 对经济稳定的影响

金融风险引发严重的经济危机和衰退,造成经济活动大幅萎缩。2008年,由美国次贷危机引发的全球金融危机,导致全球金融市场崩溃,多个国家出现严重经济衰退。金融风险也会导致投资环境恶化,抑制国内外投资,阻碍经济发展。金融风险会加剧金融市场的波动,增加系统性风险,影响经济稳定。金融风险导致信贷紧缩和流动性危机。银行因风险上升而收紧信贷标准,减少放贷,金融机构或市场因资金短缺面临流动性危机,进一步影响经济活动。总之,金融风险对经济稳定的影响包括引发经济危机和衰退、恶化投资环境、增加金融系统脆弱性、导致信贷紧缩与流动性危机。

2. 对就业水平和收入分配的影响

金融风险事件如经济衰退或金融危机会造成大量企业破产和倒闭,进而导致大规模失业。在高金融风险环境下,企业也会采取缩减规模的策略以降低成本和风险。金融风险加剧收入不平等,高收入群体拥有更多的金融资源和工具,可以更有效地规避风险,低收入群体缺乏足够的金融资源和风险管理工具,容易受到金融风险的冲击,影响社会公平和经济发展。金融风险增加了社会保障和收入支持系统的压力,如增加失业救济和贫困救助需求。总之,金融风险对就业水平和收入分配的影响体现在就业水平下降、收入不平等加剧以及社会保障负担加重等多个方面。

3. 对财富和金融资产波动的影响

金融风险往往导致股票、房地产、债券等资产价格的剧烈波动,对企业而言,股价急剧下跌,市值大幅缩水,直接影响社会公众的财富。金融风险使债券收益率上升,债券价格下跌,尤其是高风险债券受影响更大。金融风险增加了经济不确定性,公众倾向于增加储蓄以应对未来风险,消费支出下降,投资趋于保守,经济增长放缓,甚至会有资本外流现象。总之,金融风险对财富和金融资产的影响广泛,体现在资产价格的剧烈波动、投资者财富的变化、储蓄和投资行为的改变等方面。

4. 对社会保障的影响

金融风险导致社会保障基金资产如基本养老金基金、基本医疗保险基金投资回报减少，影响养老金支付能力和医疗服务的提供，增加社会保障体系的资金压力。金融风险导致政府财政紧缩，影响教育投入、医疗服务和基础设施建设等公共服务的投入，影响社会救助投入。金融风险增加了政府的财政负担，财政赤字扩大、公共债务增加，影响公共财政的稳定性和可持续性。总之，金融风险对社会保障的影响体现在社会保障资金压力增加、公共服务削减、社会福利水平下降以及政府财政负担加重等多个方面。

第 2 章　金融风险管理

2.1　金融风险管理的概念

2.1.1　金融风险管理的含义与目标

金融风险管理是金融机构、企业或个人用来识别、评估和应对各种金融风险的过程。金融风险管理的目标是最大限度地减少或控制金融风险，如市场风险、信用风险、操作风险、流动性风险等，以保护资产、确保财务稳健并实现预期的财务目标。金融风险管理通常包括以下五个方面。

（1）风险识别：识别与金融活动相关的各种潜在风险，如市场风险、信用风险、操作风险、流动性风险和法律风险等。

（2）风险评估：使用数学模型和分析工具对识别的风险进行定量或定性的评估，以了解其潜在影响和发生概率。

（3）风险控制：采取多样化投资组合、适当的风险限制、对冲策略等措施来降低或控制风险，以减少潜在的损失。

（4）风险监测：持续监测金融风险，以确保风险水平在可接受的范围内，并及时采取措施来应对风险变化。

（5）风险报告：向有关各方提供关于风险状况与管理措施的透明和准确的报告，以便决策者和投资者能够做出明智的决策。

在当今复杂多变的金融环境中，金融风险管理已成为金融机构和监管机构不可或缺的核心职能。它不仅关系到金融机构的稳健运营和投资者的利益保护，还直接影响到金融系统的稳定性和宏观经济的健康发展。随着全球金融监管框架的不断完善，遵守监管要求也已成为金融风险管理的重要目标。下面将详细探讨金融风险管理的目标。

1. 保护投资者和债权人的利益

金融风险管理的核心职责之一是保护投资者和债权人的资本避免受到不必要的风险威胁。在金融市场中，投资者提供资金以期获得回报，而债权人则提供贷款或信用，期望按时收回本金和利息。有效的风险管理策略能够确保这些期望得到满足，同时在具有不确定性的环境中保护他们的投资。

2. 确保金融机构的稳健运营

金融机构的稳健运营是其长期生存和成功的关键。市场波动、信用事件和操作失误都会对金融机构的财务健康造成威胁。风险管理通过识别、评估和控制这些风险，帮助金融机构保持足够的资本缓冲，以吸收潜在的损失，确保其能持续运营并履行对客户的承诺。

3. 促进金融系统的稳定

金融系统稳定性对经济的健康运行至关重要。通过有效的风险管理,可以降低自身遭受重大损失的可能性,从而降低系统性风险。比如,对资产负债表的管理,保证资本充足;对流动性风险的管理,确保在压力时期能够满足资金需求。

4. 支持宏观经济政策的实施

通过有效的风险管理,能够更好地适应中央银行的货币政策变化,如利率调整和流动性管理措施,帮助维持贷款和投资活动的稳定性,支持经济增长和就业。

5. 提高风险调整后的回报

在考虑潜在风险的基础上,寻求最高的回报。通过精确的风险评估和有效的风险控制措施,可以在不增加不必要风险的前提下,提高投资组合的预期收益。

6. 遵守监管要求

随着全球金融危机后监管的加强,遵守监管要求成为金融风险管理的重要目标。监管机构如巴塞尔银行监管委员会(Basle Committee on Banking Supervision,BCBS)(以下简称巴塞尔委员会)和国际证监会组织制定了一系列国际标准,要求金融机构遵守资本充足率、流动性覆盖率和杠杆率等要求。

2.1.2 金融风险管理的理论

金融风险管理涵盖了多种理论和方法,以帮助金融机构和投资者识别、度量和管理各种类型的风险。常见的理论包括现代资产组合理论(modern portfolio theory,MPT)、资本资产定价模型(capital asset pricing model,CAPM)、风险价值、预期亏损等。本节重点介绍 MPT 和 CAPM。

MPT 由马科维茨于 1952 年提出,标志着现代投资管理的开端。MPT 的核心思想是通过分散化投资来优化投资组合,以实现在给定风险水平下的最大预期回报,或者在规定预期回报下最小化风险。

MPT 的主要内容包括均值-方差分析、有效边界、风险分散化等。均值-方差分析指投资组合的预期回报是组合中各资产预期回报的加权平均,而风险则由资产收益率的方差和资产之间的协方差来衡量。有效边界是指在风险和回报的权衡中,能够提供最佳风险-回报组合的一系列投资组合。这些投资组合被称为有效投资组合。风险分散化指通过组合中不同资产的相关性来降低整体投资组合的风险。不相关的资产可以减少组合的总体风险,因为它们的波动不会同时发生。

MPT 在金融风险管理中发挥着至关重要的作用,分散化投资策略指在不完全相关的多种资产间分配资金,如股票、债券、房地产和大宗商品,以降低单一资产波动对整个投资组合的影响,从而降低个别资产风险并提高整体投资稳定性。构建有效边界,在给定的风险水平下实现最高收益或在给定收益目标下达到最低风险,进而提高收益效率并优化资源分配。此外,在不同的风险水平下选择最优的收益组合,实现个性化的投资方案和有效的风险控制,从而使金融机构能够为客户提供定制化的投资建议并设定合适的风险限额。该策略不仅优化了投资者和金融机构的投资组合,也极大地提升了其风险管理能力。

MPT 在实际应用中也存在一定的局限性,如依赖于历史数据来预测未来的风险和回报,但历史表现并不总是预测未来表现的可靠指标。它假设投资者是理性的,但现实中投资者的行为常常受到情绪和其他非理性因素的影响。此外,它假设市场是有效的,但市场并不总是完全有效的,市场异常现象经常发生。

CAPM 由美国学者威廉·夏普、林特尔、特里诺和莫辛等于 1964 年提出,是在资产组合理论和资本市场理论的基础上发展起来的,旨在描述风险与预期收益之间的关系,为资产定价和投资决策提供了理论基础。

CAPM 的建立基于三个核心假设——完美市场假设、投资者假设和资产假设。完美市场假设指买卖资产不产生交易费用;投资收益不受税收影响;投资者可以无限分割资产进行投资。投资者假设指所有投资者均为理性且厌恶风险,追求在给定风险下的最高收益;所有投资者对未来资产收益有相同的预期;投资者仅考虑单一时间段的投资决策。资产假设指存在一种可以提供确定收益率的无风险资产;所有风险资产的加权平均组合,代表整个市场的投资组合。

CAPM 的数学表达式为

$$E(r_i) = r_f + \beta_{im}\left[E(r_m) - r_f\right],$$

其中,$E(r_i)$ 表示资产 i 的预期回报率;r_f 表示无风险利率;β_{im} 表示 Beta 系数,即资产 i 的系统性风险;$E(r_m)$ 表示市场 m 的预期市场回报率;$E(r_m) - r_f$ 表示市场风险溢价,即预期市场回报率与无风险利率之差。

Beta 系数数学表达式为

$$\beta = \frac{\mathrm{Cov}(r_i, r_m)}{\mathrm{Var}(r_m)},$$

其中,$\mathrm{Cov}(r_i, r_m)$ 表示资产 i 与市场组合收益的协方差;$\mathrm{Var}(r_m)$ 表示市场组合收益的方差。β 用来衡量资产收益相对于市场收益的波动性,是资产系统性风险的衡量指标。

CAPM 在实际中主要应用于估算资本成本、评估投资组合、市场调整、项目评估和仓位管理等场景。它帮助投资者和企业理解特定资产或项目的风险与预期收益之间的关系,从而做出更明智的投资和融资决策。例如,投资者可以使用 CAPM 来确定投资组合的预期回报,或者企业可以用它来估算项目的资本成本,进而决定是否进行投资。

然而,CAPM 也存在局限性。它依赖于历史数据来估计未来的风险和收益,这可能不总是准确的。此外,CAPM 假设市场总是有效的,但现实中市场可能会有摩擦和非理性行为。CAPM 还假设所有投资者都有相同的预期,这在多样化的市场中是不现实的。尽管存在这些局限性,但 CAPM 仍然是金融领域中一个重要的工具,它为理解风险和收益之间的关系提供了一个基本框架。之后的模型,如资产定价理论和 Fama-French(法马-弗伦奇）三因子模型，试图通过引入更多因素来解释资产定价的差异，以更全面地解释市场行为。在实际应用 CAPM 时，投资者和金融分析师需要注意模型的应用局限，并结合其他分析工具和方法，如基本面分析、技术分析、行为金融等，以获得更全面的投资决策依据。

2.2 金融风险管理的进程

2.2.1 金融风险管理的发展历程

金融风险管理的现代形式主要起源于 20 世纪后半叶。以下是金融风险管理发展的主要阶段和里程碑。

1. 20 世纪初期

在 20 世纪初期，风险管理的概念开始形成，但这一时期的风险管理还处于非常原始的阶段。当时的企业主要面临的风险包括自然灾害、法律诉讼等，而应对这些风险的主要手段是简单的风险规避。这些方法缺乏系统性和科学性，主要是基于对风险的直观理解和处理。

在这一时期，风险规避的主要策略是风险转移和风险回避，其中，保险是最主要的风险转移工具，企业通过购买保险来转移潜在的损失；而风险回避则是通过放弃或拒绝某些可能导致损失的业务活动来避免风险。然而，这些策略通常也是最昂贵或最不现实的选择，因为它们可能同时放弃了获得利益的机会。

总之，风险管理处于原始阶段，主要依赖风险规避策略，缺乏系统性和科学性，风险管理手段单一。

2. 20 世纪 50~60 年代

金融风险管理在这一时期经历了重要的发展，主要集中在投资组合管理和资本市场定价领域。这一时期的关键事件包括 MPT 的提出和 CAPM 的发展，使金融风险管理逐渐聚焦于市场风险，即投资资产的价格波动性和市场整体的波动性，而不仅仅是传统的信用风险。MPT、CAPM 的提出，不仅强调通过分散投资组合来有效管理市场风险，还提供了估算资产预期回报的工具。这一时期的理论进步为金融风险管理领域奠定了坚实的基础，并提供了丰富的工具和方法，帮助投资者更好地管理风险并实现预期回报。这些发展大大提升了金融风险管理的科学性和实用性，成为现代金融理论的重要基石。

总之，MPT 和 CAPM 的提出，提供了量化风险和预期回报的工具。

3. 20 世纪 70~80 年代

这一时期最显著的特征是金融市场的复杂性增加，进而导致在多种情形下对风险管理的需求大幅上升。在这个时期，金融创新和更广泛的信用衍生品市场使信用风险的管理变得更加复杂。与此同时，期货市场的兴起和衍生品合约的创新（如期权和远期合约）为投资者提供了更多的对冲和风险管理工具。风险度量方法不断发展，计算市场风险、操作风险和信用风险的方法不断出现。将 VaR 用于估算投资组合或资产在一定时间内可能面临的最大潜在损失，是风险管理方法的重要发展。监管机构开始对金融机构的风险管理实践提出更高的要求。例如，1988 年发布的巴塞尔协议，对银行的资本充足性和风险管理提出了更严格的要求。计算机技术的进步使金融风险管理变得更加复杂和定量化。数学模型、风险度量软件和数据分析工具的应用推动了风险管理方法的发展。

总之，这一时期金融市场的复杂性增加，金融创新和衍生品市场的发展推动了风险管理工具多样化，风险度量方法进一步发展。

4. 20 世纪 90 年代～2010 年

金融市场的全球化、金融创新的高度发展和监管要求的加强等一系列事件推动着金融风险管理不断发展。金融机构创造了各种结构化金融产品，如抵押债券、资产支持证券和抵押支持证券，这些产品在金融危机中扮演了重要角色。电子交易技术的快速发展导致了高频交易的出现，增加了市场风险管理的复杂性。在信用衍生品市场的快速发展下，信用风险管理变得更加复杂。金融机构开始使用更复杂的信用衍生品合约，如信用违约互换（credit default swap，CDS），来对冲信用风险。操作风险管理仍然是一个重要的焦点，尤其是在电子交易和互联网银行业务的兴起下。金融机构必须防范潜在的内部操作失误和欺诈行为。市场风险监管要求逐渐加强，金融机构需要更好地管理投资组合中的风险，并进行风险测量和风险报告。与此同时，巴塞尔协议进一步完善，巴塞尔协议 II 发布。这一协议强调更严格的风险管理和资本要求，特别是对信用风险的监管。金融机构面临更严格的法律和合规要求，尤其是在反洗钱和反欺诈方面。此外，2008 年爆发的全球金融危机，揭示了金融系统的严重漏洞。这次危机暴露了许多金融机构存在的风险管理不足和复杂结构化金融产品的问题，推动了监管机构对风险管理实践的重新审视。

总之，金融市场全球化给风险管理带来了更多挑战，如结构化金融产品的风险、高频交易的复杂性以及全球金融危机的冲击。

5. 2011 年至今

在全球金融危机后，监管要求显著加强。信用风险仍然是金融机构关注的核心领域之一，金融机构通过持续改进信用风险建模和监测方法，以更准确地评估借款人的信用质量。由于全球化金融市场的高度互联性以及波动性，市场风险管理的复杂性不断提升，需要金融机构采用更为复杂、专业的模型和技术来测量与管理。操作风险同样受到金融机构的广泛关注，尤其是在信息安全和网络攻击等方面。随着数字化和互联网的普及，金融机构必须不断强化网络防御和数据安全措施，以防止数据泄露和网络犯罪。气候变化如极端气候事件作为一种新兴的金融风险，开始被金融机构纳入考虑。巴塞尔协议 III 的发布引入了更高的资本要求、流动性要求和监管报告要求，以增强金融机构的稳定性和抵御系统性风险的能力。合规与反洗钱要求日益严格，金融机构必须确保遵守法律和监管规定，以防范洗钱、恐怖融资及其他非法活动。

结合 FinTech 的迅速发展，金融机构正在利用区块链、人工智能和机器学习等前沿技术，提升风险管理的效率和精确度，并在实现合规和创新之间取得平衡。区块链通过其去中心化和不可篡改的特性，提升数据的透明性和安全性，减少了欺诈风险。金融机构利用区块链技术实现交易的实时记录和验证，降低了操作风险，并提高了交易的可靠性和效率。人工智能和机器学习技术能够处理和分析大量的非结构化数据，揭示传统方法难以发现的风险模式。人工智能驱动的信用评分模型可以更准确地评估借款人的信用质量，机器学习算法能够实时监控市场动态，识别潜在的市场风险。

总之，风险管理更加注重信用风险、市场风险、操作风险的精细化管理，同时，新兴风险如气候变化和网络安全成为关注焦点，FinTech 的应用提升了风险管理的效率和精确度。

2.2.2 金融风险管理工具和方法

金融风险管理涉及使用多种工具和方法来识别、度量、控制和监测各种类型的风险，包括市场风险、信用风险、操作风险、流动性风险和其他风险。以下是一些常见的金融风险管理工具和方法。

1. VaR

VaR 是一种衡量金融资产或投资组合在一定置信水平下，可能遭受的最大损失的风险管理工具。VaR 模型的核心在于提供一个统计上的最大损失估计，使投资者和风险管理者能够在给定的置信水平和特定时间内，对潜在的市场风险进行量化和控制。VaR 的计算方法主要有三种——历史模拟法、参数化法和蒙特卡罗（Monte Carlo）模拟法。历史模拟法基于历史价格数据来估计潜在损失，假设未来的收益分布与历史数据相似；参数化法假设收益率遵循某种已知的概率分布（如正态分布），并使用统计参数（如均值和标准差）来计算 VaR；蒙特卡罗模拟法通过随机生成价格变动来模拟未来的价值变化，并计算在给定置信水平下的损失阈值。

在实际应用中，VaR 模型也存在局限性，它不能提供超过给定置信水平的损失信息，因此在风险管理中通常需要与其他风险度量指标和情景分析结合使用。

2. ES

ES 提供了比传统的 VaR 更全面的风险评估。ES 是在给定置信水平下，当金融资产或投资组合的损失超过 VaR 时，平均损失的期望值。它不仅考虑了在给定置信水平下的潜在最大损失，而且还衡量了超过这个阈值的平均损失，从而提供了关于极端损失的更多信息。ES 的优势在于它满足次可加性、正齐次性、单调性及传递不变性，是一种一致性的风险度量方法。这意味着 ES 能够更准确地反映投资组合的整体风险，并且不易被操纵，提供了更加真实可靠的风险信息。此外，ES 被证明是一个凸的风险度量，因此基于 ES 的投资组合优化问题的解具有唯一性和稳定性。然而，VaR 由于其非凸性，可能产生多个局部最优解。

ES 的局限性包括对分布的假设敏感性、计算复杂度以及可能过度估计尾部风险。它的计算通常依赖于对资产收益分布的假设，如果实际分布与假设不符，ES 的估计会受到影响。此外，与 VaR 相比，ES 的计算更加复杂和耗时。

3. 风险分散

风险分散指通过投资于不完全相关的资产，以减少特定资产或市场波动对整个投资组合的影响。将资金分配到股票、债券、现金等不同类别的资产；投资于不同行业的公司，以减少特定行业风险；将投资扩展到不同国家和地区，以降低地域风险；投资于不同期限的资产，如短期和长期债券。这些都是风险分散常用的策略，可以降低特定资产或市场的风险，提高整体投资组合的稳定性，并通过捕捉不同市场和资产类别的机会，增加潜在收益。

但风险分散也有其局限性，因为过于分散而错过某些高收益的投资机会。需要投资者不断研究并调整投资组合，以确保资产之间的不完全相关性。此外，管理分散的投资组合也需要更多的时间、精力和专业知识。

4. 风险对冲

风险对冲是指通过投资或购买与标的资产收益波动负相关的某种资产或衍生产品，来冲销标的资产潜在风险损失的一种风险管理策略。常用的对冲工具包括期货、期权、互换等衍生品。这些工具可以用来对冲利率风险、汇率风险、股票风险和商品风险。通过对冲，投资者可以获得更稳定的收益，即使在市场下跌的情况下也能通过预先设定的对冲策略来减少损失。例如，投资者通过购买看跌期权来对冲持有股票的价格下跌风险，如果股票价格下跌，期权的价值增加，从而抵消股票价格下跌的损失。

风险对冲也有一定的不足，如实施风险对冲通常需要支付额外的费用，如期权费、交易成本等，这会降低投资组合的总体收益率。此外，对冲策略会将风险转移到其他方面，如通过信用违约互换将信用风险转移给其他金融机构，导致风险的集中和系统性风险的增加。

2.3 现代金融风险管理

2.3.1 金融风险管理的发展现状

在金融危机的阴影下，国际社会认识到了金融体系中存在的漏洞和风险。为了防止类似的金融危机再次发生，国际监管机构采取了积极的措施并制定了相应的协议，其中最重要的就是巴塞尔协议Ⅲ。该协议要求银行业更加注重风险管理，更加谨慎地使用资本，并确保其具备足够的流动性以应对各种不确定性。巴塞尔协议Ⅲ的目标是提高金融稳定性，减少金融系统的脆弱性，以降低未来发生金融危机的可能性；要求银行增加其资本储备，包括更高的核心资本和资本缓冲区要求，以确保在金融危机等恶劣条件下能够承受损失；引入更为严格的流动性要求，包括流动性覆盖率（liquidity coverage ratio，LCR）和净稳定资金比率（net stable funding ratio，NSFR）等，以确保银行能够有效应对市场流动性压力；引入杠杆率要求，旨在限制银行的杠杆比率，防止杠杆风险；更新了市场风险监管，对交易账簿监管更严格，对市场风险敞口计算更精确；规定了逆周期资本缓冲区，要求银行在经济繁荣期间积累额外的资本，以在经济下行期间提供额外支持。

除了过去常见的几种风险类型外，还有一些新的风险出现，如全球化和跨界风险、气候等新兴风险。因此，为了满足巴塞尔协议Ⅲ的要求，也为了更好地应对风险，很多新技术、新科技被应用到金融风险管理中，以更好地管理风险。下面将详细叙述。

1. 技术和数据驱动提升金融风险管理的效率与准确性

在当今金融风险管理领域，先进技术和大数据分析正逐渐成为核心驱动力。机器学习、人工智能以及高性能计算等前沿技术已被广泛应用于风险识别、建模和监测过程，显著提升了金融风险管理的效率与准确性。这些技术赋予金融机构更深入的风险理解能力，增强了金融机构对风险的管理能力，从而更有效地保护资产和客户利益。技术的迅速发展，以及金融行业对更高精度和实时风险管理的迫切需求推动了这一趋势发展。

机器学习和人工智能技术通过处理和分析大规模金融数据，能够有效识别潜在风险信号和模式，从而更精准地预测市场波动和风险事件。通过自动化的风险识别过程，金融机构可以加速决策制定，优化风险管理策略的实施。

高性能计算的应用使金融机构能够利用复杂金融工具迅速而准确地进行风险评估，并在极短时间内运行复杂的数学模型。这种计算能力的提升使金融机构得以更全面地理解风险暴露，增强风险管理的效率和有效性。

大数据分析在实时监测中发挥了关键作用，金融机构能够收集和处理大量实时数据，以快速识别潜在风险事件。这种实时监测能力使金融机构能够迅速应对不断变化的市场条件，提高风险管理的灵活性和反应速度。

2. 全球化增加了金融风险管理的复杂性和国际合作

随着全球金融市场的一体化，金融机构不仅需要关注本国市场的动态，还要密切关注全球经济和政治事件，因为这些事件会对金融机构的跨境交易、外汇风险产生重大影响。例如，国际政治动荡导致汇率波动，进而影响跨国公司的财务状况。金融机构必须采用全球性的风险管理策略，如对全球市场趋势的持续监控、对国际法规的遵守以及对全球经济数据的深入分析，以确保在多样化和多变的全球经济环境中保持稳健。此外，国际合作在金融风险管理中的重要性也逐渐凸显。通过国际合作，金融机构可以共享信息、最佳实践和监管经验，共同应对全球性风险，提高金融体系的稳定性，减轻金融危机对全球经济的冲击。

3. 新兴风险对金融风险管理提出了更高的要求

新兴风险，如气候变化、网络安全和数字化风险等，对金融市场的影响逐渐凸显，已成为金融界的关注重点。例如，随着全球气候模式的变化，极端天气事件与自然灾害的频率和强度增加，对金融系统的稳定性构成威胁。金融机构开始开发气候风险模型，评估投资组合的气候风险暴露，并创建新指标来度量这些风险，以便更好地管理气候相关风险。随着金融机构的数字化转型，网络安全风险显著增加。金融机构采用先进的网络安全技术，开发风险模型来评估潜在网络攻击的影响，并使用网络安全指标和监控工具及时识别和应对潜在的网络安全威胁。

2.3.2 FinTech 在现代金融风险管理中的应用

FinTech 在现代金融风险管理中发挥了重要的作用，它提供了许多工具和技术，可以提高风险管理的效率和精度。以下是 FinTech 在金融风险管理中的一些应用。

1. 数据分析和大数据

通过处理和分析包括市场数据、客户交易记录、社交媒体信息等在内的庞大金融信息，金融机构能够更精确地发现和评估潜在的风险信号。这种分析技术不仅能够识别传统金融风险，如信用风险和市场风险，还能够监测社交媒体上的舆情和事件以及客户行为与趋势，从而更全面地了解风险情况。

（1）构建精确的风险模型来提高风险识别的灵敏度。例如，银行可以利用大数据分析来评估贷款申请者的信用风险，通过分析其历史交易记录和行为模式，预测其违约的可能性。此外，大数据分析还能够通过实时监控市场动态和交易行为，及时发现异常交易，从而有效预防金融欺诈和洗钱等非法活动。

（2）在量化交易领域，通过分析历史交易数据和市场趋势，大数据分析可以帮助金融机构识别交易机会，自动执行交易策略，并进行实时调整，从而提高交易效率和收益。

（3）给予个性化投资建议，金融机构可以根据投资者的风险偏好、财务状况和投资目标，利用大数据分析技术提供个性化的投资建议和资产配置方案，帮助投资者做出更明智的投资决策。

（4）智能客服系统，通过自然语言处理和机器学习技术，智能客服系统能够理解客户的问题，并提供准确的答案和解决方案，从而提高客户满意度和忠诚度。

2. 机器学习和人工智能

广泛采用机器学习和人工智能技术，以应用于预测市场动态、辨识欺诈行为和进行信用评分等金融领域。这些前沿技术在金融领域中发挥着关键作用，能够自动化和优化决策过程，提高风险识别的速度和准确性。

（1）在市场动态预测方面，机器学习模型能够分析和处理历史市场数据、宏观经济指标、新闻事件等多维数据，以预测未来的市场趋势。例如，深度学习模型能够通过学习大量的历史交易数据，识别出市场的潜在模式和趋势，从而为金融机构提供更为精确的市场预测，帮助它们制定更有效的投资策略，以减少风险并提高回报率。

（2）在欺诈行为识别方面，机器学习和人工智能技术通过分析大量的交易数据，能够检测出不正常的交易模式或行为。例如，卷积神经网络模型可以将用户的交易数据转换为图像，进而通过图像分类算法进行模型训练和推理，有效识别出潜在的欺诈行为。这种自动化的欺诈检测系统不仅减少了金融损失，还保护了客户的资金安全。

（3）在信用评分方面，机器学习和人工智能技术能够利用多种数据源，包括信用历史、社交媒体活动、消费行为等，来构建更全面的客户信用评估模型。这些模型能够更精确地判断客户的信用风险,帮助金融机构更好地管理信贷风险。例如,通过深度神经网络构建的互联网金融市场动态预测模型,能够实现对多序列特征变量输入的处理,并在时间和序列特征两个维度上利用注意力机制来融合输入变量,从而提高信用评分的准确性。

(4)在实时反欺诈中,基于高维交易行为画像构建的机器学习模型,可以实现实时风险控制,提供敏锐的欺诈风险洞察,并实现毫秒级的风险识别,显著提升电子金融的风险控制能力。

3. 区块链技术

区块链技术在改善交易和结算的安全性及透明度方面具有巨大潜力。以下是关于如何应用区块链技术的一些关键点。

(1)去中心化和不可篡改的账本。区块链的核心特征在于其无中心化架构和防篡改数据机制。该技术本质上是一个由众多网络节点共同维护的分布式账本系统,这一特征有效消除了传统中心化服务器易受攻击或操控的脆弱性,并能确保历史记录一旦写入便无法被单方面修改。

(2)智能合约。区块链可以使用智能合约来自动化和规范交易。这些智能合约是自动执行的代码,可以确保交易遵循预定规则,减少欺诈风险。例如,在金融市场中,证券交易可以通过智能合约自动结算,提高交易速度和准确性。

(3)透明度和可追溯性。区块链上的交易可以被所有参与者查看,但又保护了交易的隐私。这种透明度有助于减少不正当行为和欺诈,因为任何违规行为都可以被检测到。同时,所有交易都以时间戳记录,可追溯到源头,提高了交易的可追溯性。

(4)实时结算。传统的金融市场结算可能需要数天才能完成,区块链技术可以实现实时结算,这意味着资金和证券可以更快速地转移,降低了系统性风险。

(5)降低成本。区块链通过自动化流程和去中心化,避免了传统系统中的复杂步骤和人为干预,进而降低了交易和结算的成本。这对金融市场中的证券交易和清算尤为重要,因为它可以提高效率并减少费用。

4. 支付和资金转移

FinTech 提供了一系列安全、便捷的支付和资金转移解决方案,提升了用户体验的同时还有效降低了交易中的操作风险。下面将详细介绍这些解决方案的优势。

(1)实时结算。一旦交易完成,资金就可以立即转移。这降低了交易方面的操作风险,没有需要等待的结算周期,也减少了支付拖欠的可能性。

(2)安全性。注重支付和资金转移的安全性。采用先进的加密技术和身份验证方法来确保交易的保密性与完整性。此外,监控和反欺诈工具可以及时检测和阻止潜在的欺诈行为。

(3)便捷的用户体验。用户友好,交易便捷。通过移动应用、在线平台或其他数字渠道,用户可以轻松地进行支付和转账,减少了人为错误的风险。

(4)自动化和智能化。自动化和智能化技术优化了支付和资金转移流程,如自动化的审批流程、风险评估和监控，可以减少操作风险。

5. 数字身份验证

在金融交易中，确保客户身份的真实性至关重要。FinTech 公司开发了先进的数字身份验证技术，包括生物识别、多因素认证等，以防止欺诈活动和未经授权的访问。下面将详细介绍。

（1）生物识别技术。使用个体的生理特征如指纹、面部、虹膜和声纹来验证其身份，通常是高度安全的。因为生理特征是唯一的，难以伪造。

（2）多因素认证。多因素认证要求用户提供多个身份验证要素，通常包括知识因素（如密码）、拥有因素（如智能手机或硬件令牌）以及生物因素（如指纹或面部识别）。这种方法大大提高了安全性，即使一个因素被攻破，其他因素仍然保持了身份验证的完整性。

（3）数字证书和公钥基础设施。使用数字证书来验证用户身份。数字证书是由受信任的第三方颁发的，包含了用户的公钥和相关信息，用于确保通信的安全性和真实性。

（4）区块链身份管理。区块链技术可以用于建立去中心化的身份管理系统，用户可以拥有个人身份数据并控制其共享。这种方式可以防止大规模数据泄露和身份盗窃。

（5）人工智能和机器学习。FinTech 公司还利用人工智能和机器学习分析大量数据来监测用户的行为模式，以检测潜在的欺诈活动。

6. 风险监控和实时警报

FinTech 公司为金融机构提供了实时监控工具，监测潜在风险并生成警报，以帮助金融机构迅速采取措施来管理风险。下面将详细介绍这些实时监控工具的功能。

（1）即时反馈。即时监测交易和活动，一旦发现异常或潜在风险，就会立即生成警报，使金融机构可以在问题恶化之前迅速采取行动。

（2）多维度分析。不仅可以监测交易本身，还可以分析相关数据，如市场情况、客户行为、交易历史等，以便全面评估潜在风险。

（3）自定义规则和策略。金融机构可以根据其特定需求和风险偏好自定义监控规则与策略，以适应不同的业务模式和风险情境。

（4）欺诈检测。可以检测欺诈行为，如不正常的交易模式、异常的账户活动或可疑的支付等，减少欺诈风险。

（5）合规性监测。金融监管要求金融机构遵守一系列法规和合规性标准。实时监控工具可以帮助金融机构确保操作的合规性，并生成必要的报告以满足监管要求。

（6）降低操作风险。通过监测系统和流程，减少人为错误和操作风险，如检测到意外的数据输入或操作，防止错误交易。

2.3.3 大数据技术在现代金融风险管理中的应用

大数据技术在现代金融风险管理中发挥了关键作用，提供了强大的数据分析和处理工具以便更好地理解、评估和管理各种金融风险。下面将具体分析大数据技术的作用。

1. 风险识别和建模

在金融领域，大数据技术的应用使金融机构能够积累并深入分析大规模、多样化的数据，极大地增强了金融机构的风险管理能力，有助于金融机构更加准确地识别潜在的风险信号和趋势。下面是具体分析。

（1）数据多样性和深度分析。大数据技术允许金融机构积累和深入分析来自多个数据源的信息，包括市场数据（如股票价格、汇率、商品价格）、交易记录以及客户信息等。通过综合利用这些多样的数据，金融机构可以获得更全面的市场洞察，从而更好地了解风险和机会。

（2）风险管理。大数据技术的应用显著增强了金融机构的风险管理能力。通过实时监控市场数据，金融机构能够更敏锐地察觉潜在的风险信号，如市场异常波动或交易活动异常，以便及时采取措施来降低潜在的损失。

（3）机器学习和预测模型。金融机构利用大数据技术建立机器学习模型，以预测市场波动、信用风险以及其他风险事件。同时，这些模型利用历史数据和实时信息不断自我学习与优化，为金融机构提供更准确的预测和见解。

（4）未来发展前景。大数据和机器学习的结合为金融领域带来了广阔的发展前景，如更智能的交易系统、更个性化的客户服务、更高效的风险管理和更多创新的金融产品。

总之，大数据技术已经成为金融领域的核心驱动力之一，为金融机构提供了更强大的工具来管理风险、预测市场趋势，并为客户提供更好的服务。这一趋势将继续塑造金融业的未来，并推动更多创新和改进。

2. 信用评分和贷款决策

大数据技术为金融机构提供了更全面的手段来评估客户的信用风险。下面是具体分析。

（1）多维度的信用评估。大数据技术使金融机构能够从多个维度评估客户的信用风险。传统的信用评估主要侧重于信用历史，而大数据包括财务状况、行为数据和社交媒体足迹等因素，可以形成更全面的客户画像，以更准确地评估客户的信用状况。

（2）精细化贷款定价策略。大数据技术不仅可以帮助金融机构决定是否批准贷款，还能够确定贷款的具体方案和利率水平。根据客户的信用风险水平和财务状况制订个性化的贷款方案，金融机构可以更精确地定价贷款利率，以在满足客户需求和管理风险方面取得平衡。

（3）实时风险监测。大数据技术使金融机构可以进行实时风险监测，不断跟踪客户的信用状况和财务健康以及市场情况的变化。一旦出现潜在的风险信号，可以立即采取措施来降低不良贷款的风险。

（4）客户体验的改进。大数据分析也有助于改善客户体验。通过更好地了解客户需求和信用风险，金融机构可以为客户提供更合适的产品和服务，提高客户满意度，并促使客户更好地管理财务状况。

总之，大数据技术的广泛应用为金融机构提供了更智能、更全面的信用风险管理工具，能够更好地管理不良贷款风险，同时提供更好的客户服务。这种改进对金融机构的长期可持续性和取得客户信任都至关重要。

3. 市场监控和实时警报

大数据技术可以用于实时监控市场动态和投资组合表现，使金融机构能够迅速识别潜在的市场风险，如异常波动或不寻常的交易活动。一旦这些风险信号被捕捉到，系统可以立即生成实时警报，使金融机构能够迅速采取必要的行动。下面是具体分析。

（1）实时数据收集与整合。大数据技术允许金融机构从多个来源实时收集市场数据，包括股票价格、交易量、利率和外汇汇率等，这些数据整合在一起形成全面的市场图景。

（2）风险检测与分析。利用大数据分析技术，机构可以监测市场上的各种指标和模式，以检测潜在的风险信号，包括异常的价格波动、不寻常的交易活动或与特定事件相关的市场反应。

（3）实时警报生成。一旦识别到潜在风险，系统可以自动生成实时警报，通知相关的金融专业人员。这使机构能够迅速采取行动，以降低风险或捕捉投资机会。

（4）实时决策支持。大数据技术还可以提供实时决策支持，帮助金融专业人员更好地理解市场情况，并基于数据做出明智的投资或交易决策。

总之，大数据技术的实时监控和分析能力使金融机构能够更敏锐地察觉市场风险，在面对瞬息万变的金融市场时采取快速反应，从而更好地保护投资组合和优化投资策略。

4. 反欺诈和安全

大数据技术在检测欺诈活动和安全威胁方面发挥了关键作用，尤其对金融机构而言具有重要性。金融机构可以通过分析客户行为模式和交易数据，识别异常或不正常的交易行为，从而有效减少欺诈交易和未经授权的访问。下面是大数据技术在欺诈检测和安全威胁方面的应用。

（1）行为分析。大数据技术允许金融机构监测和分析客户的行为模式，包括交易频率、交易地点、购买习惯等。通过建立客户的正常行为模型，大数据技术可以自动检测到与这些模型不符的不寻常行为。

（2）模式识别。使用大数据分析来识别特定的欺诈模式，如检测多个账户之间的异常交易、信用卡盗刷、虚假身份验证等。

（3）机器学习和预测分析。使用机器学习算法来不断改进欺诈监测模型。通过分析历史数据，预测未来的欺诈行为，并提前采取措施。

总之，大数据技术不仅可以帮助金融机构更好地识别欺诈活动，还能提高安全性，降低未经授权的访问风险。这对于金融行业来说至关重要，保护了客户资产和数据的安全性，维护了金融机构信任和声誉。

5. 资产和投资组合管理

大数据技术的应用有助于资产管理公司更加有效地管理投资组合。通过分析市场数据和资产表现，公司能够做出更明智的投资决策，优化资产配置，并降低投资组合的风险。以下是大数据技术在资产管理中的应用。

(1)市场数据分析。大数据技术允许资产管理公司收集和分析大规模的市场数据,包括股票、债券、商品、汇率等各类资产的价格和交易数据。通过对不同资产类别的价格走势、市场波动性、交易量和其他指标的监测,资产管理公司能够更好地理解市场趋势,捕捉投资机会,并识别潜在的风险。

(2)资产表现分析。资产管理公司可以使用大数据技术来跟踪和分析投资组合中各项资产的表现。通过了解各个资产类别的回报率、波动性和资产间的相关性,确定哪些资产应该增加或减少权重,以实现更好的资产配置。

(3)风险管理。大数据技术有助于更精确地量化投资组合的风险。资产管理公司可以利用数据分析来识别潜在的风险因素,制定相应的风险管理策略,以减少可能的亏损。

(4)预测模型建立。利用大数据技术,金融机构可以建立复杂的预测模型,基于历史市场数据和其他相关因素来预测未来市场走势。

总之,大数据技术为资产管理公司提供了强大的工具,可以更好地管理投资组合,提高资产配置的效率,降低风险,并为客户提供更好的投资方案。这对实现投资目标和维护客户信任都具有重要意义。

大数据技术在现代金融风险管理中的应用,为金融机构提供了更强大的数据分析和决策支持工具,有助于金融机构更好地理解和管理各种风险。这些技术使风险管理更精确、更及时,并有助于降低金融市场的不确定性。

2.3.4 虚拟货币和影子银行对现代金融风险管理的影响

虚拟货币和影子银行是现代金融体系中逐渐产生的两个重要概念,它们给风险管理带来了一系列挑战和机遇。现在先简单介绍一下虚拟货币和影子银行。

虚拟货币和影子银行分别代表了数字化货币与非传统金融机构的发展趋势。虚拟货币是一种数字或电子形式的货币,不依赖于中央银行或政府的发行和监管。最著名的虚拟货币是比特币,还有其他种类的虚拟货币,如以太坊、莱特币、瑞波币等。虚拟货币的关键特点包括去中心化、数字化、匿名性、波动性等。去中心化是指虚拟货币通常使用区块链技术,交易不需要经过中央机构,而是通过网络上的节点进行验证和记录;数字化是指虚拟货币以数字形式存在,没有实体形态,只能在数字钱包中保存;匿名性是指虚拟货币交易通常是匿名的,因此在某种程度上保护了用户的隐私;波动性是指虚拟货币市场的波动非常剧烈,价格可以在短时间内大幅度波动。

影子银行是指非传统金融机构,它们提供与传统银行类似的金融服务,但不受传统银行监管制度的约束。这些机构包括对冲基金、私募股权基金、债务基金、投资银行、特殊目的实体等。影子银行的关键特点包括非传统金融机构、高度复杂、高风险高回报、监管缺乏等。非传统金融机构是指影子银行不是传统银行,通常不接受存款,但提供一系列金融服务,如资产管理、融资、投资、交易等;高度复杂是指影子银行的业务模式通常复杂多样,涉及多层次的金融工具和交易;高风险高回报是指影子银行业务通常与高风险和高回报相关,它们可以投资于高风险资产类别,并在不同的金融市场中追求较高的回报;监管缺乏是指影子银行受到不同于传统银行的监管制度,监管更为复杂和分散，缺乏透明度。

虚拟货币和影子银行对现代金融风险管理的影响如下。

1. 虚拟货币

(1) 市场风险增加。虚拟货币市场的极度波动性，也就是价格在短时间内剧烈波动，是虚拟货币的显著特征。这种波动性意味着虚拟货币的价格可以在相当短的时间内大幅上涨或下跌，投资者和交易所处于这一市场情境时，面临着相当大的不确定性和风险。这种情况引发了多方面的考虑和挑战，需要金融机构更深入地理解和积极管理。首先，虚拟货币市场的波动性增加了投资者的市场风险。投资者有可能在短时间内经历巨大的盈利或亏损，对财务状况产生重大影响。因此需要制定谨慎的投资策略，包括风险管理和止损策略，以减轻波动性带来的潜在风险。其次，虚拟货币交易所也承担着巨大的市场风险。价格波动导致交易所产生流动性问题，因为大规模的交易可能会引发市场恐慌或异常波动。因此，交易所需要构建健全的监管框架，以确保市场的平稳运行，并保护交易者的权益。最后，金融机构需要更好地理解虚拟货币市场的本质和实时情况，以防范潜在的损失，如不断跟踪市场趋势、了解虚拟货币的基本价值和技术基础，以及建立合适的风险管理策略。金融监管机构也需要积极参与，制定相关政策和法规，以确保市场的稳定和透明度。

(2) 合规和监管挑战。虚拟货币市场的监管是一个突出的挑战，虚拟货币在不同国家和地区的法律地位不一，有些国家将其视为合法货币，有些国家则将其视为商品或资产。这种法律不一致性增加了金融机构的合规难度。因为虚拟货币交易通常匿名且难以追踪，虚拟货币市场容易被用于洗钱和恐怖主义融资活动。金融机构需要实施强化的反洗钱和反恐融资措施，以确保虚拟货币交易不被滥用。虚拟货币市场是全球性的，交易可以跨越国界进行，这使监管变得更加复杂，需要国际合作来确保有效的监管和合规。

(3) 安全风险。虚拟货币的安全存储依赖于私钥，如果私钥丢失或被盗，资产将永久性丧失。网络攻击、黑客入侵和数据泄露都会导致虚拟货币失窃或信息被盗取。

2. 影子银行

(1) 信用风险。影子银行与借款人或投资者签订各种金融合同，如回购协议、债券等。如果这些借款人或投资者无法按约还款或承担义务，就会导致影子银行面临违约风险，产生损失。尽管可以在其业务中使用担保来降低信用风险，然而如果担保资产的价值下跌或不足以弥补亏损，担保风险就会显现，影子银行无法获得足够的补偿。

(2) 流动性风险。影子银行通常依赖于短期融资来源，如商业票据、短期债券和回购协议，以支持其长期投资。如果这些短期融资突然不可用或变得更加昂贵，就会导致影子银行难以维持其投资头寸，从而面临流动性挑战。投资于流动性较差的资产，如不动产或难以变现的金融衍生品，在市场对这些资产失去信心时，也会导致流动性问题。影子银行通常使用高杠杆比例，这意味着它们的头寸对市场波动非常敏感。当市场不利时，需要追加保证金或减少杠杆，这些都会导致流动性问题。

（3）监管挑战。影子银行通常不受传统银行监管框架的限制，因此监管机构缺乏对其监管的能力，使金融风险难以检测和管理。影子银行的业务模式通常涉及将短期融资用于支持长期投资的问题，存在流动性风险。影子银行之间通常存在复杂的担保和相互担保关系，当一个影子银行遇到问题时，可能引发其他受到其担保的金融机构的问题，从而导致连锁反应风险。影子银行的法律地位通常不够明确，监管机构执行监管措施往往需要应对法律争议和不确定性，这些都导致了影子银行的难以监管。

第 3 章　金融监管与巴塞尔协议

3.1　金融监管

3.1.1　金融监管和系统性风险概述

1. 金融监管概述

金融监管是一国的金融管理部门为达到稳定货币、维护金融业正常秩序等目的，依照国家法律、行政法规的规定，对金融机构及其经营活动实施外部监督、稽核、检查和对其违法违规行为进行处罚等一系列行为。金融监管的含义有广义和狭义之分，广义的金融监管除了包括一国中央银行或金融监管当局对金融体系的监管以外，还包括各金融机构的内部控制和稽核、同业自律性组织的监管、社会中介组织的监管，也就是四位一体的大监管；狭义的金融监管则仅指一国的中央银行或金融监管当局依据法律法规的授权对金融业实施的监督管理。

金融监管的作用是维护社会公众的利益，通过控制金融机构的经营风险，保持市场经济的稳健运行，促进金融机构发挥正效应，抑制和预防负效应，保持货币制度和金融秩序的稳定。

2. 金融监管的必要性

金融市场存在信息不对称（如道德风险、逆向选择）等问题，导致市场失灵和效率低下。储户无法充分了解银行的资产质量和风险状况，可能导致盲目存款或恐慌性提款；银行无法充分了解借款人的信用状况和还款意愿，可能导致放贷过多或过少；存款保险制度可能使银行和储户缺乏足够的激励来控制风险，这就导致银行存在信用风险。

金融机构存在杠杆效应、流动性不足和资产负债错配等问题，导致资本不充足和偿付能力不强。例如，银行通常以短期债务为主要负债来源，而以长期资产为主要资产来源，这就存在到期不匹配的风险；银行通常以低比例的自有资本支撑高比例的借入资本，这就存在杠杆放大的风险；银行通常无法及时变现其资产以满足储户或债权人的提取需求等，这就存在流动性风险。

3. 金融监管对系统性风险的作用

金融市场或金融机构之间的相互依存性，导致某一市场或机构出现问题时，可能引发其他市场或机构连锁反应，从而产生威胁整个金融体系稳定的风险，这种风险被称作系统性风险。系统性风险具有突发性、传染性和扩散性等特点，一旦发生，可能造成严重的社会经济后果。例如，2008 年由美国次贷危机引发的全球金融危机，导致许多银行破产或被政府救助，甚至导致全球经济陷入衰退。

系统性风险的产生与传播有多种原因，主要包括以下几方面。

（1）金融市场和机构之间的相互联系日益加强，导致风险传递和放大的可能性增加。由于金融全球化和金融创新的推动，跨国、跨市场、跨部门的金融交易和业务不断增多，不同国家、地区和部门之间的资本流动和信息传递更加频繁与快速，也使某一地区或部门的风险更容易波及其他地区或部门。

（2）金融市场和机构存在信息不对称、道德风险和逆向选择等问题，导致市场失灵和监管缺失。例如，金融机构内部治理结构不健全，激励机制不合理，监督责任不明确等原因，可能导致高管或员工追求过高风险或短期利益，从而损害股东、债权人或存款人等利益相关者的权益。又如，金融消费者缺乏必要的知识和能力，无法充分了解和评估金融产品或服务的特征与风险，可能导致选择不适合自身需求或承受能力的产品或服务，从而遭受损失。

（3）金融市场和机构存在外部性、公共品的属性，这可能会导致社会福利亏损。由于某些金融机构或市场具有重要性或关键性等特征，其倒闭或崩溃可能引发系统性危机，因此可能得到政府或央行隐式或显式的担保或救助，从而形成"大而不倒"的预期。这种预期可能鼓励这些机构或市场承担过度风险，从而增加了系统性风险。此外，由于金融稳定具有公共品属性，即非排他性和非竞争性，因此单个金融市场主体或机构的行为难以充分反映其对金融稳定的边际贡献或负外部性，从而导致金融稳定的供给不足或需求过剩。

因此，为了防范和化解系统性风险，维护金融稳定，保护金融消费者，促进金融创新和发展，就需要建立有效的金融监管制度，对金融市场、机构和活动进行规范、监督和管理，金融监管也就应运而生。

3.1.2 金融监管的目的、原则和方法

金融监管的目的是实现金融稳定、金融效率和金融公平三个基本目标。金融稳定是指金融体系能够有效地抵御内外部冲击，保持正常运行，满足经济社会发展的金融需求；金融效率是指金融体系能够有效地配置和利用金融资源，降低金融中介成本，提高金融服务质量；金融公平是指金融体系能够公正地对待不同的市场主体，保护合法的市场秩序和消费者权益，促进社会福利最大化。

金融监管应遵循以下基本原则。

（1）依法原则。金融监管必须依据法律、法规进行，监管的主体、职责、权限、措施等都应有法律依据，监管活动都应符合法律程序，保证监管的合法性、公正性、权威性和强制性。

（2）适度平衡原则。适度平衡是指在不同的监管目标、不同的监管主体、不同的监管手段之间寻求合理的均衡点。这就要求监管部门根据不同的市场条件、风险特征和发展阶段，灵活调整监管力度和方式，既要防止过度监管导致市场创新受阻、效率降低，又要防止放任自流导致市场失序、风险失控。

（3）协调统一原则。协调统一是指在不同层级、不同部门、不同领域之间建立有效

的沟通协作机制，实现监管目标和标准的一致性和兼容性。金融监管机构之间应职责分明、分工合理、相互配合，形成有效的协调机制和沟通渠道，避免重复监管或监管空白。同时，金融监管机构应与国际组织和其他国家的监管机构保持良好的合作关系，参与国际规则的制定和执行，促进国际金融秩序的稳定与发展。

（4）公开透明原则。公开透明是指在尊重商业秘密和个人隐私的前提下，向社会公众及时准确地披露有关的监管信息，增强监管信誉和公信力。金融监管机构应当规范信息披露渠道和内容，接受社会各界的监督和评价，及时回应社会关切，提高监管质量。

虽然在不同国家的不同时期，会采取不一样的金融监管措施，但是存在一般性的金融监管方法为各国所采纳。

（1）行政法规方法。行政法规方法是指通过制定或修改相关法律法规来规范金融市场、机构和活动的行为，并通过行政执法来保证法律法规的执行。这种方法具有强制性、权威性和普遍性，是金融监管的基础和保障。但也可能存在法律法规的滞后性、不完善性和不协调性，导致金融监管的法律依据不够充分和明确，也可能存在行政执法的滥用、失效和腐败，导致金融监管的执行效果不佳和公信力受损。

（2）监管标准方法。监管标准方法是指通过制定或参照一些具体的量化或定性的指标来衡量和评价金融机构的资本充足性、流动性、偿付能力、风险管理等方面的状况，并根据不同的风险水平采取相应的监管措施。这种方法具有科学性、灵活性和针对性，是金融监管的核心和重点。这种方法主要避免监管标准的执行过程不够灵活以及监管标准适应性不足等问题，导致监管标准的有效性和针对性降低等问题。

（3）市场约束方法。市场约束方法是指通过完善市场机制，发挥市场主体的自律作用，促进市场竞争并提高市场效率，实现市场自我监督和自我调节。这种方法具有激励性、动态性和创新性，是金融监管的补充和动力。但是这也存在市场机制不健全和失灵的问题，导致市场主体的自律能力和责任意识不强，也可能存在市场竞争的不公平和失衡，导致市场效率和稳定受到威胁。

（4）信息披露方法。信息披露方法是指通过要求金融机构向公众及时准确地披露其财务状况、业务活动、风险状况等信息，以提高金融机构的透明度和信誉度，增强市场主体的知情权和选择权，推动市场公平和效率共同提升。这种方法具有教育性、预警性和服务性，是金融监管的手段和目的。但是这种方法也要防止内容不够全面和真实，致使信息披露的可信度和有用性降低。

3.1.3 金融监管体制

金融监管体制是指一国对金融机构和金融市场实施监督管理的一整套机构及组织结构的总和。金融监管体制的选择和设计，反映了一国的政治经济制度、金融业发展水平、金融风险状况、国际竞争压力等多方面的因素。不同的金融监管体制有不同的优缺点，没有绝对的好坏之分，关键在于是否适应一国的国情和需要。目前，世界上主要存在以下几种类型的金融监管体制。

（1）分业监管体制。分业监管体制是指按照金融机构的类型或业务范围，分别设立相应的专业性监管机构，如银行监管机构、证券监管机构、保险监管机构等，各自负责对其所属领域的金融机构和业务进行监管。分业监管体制高度专业化、分工细致、职权划分明确，适用于分业经营模式，能够有效地防止不同行业之间的利益冲突和竞争失衡。但是，分业监管体制也存在着协调困难、效率低下、信息不畅、重复监管等问题，难以适应金融市场的深化和创新，以及跨行业、跨市场、跨国界的综合化经营趋势。我国之前采用的就是分业监管体制，但目前在向双峰式监管体制方向改革。

（2）单一监管体制。单一监管体制是指由一个中央金融监管机构集中行使全国范围内的金融监管权力，对所有类型及规模的金融机构和业务进行全面统一的监管。单一监管体制具有简洁高效、协调一致、信息畅通、避免重复等特点，适用于综合经营模式，能够有效地应对系统性风险和跨界风险。单一监管体制也存在着权力过于集中、缺乏专业性、忽视差异性、滥用职权等问题，可能导致监管失灵或者过度干预。

（3）双峰式监管体制。双峰式监管体制是指依据金融监管的目标和功能，设置两个主要的金融监管机构。一般来说，一个机构专门负责审慎性监管，主要针对银行、保险等具有存款或保费承诺性质的金融机构，以控制其资本充足率、流动性比率等风险指标，防范系统性风险；另一个机构专门负责行为性监管，主要针对证券、基金等具有投资或交易性质的金融机构和市场，以规范其市场行为、披露信息、保护消费者等方面，防范市场失灵。双峰式监管体制目标明确、功能分明、协作灵活、制衡有效，适用于多元化和复杂化的金融市场，能够有效地平衡审慎性和行为性的监管要求。

3.1.4 金融监管失灵

然而，金融监管并非万能，也存在着失灵的可能性。金融监管失灵是指金融监管不能有效地实现其既定的目标，甚至出现与目标相反的结果的现象。

监管者的经济人特性使其也有追求个人利益最大化的动机。监管者可能被被监管者或其他利益集团收买或影响，从而放松或偏袒监管，或者滥用监管权力，损害公共利益。同时，监管行为的非理想化会使监管者在制定和执行监管政策时，可能受到信息不完全、认知偏差、时间滞后等因素的影响，导致监管效果与预期不符，甚至产生负面效应。

监管机构不受约束可能是造成金融监管失灵的另一大因素。监管机构作为政府部门的一部分，享有强制性的公权力，但却缺乏有效的内部和外部的制衡机制。这可能导致监管机构出现低效率、官僚主义、腐败等问题。

在部分金融监管发展落后的地区还会伴随着监管模式和技术的滞后。例如，随着金融市场的深化和创新，金融业务越来越复杂和多元化，传统的按行业划分的监管模式和技术可能不适应新的形势和需求，造成监管真空或重复。

金融监管失灵有时会造成严重后果，这包括以下方面。

（1）破坏金融稳定，导致金融市场出现价格波动、资产泡沫、道德风险、逆向选择等问题，增加金融风险和危机的发生概率及扩大影响范围。

（2）使金融消费者面临欺诈、误导、歧视和侵权等问题，损害其合法权益，降低其信心和满意度。

（3）阻碍金融创新和发展，金融市场出现垄断或寡头垄断，降低市场竞争力和效率，抑制金融创新与发展的动力和空间。

（4）影响经济社会发展，资源配置效率下降，资本市场功能弱化，经济增长速度放缓，社会财富分配不公，社会稳定受到威胁。

3.1.5 中国的监管制度

1. 中国金融监管体系演进

中国的金融监管体系历经七十余年的发展，其建立、改革与完善是基于特定社会经济环境的动态发展过程，既有主动因素也有被动因素，既有学习借鉴也有突破创新，既有通行模式也有中国特色。总体上，中国金融监管改革与发展七十余年，大致可以分为四个阶段。

1）大一统金融监管体系阶段：1949～1978年

这一时期我国处于计划经济体系下，采用的是高度集中的管理模式，金融发展水平低且业务量小。中国人民银行成为统一的、单一的金融监管机构，集货币政策、金融监管和金融经营职能于一身，负责制定货币政策、统筹银行信贷、国库管理、外汇管理，并制定了一系列金融制度，监管手段主要以行政命令型工具为主。在当时经济金融发展水平条件和计划经济体制下，以中国人民银行为单一主体的金融管理体制保障了监督管理金融运行的统一性，也为后来发挥中央银行的金融稳定职能提供了一定的经验。

2）金融监管体系的过渡阶段：1979～1991年

1979年，我国恢复设立中国农业银行、中国银行和中国人民建设银行（后改为中国建设银行），中国国际信托投资公司以及中国人民保险公司等非银行金融机构相继成立，此举打破了原有中国人民银行的"大一统"格局，使原有依托中国人民银行内部行政管理的金融监管模式得到根本性变革。1983年，国务院颁布《关于中国人民银行专门行使中央银行职能的决定》，中国人民银行开始了从兼具经营与监管两种职能向分离经营职能而专司监管主体的身份转变的进程。1985年，国务院颁布《保险企业管理暂行条例》，明确规定国家保险管理机关是中国人民银行。1986年，国务院颁布《银行管理暂行条例》，以法规的形式确立了中央银行制度，并在奠定银行监管法规的同时规范了银行监管的主体、职能和途径等内容。1990年，中国人民银行印发《证券公司管理暂行办法》，为监管证券机构提供了依据，证券业和基金业的监管仍由中国人民银行负责。1990年末，上海证券交易所和深圳证券交易所先后成立，为中国资本市场的正式建立和监管发展打下基础。

总体而言，这一阶段我国金融监管主要体现为以下四点：第一，以银行监管为主的混业金融监管体系初步建立；第二，中国人民银行被正式确立为中央银行，并且成为相对独立、全面、统一的监管机构，对于专业性金融机构的规范由内部管理变为外部监管；第三，监管手段趋于制度化，金融监管理念逐步显现，但是监管体系中各主体的地位和权力主要依托于行政体系，而非明确的法律授权；第四，金融监管的主体、方式和监管内容都呈现出较明显的过渡性特征，并为随后的金融分业监管体制的形成打下了基础。

3）分业监管体系的建构和发展阶段：1992~2017 年

1992~2003 年是我国分业监管体制的确立阶段。1993 年国务院颁布《关于金融体制改革的决定》；1995 年，《中华人民共和国中国人民银行法》《中华人民共和国商业银行法》《中华人民共和国保险法》《中华人民共和国票据法》《中华人民共和国担保法》五部金融法规颁布出台；1998 年、2001 年和 2003 年相继颁布了《中华人民共和国证券法》《中华人民共和国信托法》《中华人民共和国银行业监督管理法》《全国人民代表大会常务委员会关于修改〈中华人民共和国商业银行法〉的决定》。1998 年，中国保险监督管理委员会成立，2003 年，中国银行业监督管理委员会成立。自此，我国金融监管步入法治化阶段，基本金融法律体系得以确立和完善。

2004~2017 年是分业监管体制和机构监管进一步发展和完善的阶段，监管协调与国际合作也有了新的发展。在 2008 全球金融危机之后，加强具有中国特色的宏观审慎监管的尝试和其他改革探索也在逐步推进。进入 21 世纪以来，金融全球化、金融创新、金融危机应对等因素对金融监管提出了新要求。在此时期内，我国不断完善金融法律法规，对多部法律进行修订，并加强监管执法，丰富监管工具和举措，强调不同分业监管机构之间的协调配合，建立起联席会议制度。

4）金融监管体系的调整化阶段：2018 年至今

在外部环境日益复杂的情况下，面临国内经济增长下行压力和经济结构调整深化，多种类型的金融风险开始显性化，个别领域风险还较为突出，金融监管面临较大挑战，与此同时，中国经济金融的独特性也要求加快中国特色金融监管道路的探索进程。2018 年国务院机构改革，将中国银行业监督管理委员会和中国保险监督管理委员会合并为中国银行保险监督管理委员会（以下简称中国银保监会），保留中国证券监督管理委员会，并且对不同监管机构的职能进行了调整优化。2023 年 3 月《党和国家机构改革方案》提出组建中央金融委员会，构建更符合中国式现代化需要和现代金融监管要求的"一委一行一局一会"的新金融监管框架。

2. 当前中国的金融监管体系

我国现行的金融监管体系是在 2023 年国务院机构改革的基础上形成的。根据中共中央、国务院印发的《党和国家机构改革方案》，我国现行的金融监管体系由以下四个部门组成。

（1）中央金融委员会：作为党中央决策议事协调机构，负责金融稳定和发展的顶层设计、统筹协调、整体推进、督促落实，研究审议金融领域重大政策、重大问题等。

（2）中国人民银行：作为国家的中央银行，主要负责制定和执行货币政策，维护金融市场稳定，防范和化解系统性风险，拟订银行业、保险业重要法律法规草案和审慎监管基本制度，监督管理支付清算体系、金融信用信息基础数据库、征信机构等。

（3）国家金融监督管理总局：作为国务院直属机构，统一负责除证券业之外的金融业监管，包括银行业、保险业、金融控股公司等。主要职责是强化机构监管、行为监管、功能监管、穿透式监管、持续监管，加强金融消费者权益保护。

（4）中国证券监督管理委员会：作为国务院直属机构，依法对证券业实行统一监督管理，强化资本市场监管职责。主要职责是规范证券期货市场秩序，促进资本市场健康发展。同时，负责公司（企业）券发行审核工作。

3. 金融监管体制改革的核心内容及重要意义

2023年3月，中共中央、国务院印发《党和国家机构改革方案》，其中多项涉及金融监管领域，主要包括以下几个方面。

（1）组建中央金融委员会。加强党中央对金融工作的集中统一领导，负责金融稳定和发展的顶层设计、统筹协调、整体推进、督促落实，研究审议金融领域重大政策、重大问题等，作为党中央决策议事协调机构。设立中央金融委员会办公室，作为中央金融委员会的办事机构，列入党中央机构序列。不再保留国务院金融稳定发展委员会及其办事机构。将国务院金融稳定发展委员会办公室职责划入中央金融委员会办公室。

（2）组建中央金融工作委员会。统一领导金融系统党的工作，指导金融系统党的政治建设、思想建设、组织建设、作风建设、纪律建设等，作为党中央派出机关，同中央金融委员会办公室合署办公。将中央和国家机关工作委员会的金融系统党的建设职责划入中央金融工作委员会。

（3）组建国家金融监督管理总局。统一负责除证券业之外的金融业监管，强化机构监管、行为监管、功能监管、穿透式监管、持续监管，统筹负责金融消费者权益保护，加强风险管理和防范处置，依法查处违法违规行为，作为国务院直属机构。国家金融监督管理总局在中国银保监会基础上组建，将中国人民银行对金融控股公司等金融集团的日常监管职责、有关金融消费者保护职责，中国证券监督管理委员会的投资者保护职责划入国家金融监督管理总局。不再保留中国银保监会。

（4）深化地方金融监管体制改革。建立以中央金融管理部门地方派出机构为主的地方金融监管体制，统筹优化中央金融管理部门地方派出机构设置和力量配备。地方政府设立的金融监管机构专司监管职责，不再加挂金融工作局、金融办公室等牌子。

（5）中国证券监督管理委员会调整为国务院直属机构。中国证券监督管理委员会由国务院直属事业单位调整为国务院直属机构，强化资本市场监管职责，划入国家发展和改革委员会的企业债券发行审核职责，由中国证券监督管理委员会统一负责公司（企业）债券发行审核工作。

（6）统筹推进中国人民银行分支机构改革。撤销中国人民银行大区分行及分行营业管理部、总行直属营业管理部和省会城市中心支行，在31个省（自治区、直辖市）设立省级分行，在深圳、大连、宁波、青岛、厦门设立计划单列市分行。中国人民银行北京分行保留中国人民银行营业管理部牌子，中国人民银行上海分行与中国人民银行上海总部合署办公。不再保留中国人民银行县（市）支行，相关职能上收至中国人民银行地（市）中心支行。对边境或外贸结售汇业务量大的地区，可根据工作需要，采取中国人民银行地（市）中心支行派出机构方式履行相关管理服务职能。

2023年的金融监管体制改革是贯彻落实党的二十大精神的重要举措，是推进国家治理体系和治理能力现代化的集中部署。这次改革有以下几个方面的重要意义。

（1）有利于提高党对金融工作的集中统一领导能力。组建中央金融委员会和中央金融工作委员会，是党对金融工作进行顶层设计和总体规划的重大举措，是完善党和国家领导体制的重要内容。这将有助于加强党对金融工作的集中统一领导，统筹金融改革发展稳定工作，协调处理重大金融风险事件，提高金融工作的科学化、民主化、法治化水平。

（2）有利于构建适应金融业发展变化的监管框架。组建国家金融监督管理总局和地方金融监督管理局，是深化金融监管体制改革、加强和完善现代金融监管、促进实现金融监管全覆盖的重大举措，是构建适应金融业发展变化的监管框架的重要内容。这将有助于消除监管盲区和套利空间，实现对各类金融活动的全覆盖、全流程、全行为的监管，提高监管标准、监管效率、监管协调配合的水平。

（3）有利于强化中央银行的宏观调控和风险防范职能。撤销中国人民银行大区分支机构，设立省级分行，是深化中国人民银行分支机构改革、强化中央银行的宏观调控和风险防范职能的重大举措，是优化中国人民银行组织架构和运行机制的重要内容。这将有助于加强对货币政策、宏观审慎政策、支付清算系统等领域的统一指导和协调，提高中央银行履行职责的效率和效果。

（4）有利于促进资本市场健康发展和服务实体经济。中国证券监督管理委员会调整为国务院直属机构，是深化证券期货市场改革、促进资本市场健康发展和服务实体经济的重大举措，是提高证券期货市场监管水平和能力的重要内容。这将有助于强化对证券期货市场的规范化建设和风险防控，推动资本市场改革开放和创新发展，更好地发挥资本市场在资源配置中的基础性作用。

3.1.6　金融监管的未来趋势——监管科技的崛起

随着金融业务的多元化、跨界化和综合化，金融监管面临着越来越多的挑战和困难。传统的监管方式已经难以适应金融市场的快速变化和创新，需要借助新的技术手段和工具来提高监管效率及效果。因此，监管科技（regulatory technology，RegTech）应运而生，成为金融监管的新趋势。

监管科技是一种利用先进的信息技术，如人工智能、大数据、区块链、云计算等，来应对监管挑战和促进合规要求交付的技术。监管科技的目标是标准化监管过程，创建明确的法规解释。监管科技也是解决监管问题的无缝替代方案，无须对现有模式进行彻底改革，因为它在 FinTech 生态系统中是既定的创造者之一。

监管科技可以为监管机构和金融机构提供各种解决方案与服务。对于监管机构，监管科技系统可以有效利用统一数据，监察业界的迅速发展，从而有助于加强规管及监察能力；对于金融机构，监管科技可以协助内部控制、风险数据问责、合规评估、分析政策，以及针对不同监管机构的不同要求进行程序管理。

2023 年，全球监管科技市场规模接近 300 亿美元，预计到 2028 年将达到 650 亿美元。这表明，随着金融业对合规性、风险管理和数据治理的需求不断增加，监管科技将成为金融监管领域不可或缺的一部分。

3.2 巴塞尔协议

3.2.1 巴塞尔协议Ⅲ概述

巴塞尔协议（Basel Agreement）是国际清算银行下属的巴塞尔委员会制定的一系列关于银行监管的国际标准，以提高银行业的金融稳定性，防范系统性风险，促进国际金融市场的公平竞争。

巴塞尔协议自1988年首次发布以来，已经经历了三次修订，分别为巴塞尔协议Ⅰ（Basel Ⅰ）、巴塞尔协议Ⅱ（Basel Ⅱ）和巴塞尔协议Ⅲ（Basel Ⅲ）。巴塞尔协议Ⅰ是第一代国际银行资本标准，主要规定了银行资产按照不同信用风险水平分为五类，并对每类资产设定了不同的风险权重；规定了银行必须维持不低于8%的资本充足率（即资本总额与加权风险资产总额之比），其中核心一级资本不低于4%；同时规定了核心资本和其他资本的构成要素。巴塞尔协议Ⅰ虽然简单易行，但也存在着过于粗糙、缺乏灵活性、忽视其他风险等缺点。巴塞尔协议Ⅱ是第二代国际银行资本标准，主要内容是在巴塞尔协议Ⅰ的基础上，增加了市场风险和操作风险的监管要求，并将微观审慎监管分为三大支柱——最低资本充足率、外部监管、市场约束。巴塞尔协议Ⅲ是在2008年全球金融危机的背景下制定的，旨在弥补之前版本的不足，增强银行业对未来潜在风险的抵御能力。

巴塞尔协议Ⅲ于2010年12月发布，2011年6月修订，原计划于2013年1月开始实施。根据最新的时间表，巴塞尔协议Ⅲ已于2023年1月全面生效。

3.2.2 巴塞尔协议Ⅲ的主要内容

巴塞尔协议Ⅲ是第三代国际银行资本标准，其在巴塞尔协议Ⅱ的基础上，进一步提高了银行的资本质量和数量，增加了对市场流动性和杠杆率的监管要求，并引入了宏观审慎监管和系统重要性金融机构的监管框架。巴塞尔协议Ⅲ的主要内容可以概括为以下几个方面。

（1）资本充足率要求。如表3-1所示，巴塞尔协议Ⅲ要求核心一级资本充足率不得低于4.5%，一级资本充足率不得低于6%，资本充足率不得低于8%。巴塞尔协议Ⅲ加了一个2.5%的资本留存缓冲，用于在经济周期波动时吸收损失，并限制银行在资本水平低于缓冲区时分配利润。对于系统重要性金融机构，还需额外增加1.0%~3.5%的系统重要性附加缓冲，以反映其对金融稳定的影响（BCBS，2010）。

表3-1 巴塞尔协议Ⅲ对资本充足率的要求

资本要求和留存缓冲	核心一级资本（扣除特定项目之后）/风险加权资产	一级资本/风险加权资产	总资本/风险加权资产
最低资本要求	4.5%	6.0%	8.0%
资本留存缓冲	2.5%		
最低资本要求+资本留存缓冲	7.0%	8.5%	10.5%

续表

资本要求和留存缓冲	核心一级资本（扣除特定项目之后）/风险加权资产	一级资本/风险加权资产	总资本/风险加权资产
逆周期缓冲范围	0~2.5%		
系统重要性附加缓冲	1.0%~3.5%		

注：特定项目包括递延税项资产、抵押服务权和对其他金融机构的投资

（2）LCR 要求。LCR 指标要求银行持有足够的高质量流动性资产（high quality liquid assets，HQLA），以应对一个月内发生的严重应急现金流出情况。LCR 的计算公式为

$$\text{LCR} = \frac{\text{HQLA}}{30\text{天内净现金流出}}.$$

LCR 要求不低于 100%。HQLA 包括一级和二级两类流动性资产，其中一级流动性资产包括现金、中央银行准备金、政府债券等无风险或低风险、无限制或低限制、易变现或可抵押的资产，不设上限；二级流动性资产包括企业债券、股票、住房抵押贷款支持证券等有一定风险、受到折扣或限制、相对不易变现或抵押的资产，不得超过 HQLA 的 40%。分母 30 天内净现金流出则是在一个月内预期的现金流出减去现金流入，其中现金流出包括存款流失、债务到期、信用额度使用等；现金流入包括到期收款、可变现资产等，且不得超过现金流出的 75%（BCBS，2013）。

（3）NSFR 要求。巴塞尔协议Ⅲ将 NSFR 定义为银行可用稳定资金（available stable funds，ASF）与所需稳定资金（required stable funds，RSF）的比率。NSFR 的计算公式为

$$\text{NSFR} = \frac{\text{ASF}}{\text{RSF}}.$$

NSFR 要求不低于 100%。ASF 是指银行的资金来源中具有一定稳定性的部分，包括股本、长期债务、稳定存款等，按照不同的到期期限和流失率进行加权；RSF 是指银行的资产和业务中需要稳定融资的部分，包括非流动性资产、流动性资产、未使用的承诺额度等，按照不同的流动性特征和市场条件进行加权。

（4）杠杆率要求。杠杆率（leverage ratio，LR）指标要求银行的一级资本不低于其总风险暴露的 3%。杠杆率的计算公式为

$$\text{LR} = \frac{\text{tier 1 capital ratio}}{\text{total exposure}},$$

其中，total exposure 表示银行的总风险暴露，包括在表内和表外的资产、衍生品、证券融资交易等，按照一定的计量方法进行调整。杠杆率要求旨在对银行的资产规模和负债结构进行约束，防止过度杠杆和风险积累。

巴塞尔协议Ⅲ中强调宏观审慎监管的重要性。宏观审慎要求监管部门从宏观层面识别和评估金融体系面临的系统性风险，并采取相应的宏观审慎政策工具来缓解和消除这些风险。这些工具包括逆周期资本缓冲、系统重要性金融机构监管、跨境金融监管合作等。

（1）逆周期资本缓冲，是指在经济繁荣时期，要求银行增加额外的资本缓冲，以吸收可能出现的信贷损失，并在经济衰退时期释放这些缓冲，以支持信贷扩张和经济恢复。

设定区间为 0~2.5%，根据信贷/GDP 偏离趋势值来计算，以普通股形式体现，目前我国的逆周期资本缓冲为 0。

（2）系统重要性金融机构监管，是指对那些规模大、关联度高、替代性低、复杂性高的金融机构，实施更严格的监管标准和措施，以反映其对金融稳定的影响和责任。该条款就是为了解决重要的金融机构大而不能倒的问题，防范系统性风险，其主要内容是针对全球系统重要性金融机构，增加 1%~3.5% 的额外资本要求，分别设置 1.0%、1.5%、2.0%、2.5% 和 3.5% 五档，目前只有摩根大通集团是 3.5% 的额外资本要求，而在我国银行中，中国银行和中国工商银行有 1.5% 的额外资本要求，中国农业银行和中国建设银行则是 1% 的额外资本要求。

（3）跨境金融监管合作，是指加强不同国家和地区之间的信息交流、政策协调和危机管理，以应对全球化金融活动带来的挑战和风险。

3.2.3 巴塞尔协议Ⅲ对各类风险的监管要求

巴塞尔协议Ⅲ也对银行所面临的各类风险提出了更加严格和完善的监管要求（BCBS，2021a，2021b），包括信用风险、市场风险、操作风险和流动性风险等。

1. 信用风险

信用风险是银行业最主要的风险来源，也是金融危机的重要诱因之一。巴塞尔协议Ⅲ对信用风险的监管要求具有如下特征。

（1）提高信用风险加权资产的计算标准，包括增加某些资产类别的风险权重，如抵押贷款、再保险等；调整某些资产类别的信用转换因子，如承诺额度、未使用额度等；调整某些资产类别的信用缓解技术措施，如担保、抵押等。

（2）引入信用价值调整（credit valuation adjustment，CVA）风险资本要求，即交易对手信用状况变化，导致银行面临衍生品交易公允价值的变化，CVA 是银行在这种情况下进行的资本储备。

（3）引入逆向应力测试，即银行根据可能导致其资本不足或破产的极端情景，反推其可能面临的信用风险，并采取相应的措施加强其信用风险管理。

2. 市场风险

市场风险是指银行在交易账户中持有的金融工具由于市场价格波动而造成的损失的可能性。市场风险包括利率风险、汇率风险、股价风险、商品价格风险等。巴塞尔协议Ⅲ对市场风险的监管要求主要有以下几个方面。

（1）修订市场风险标准法，即银行根据不同类型的金融工具和不同来源的市场风险，按照统一的标准计算其市场风险加权资产。

（2）修订市场风险内部模型法，即银行根据自己开发并经监管机构批准的内部模型计算其市场风险加权资产，但同时需要满足一定的最低标准和监管要求。

（3）引入期权交易增量默认风险资本要求，即银行对交易账户中期权交易所面临的交易对手违约而导致的损失进行资本储备。

（4）引入全面风险测量法，即银行对交易账户中复杂结构化产品所面临的综合市场风险进行资本储备。

（5）引入非模型化产品增量风险资本要求，即银行对交易账户中由于某些风险因子无法用内部模型进行有效建模而面临的市场风险进行资本储备。

3. 操作风险

操作风险是指银行在日常业务活动中，不完善或有问题的内部操作过程、人员、系统或外部事件而导致的直接或间接损失的风险。操作风险包括法律风险、技术风险、人为风险、欺诈风险等。巴塞尔协议Ⅲ修订了如下部分。

（1）修订操作风险基本指标法，即银行根据其平均年度总收入计算其操作风险加权资产。

（2）修订操作风险标准法，即银行根据其不同业务线的平均年度总收入和不同损失事件类型的损失历史数据计算其操作风险加权资产。

（3）修订操作风险高级测量法，即银行根据自己开发并经监管机构批准的内部模型计算其操作风险加权资产，但同时需要满足一定的最低标准和监管要求。

4. 流动性风险

流动性风险是指银行在满足现金流出需求或兑现资产时遇到困难或成本增加的可能性。流动性风险包括资金流动性风险和市场流动性风险。巴塞尔协议Ⅲ对流动性风险的监管主要有以下几个方面。

（1）引入流动性覆盖率，即银行在30天内可能发生的紧急现金流出与高质量流动性资产的比例不得低于100%，这是流动性风险的短期监管指标。

（2）引入净稳定资金比率，即银行可用的稳定资金与所需的稳定资金比例不得低于100%。

（3）引入其他流动性监测工具，包括合同到期错配表、浓度指标、可用未抵押资产、市场相关指标等。

3.2.4 巴塞尔协议Ⅲ对金融机构的要求

巴塞尔协议Ⅲ不仅对银行业的各类风险提出了更加严格和完善的监管要求，也对金融机构的治理结构、内部控制、信息披露、监督合作等方面提出了更高的标准。主要有以下几个方面。

1）明确和透明的组织结构与责任分配

金融机构应该建立明确和透明的组织结构与责任分配，以确保有效的决策、风险管理、内部控制和内部审计。金融机构应该制定清晰的章程、政策和程序，规定股东、董事会、高级管理层和其他利益相关者的权利与义务，以及各个部门、职能和层级之间的沟通与协调机制。定期审查其组织结构和责任分配，以适应其业务发展和外部环境变化。

2）有效的董事会和高级管理层

金融机构应该建立有效的董事会和高级管理层，以负责战略规划、风险管理、合规监督和绩效评估。金融机构应该确保其董事会和高级管理层具有足够的数量、资质、经验、独立性和多样性，以满足其业务复杂性和规模。建立起合理的选任、培训、激励和考核机制，以提高其董事会和高级管理层的能力和责任感。鼓励其董事会和高级管理层积极参与金融机构的治理活动，并及时向股东和监管机构报告其工作情况。

3）健全的风险管理框架和内部控制体系

建立健全的风险管理框架和内部控制体系，以识别、评估、监测、控制和报告其面临的各类风险，并保证其业务活动符合法律法规和道德标准。制定全面的风险政策和战略，明确其风险偏好和容忍度，并将其纳入业务决策和资源配置中。金融机构应该建立独立的风险管理部门，负责对各类风险进行定期的测量、评价、报告和审查，并向董事会和高级管理层提供及时有效的反馈。建立完善的内部控制体系，包括有效的内部审计体系，以检查其风险管理框架和内部控制体系的有效性，并向董事会和高级管理层提出改进建议。

4）充分的信息披露和沟通机制

建立充分的信息披露和沟通机制，以提高其财务状况、业务活动、风险状况、治理结构等信息的透明度和可信度，增强其利益相关者的知情权和选择权，促进市场监督和约束。遵守相关的会计准则和审计标准，定期向公众披露其财务报告和审计报告，并对其信息披露的准确性和完整性负责。根据其业务特点和风险特征，披露其风险管理框架、风险指标、风险敏感性分析等相关信息，并对其信息披露的及时性和有用性负责。建立有效的沟通机制，与其股东、客户、员工、监管机构、媒体等利益相关者保持良好的沟通和协作关系，并对其信息沟通的公平性和诚信性负责。

5）提高金融机构的监督合作

加强金融机构的跨境监督合作，建立有效的信息交流和协调机制，尊重各国监管机构的法律地位和职能范围，协商解决跨境监督中可能出现的争议和冲突等。

第4章　金融风险测度

4.1　VaR

4.1.1　VaR 的定义

VaR 是一种常用的金融风险度量方法，它表示在一定的置信水平和持有期内，金融资产或组合的最大可能损失。计算公式是

$$P(\Delta p \Delta t \leqslant \text{VaR}) = \alpha,$$

其中，P 表示某一金融资产在持有期 Δt 内，损失不超过 VaR 的概率；Δp 表示某一金融资产在一定持有期 Δt 内的价值损失额；VaR 表示可能的损失上限；α 表示给定的置信水平。

例如，如果一个投资组合的 10 日 95% VaR 为 100 万美元，那么意味着在未来 10 个交易日内，该组合有 95%的概率损失不会超过 100 万美元，而有 5%的概率损失会超过 100 万美元。

VaR 是一个概率性的风险指标，它不仅考虑了资产或组合收益率分布的均值和方差，还考虑了收益率分布的偏度和峰度等高阶矩。同时可以反映出资产或组合在极端情况下的风险水平，因此它比传统的标准差等风险指标更能体现出金融市场的非线性特征和不对称特征。

4.1.2　VaR 计算方法

VaR 的计算方法有很多，主要可以分为参数法、历史模拟法和蒙特卡罗模拟法。

1. 参数法

参数法是一种基于假设收益率分布服从某种已知参数分布（如正态分布、t 分布等）的 VaR 计算方法。参数法的优点是计算简单方便，只需要估计收益率分布的均值和方差等参数即可。但是参数法也有缺陷，包括以下几个方面。

（1）假设依赖性，即计算结果高度依赖于收益率分布的假设，通常假设为正态分布。如果实际分布与假设不符，可能导致较大误差。

（2）相关性估计较难，这需要估计风险因子的波动性及收益间的相关性，估计过程可能很复杂且不准确。

参数法需要选择一个合适的收益率分布，并估计其参数。例如，假设收益率服从正态分布，则需要估计其均值和标准差。根据置信水平和持有期，确定相应的分位数或临界值。如果置信水平为 95%，则需要确定正态分布下 95%分位数为 1.645。然后再根据收益率分布和分位数，计算 VaR。整个计算过程简单流畅，结果清晰易懂。

2. 历史模拟法

历史模拟法是一种基于历史数据直接模拟收益率分布的 VaR 计算方法。历史模拟法的优点是不需要对收益率分布作任何假设，可以充分利用历史数据中的信息。历史模拟法的缺点主要有以下几个方面。

（1）历史数据依赖性，完全依赖于历史数据，如果历史数据不具代表性，或市场条件发生变化，计算结果可能不准确。

（2）离散性，历史模拟法使用的是离散的历史数据，可能无法捕捉连续的市场变化。

（3）更新缓慢，新的市场信息反映到 VaR 可能较慢，导致历史模拟法对新风险的反应不够及时。

历史模拟法要求首先收集一段足够长的历史数据，计算每个交易日的收益率。其次根据持有期，将每个交易日的收益率累加，得到每个持有期内的累积收益率。最后将每个持有期内的累积收益率从小到大排序，根据置信水平确定相应的分位数或临界值。例如，如果置信水平为 95%，则需要确定 5% 小的累积收益率或累积收益作为分位数或临界值。根据分位数或临界值，计算 VaR。如果 5% 小的累积收益率为 –1.2%，则 10 日 95% VaR 为 –1.2%。

3. 蒙特卡罗模拟法

蒙特卡罗模拟法是一种基于随机数生成器模拟收益率分布的 VaR 计算方法。蒙特卡罗模拟法可以考虑多种风险因素和复杂的非线性关系，可以生成任意形状的收益率分布。

蒙特卡罗模拟法的基本步骤如下：

第一步，建立一个合理的风险因子模型，描述金融资产或组合的价格或价值与各种风险因素（如利率、汇率、股价等）之间的关系。例如，风险因子模型可以使用几何布朗运动模型、跳跃扩散模型、随机波动率模型等。

第二步，根据风险因子模型，使用随机数生成器生成大量的风险因子序列，并计算相应的金融资产或组合的价格或价值序列。

第三步，根据价格或价值序列，计算每个持有期内的累积收益率，并从小到大排序，根据置信水平确定相应的分位数或临界值。

第四步，根据分位数或临界值，计算 VaR。

蒙特卡罗模拟法的缺陷与不足主要有以下两点。

（1）计算过于密集，为了确保计算结果的精确性，可能需要生成大量的模拟场景，这在计算上非常耗时。

（2）对资源要求很高，如果没有强大的计算资源和风险管理引擎，实施蒙特卡罗模拟法可能很困难。

4.1.3 VaR 在金融风险管理中的应用

VaR 在金融风险管理中的应用主要有以下几个方面。

（1）风险控制。VaR 可以作为金融机构或投资者制定风险控制策略的依据，如设定风险限额、调整资产配置、进行套期保值等。通过比较实际损失和预测的 VaR，可以检验风险控制效果和 VaR 模型的有效性。

（2）风险报告。VaR 可以作为金融机构或投资者向内部或外部监管机构、股东、客户等报告风险状况的指标，如披露 VaR、VaR 占资本比例、VaR 超过次数等。通过公开透明的风险报告，可以增强市场信心和提高监管效率。

（3）风险定价。VaR 可以作为金融机构或投资者对金融产品或服务进行风险定价的参考，根据 VaR 确定利率、费用、保证金、信用评级等。通过合理的风险定价，可以实现风险与收益的匹配和资源的优化配置。

4.2 ES

4.2.1 ES 的定义

ES 是一种改进的金融风险度量方法，用于衡量在极端情况下，投资组合或资产的损失可能有多大。ES 也被称为条件风险价值或平均超额损失。ES 基于 VaR 计算，表示在一定的置信水平和持有期内，金融资产或投资组合超过 VaR 的损失平均值。例如，如果一个投资组合的 10 日 95% ES 为 120 万美元，那么意味着在未来 10 个交易日内，该组合有 5% 的概率损失会超过 100 万美元（假设其 95% VaR 为 100 万美元），而这些超过 100 万美元的损失平均值为 120 万美元。

ES 可以用数学公式表示如下：

$$\mathrm{ES}_\alpha(X) = \frac{1}{1-\alpha}\int_\alpha^1 \mathrm{VaR}_\beta(X)\mathrm{d}\beta,$$

其中，X 表示投资组合或资产的收益率分布；α 表示置信水平；β 表示分位数；$\mathrm{VaR}_\beta(X)$ 表示 β 分位数下的 VaR。

ES 是一个条件性的风险指标，它不仅考虑了资产或投资组合在极端情况下的风险水平，还考虑了在 VaR 之后的损失分布，因此更全面地衡量了风险。ES 也能体现出金融市场的尾部风险，更符合风险管理的实际需求。

4.2.2 ES 计算方法

ES 的计算方法与 VaR 类似，也可以分为历史模拟法、蒙特卡罗模拟法和方差-协方差法。不再过多赘述。

（1）历史模拟法。收集一段时间内投资组合或资产的收益率数据，并按照时间顺序排列。计算每个收益率对应的累积概率，并将其作为分位数。根据给定的置信水平，找出对应的分位数和收益率，并将其作为 VaR。计算所有低于 VaR 的收益率的平均值，并将其作为 ES 值的估计值。

（2）蒙特卡罗模拟法。根据投资组合或资产的特征，选择合适的随机数生成器，如几何布朗运动、跳跃扩散等。根据随机数生成器的参数，生成大量的随机收益率，并按照时间顺序排列。计算每个收益率对应的累积概率，并将其作为分位数。根据给定的置信水平，找出对应的分位数和收益率，并将其作为 VaR。计算所有低于 VaR 的收益率的平均值，并将其作为 ES 值。

（3）方差-协方差法。这种方法是假设投资组合或资产的收益率服从正态分布或其他已知分布来估计 ES 值。先计算投资组合或资产收益率的均值和方差（或协方差矩阵）。根据给定的置信水平和收益率分布，计算对应的标准正态分位数（或其他分布分位数）。根据标准正态分位数（或其他分布分位数）、收益率均值和方差（或协方差矩阵），计算对应的 VaR。根据收益率分布、VaR 和置信水平，计算对应的 ES 值。

4.2.3 ES 在金融风险管理中的应用

ES 在金融风险管理中也有广泛的应用，在银行、保险公司、基金管理公司等机构中，ES 可以用来评估市场风险、信用风险、流动性风险等，并作为监管资本的依据。ES 相比 VaR 有更多的优点，主要内容如下。

（1）ES 是一致风险度量（coherent risk measure），即它具有次可加性和单调性等性质，可以更全面地捕捉尾部风险并估计极端情况下的平均损失。

（2）ES 是敏感性风险度量，对极端事件更敏感，而 VaR 对极端事件不够敏感。这意味着 ES 能更好地捕捉尾部风险和厚尾特征。

（3）ES 还是一个可回溯性风险度量，可通过历史数据进行回溯测试。

由于 VaR 不是一致风险度量且相较于 ES 不够敏感，因此，ES 被认为是一种比 VaR 更优越的风险度量方法，在金融监管和实践中也越来越受到重视和推广。例如，在 2016 年修订的巴塞尔协议中，ES 取代 VaR 成为市场风险资本要求的标准计算方法。在投资组合优化和资产定价等领域，ES 也是一种重要的目标函数或约束条件。

4.3 VaR 与 ES 的联合建模

4.3.1 VaR 和 ES 联合建模理论

联合建模 VaR 和 ES 有两方面的原因。一方面，4.2.1 节中的 ES 的定义也可以写为 $ES_\alpha(X) = E(y|y \leqslant VaR_\alpha)$。可以看出，ES 是依赖于 VaR 的。这导致在事先不知道 VaR 的情形下，只对 ES 建模而不对 VaR 建模是不现实的。例如，通过 ARMA-GARCH（autoregressive moving average-generalized autoregressive conditional heteroskedasticity，自回归移动平均-广义自回归条件异方差）建模整个序列再计算 ES 的估计值这个过程，实际上也包含了对 VaR 的建模，因为整个分布建模已经包含了对每个分位数的建模。4.2.2 节中提及的历史模拟法也是同样的道理，在筛选数据或者对数据排序时，已经包含了对 VaR 的经验估计。也就是说，由于实践中不可能事先知道 VaR 的值，在建模 ES 的过程中不可避免地需要对 VaR 建模，甚至需要先行建模 VaR。

另一方面，尽管分位数回归已成为研究 VaR 的重要方法，但 ES 回归却无法实现。这是因为 VaR 是可诱导的（elicitable），可以通过分位数回归估计 VaR，而 ES 不是可诱导的，也就是说，不存在一个损失函数，使该损失函数的期望在 ES 处达到最小。ES 的不可诱导性导致无法进行 ES 回归。近几年的文献指出 VaR 和 ES 是联合可诱导的，且可以根据联合损失函数进行联合估计和评估。联合损失函数表达式如下：

$$L(X,v,e;\alpha,G_1,G_2,c) = \left(1_{\{X\leq v\}} - \alpha\right)\left[G_1(v) - G_1(X)\right] + \frac{1}{\alpha}g_2(e)1_{\{X\leq v\}}(v-X) \\ + g_2(e)(e-v) - G_2(e) + c(X),$$

其中，X 表示资产或者投资组合的收益率随机变量；G_1、c、G_2、g_2 分别表示四个函数，满足 G_2 的导数是 g_2，G_1 是增函数，G_2 是单调递增的凸函数。现有文献证明，使联合损失函数最小时的 v 和 e 分别是随机变量 X 在 α 水平下的 VaR 和 ES。

此处不再过多介绍 VaR 和 ES 联合建模理论，感兴趣的读者可以拓展阅读焦守坤（2023）。

4.3.2 VaR 和 ES 联合建模在金融风险管理中的应用

1. 线性规划方法的比较

线性规划方法是一种基于 VaR 或 ES 约束的可用于求解投资组合优化问题的方法，它有很多优点，如计算简单、可解决大规模问题、可处理多种类型的约束等。然而，线性规划方法并不是唯一的方法，还有其他方法可用于求解投资组合优化问题，如基于参数分布假设的方法或者基于因子模型的方法等。这些方法各有优缺点，需要根据具体的问题和数据来选择合适的方法。为了给读者一个参考，在这里简要介绍一些其他的方法，并与线性规划方法进行比较。

基于参数分布方法是假设金融资产或投资组合收益服从某种已知或未知参数的概率分布，然后利用最大似然估计或贝叶斯估计等方法来估计参数，并用参数估计值和模型来计算 VaR 和 ES。例如，假设收益服从正态分布，那么 VaR 和 ES 就可以用均值和标准差来表示，而不需要进行数值积分。但是，正态分布可能无法很好地描述收益分布的尾部特征，从而导致风险度量的不准确。另外，如果收益服从其他类型的分布，如 t 分布等，那么 VaR 和 ES 的计算就会变得复杂，需要运用数值积分或模拟等方法。

基于因子模型的方法是利用一个或多个因子来解释金融资产或投资组合收益的变化，并根据因子暴露和因子协方差矩阵来计算 VaR 和 ES。这种方法的优点是可以降低投资组合收益矩阵的维度，并且可以考虑不同金融资产或投资组合之间的相关性。缺点是需要选择恰当的因子，并且需要估计因子暴露和因子协方差矩阵。例如，如果使用一个单因子模型来描述金融资产或投资组合收益，那么 VaR 和 ES 就可以用因子暴露、因子方差、特质方差和置信水平来表示。但单因子模型有时并不能很好地捕捉收益向量中的信息，并且因子暴露和因子方差可能难以准确估计。另外，如果使用多个因子模型来描述金融资产或投资组合收益，那么 VaR 和 ES 需要考虑因子之间的相关性，并估计因子协方差矩阵。

综上所述，线性规划方法与其他方法相比，在基于 VaR 或 ES 约束求解投资组合优化问题时，有以下几个特点。

（1）线性规划方法无须对收益分布作任何假设，只须利用历史数据或模拟数据来估计 VaR 和 ES，从而避免模型误设或参数估计误差，提升风险度量的准确性和稳健性。

此外，线性规划方法能够同时估计多个金融资产或投资组合在不同置信水平下的 VaR 和 ES，并考虑它们之间的相关性，从而提高风险度量的效率和精度，并保证其一致性和次可加性。

（2）线性规划方法能够处理多种类型的约束条件，如杠杆、持仓、分组、目标收益和因子暴露等，以满足实际应用中的各种需求和限制，提高投资组合的可行性和适应性。

（3）线性规划方法可以利用现有的优化算法和软件，如单纯形法和内点法等，简化计算过程并提高求解速度和稳定性。

当然，线性规划方法也有一些局限性，如不能处理非线性的目标或约束、不能考虑收益分布的高阶矩等。因此，在使用线性规划方法时，需要根据具体的问题和数据来选择合适的模型与参数。

2. 利用 VaR 和 ES 进行投资组合优化

利用联合估计的 VaR 和 ES 可以进行投资组合优化，即在满足一定的风险限制的条件下，寻找最优的资产配置方案。投资组合优化的目标可以是最大化预期收益、最小化风险度量、最大化效用函数等。投资组合优化的约束可以是杠杆、持仓、分组、目标收益、因子暴露等。投资组合优化的方法可以是基于参数分布假设的方法或者基于非参数分布假设的方法。本节按照线性规划方法进行求解，具体步骤如下。

假设有 n 个金融资产或投资组合，其收益向量为

$$\boldsymbol{y}_t = (y_{1t}, y_{2t}, \cdots, y_{nt})^\mathrm{T}.$$

假设已经利用 MQR 方法联合估计了每个金融资产或投资组合在给定置信水平 τ 下的 VaR 和 ES，并且得到了它们的计算公式。

定义投资组合权重向量为

$$\boldsymbol{w} = (w_1, w_2, \cdots, w_n)^\mathrm{T},$$

其中，w_i 表示第 i 个金融资产或投资组合在投资组合中所占的比例，满足 $\sum_{i=1}^{n} w_i = 1$。

定义投资组合收益为 R_p，则有

$$R_p = \sum_{i=1}^{n} w_i y_{it} = \boldsymbol{w}^\mathrm{T} \boldsymbol{y}_t.$$

定义投资组合在给定置信水平 τ 下的 VaR 和 ES 为

$$\mathrm{VaR}_\tau(R_p) = \boldsymbol{w}^\mathrm{T} \mathbf{VaR}_\tau(\boldsymbol{y}_t),$$

$$\mathrm{ES}_\tau(R_p) = \boldsymbol{w}^\mathrm{T} \mathbf{ES}_\tau(\boldsymbol{y}_t).$$

其中，$\mathbf{VaR}_\tau(\boldsymbol{y}_t)$ 和 $\mathbf{ES}_\tau(\boldsymbol{y}_t)$ 分别表示金融资产或投资组合收益向量在给定置信水平 τ 下的 **VaR** 和 **ES** 向量。

根据不同的优化目标和约束条件，建立线性规划模型。例如，如果想要在给定置信水平 τ 下最小化投资组合的 ES，并且满足以下约束条件。

(1) 投资组合权重之和为1。

(2) 投资组合权重在 $[0,1]$。

(3) 投资组合预期收益不低于 μ_0。

(4) 投资组合 VaR 不高于 α_0。

那么，可以建立如下的线性规划模型：

$$\min \boldsymbol{w}^\mathrm{T} \mathbf{ES}_\tau(\boldsymbol{y}_t)$$

$$\text{s.t.} \begin{cases} \boldsymbol{w}^\mathrm{T} \mathbf{1} = 1 \\ 0 \leq w_i \leq 1, \quad i = 1, 2, \cdots, n \\ \boldsymbol{w}^\mathrm{T} \boldsymbol{y}_t \geq \mu_0 \\ \boldsymbol{w}^\mathrm{T} \mathbf{VaR}_\tau(\boldsymbol{y}_t) \leq \alpha_0. \end{cases}$$

利用线性规划的求解算法，如单纯形法、内点法等，求解最优的投资组合权重向量 $\boldsymbol{w}^*$，并计算相应的投资组合收益、VaR 和 ES。

通过上述方法，可以利用联合估计的 VaR 和 ES 来进行投资组合优化，即在满足一定的风险限制的条件下，寻找最优的资产配置方案。这样可以提高投资效率和收益，同时降低风险损失。线性规划方法的优点是计算简单、可解决大规模问题、可处理多种类型的约束等。

3. 线性规划方法的示例

为了说明线性规划方法，以下举一个简单的例子。假设一个包含三种资产的投资组合，其收益率向量为

$$\boldsymbol{r} = (0.1, 0.2, 0.3)^\mathrm{T},$$

其协方差矩阵为

$$\boldsymbol{\Sigma} = \begin{pmatrix} 0.01 & 0.002 & 0.001 \\ 0.002 & 0.04 & 0.006 \\ 0.001 & 0.006 & 0.09 \end{pmatrix}.$$

投资组合的目标是最大化投资组合的夏普比率（Sharpe ratio，SR），即风险调整收益率，定义为

$$\mathrm{SR} = \frac{\mu - r_f}{\sigma},$$

其中，μ 表示投资组合的预期收益率；r_f 表示无风险利率；σ 表示投资组合的标准差。假设无风险利率为 0.05，则问题转化为一个线性规划问题：

$$\arg\max_{\boldsymbol{w}} \frac{\boldsymbol{w}^\mathrm{T} \boldsymbol{r} - 0.05}{\sqrt{\boldsymbol{w}^\mathrm{T} \boldsymbol{\Sigma} \boldsymbol{w}}},$$

$$\text{s.t.} \begin{cases} \sum_{i=1}^{3} w_i = 1 \\ w_i \geq 0, \quad i = 1, 2, 3. \end{cases}$$

由于目标函数是分式的，可以使用变量替换的方法将其转化为线性的形式。令

$$t = \frac{\boldsymbol{w}^\mathrm{T}\boldsymbol{r} - 0.05}{\sqrt{\boldsymbol{w}^\mathrm{T}\boldsymbol{\Sigma}\boldsymbol{w}}},$$

则有

$$t\sqrt{\boldsymbol{w}^\mathrm{T}\boldsymbol{\Sigma}\boldsymbol{w}} = \boldsymbol{w}^\mathrm{T}\boldsymbol{r} - 0.05,$$

两边平方,得

$$t^2\left(\boldsymbol{w}^\mathrm{T}\boldsymbol{\Sigma}\boldsymbol{w}\right) = \left(\boldsymbol{w}^\mathrm{T}\boldsymbol{r}\right)^2 - 0.1\boldsymbol{w}^\mathrm{T}\boldsymbol{r} + 0.0025,$$

整理后,得

$$t^2\left(\boldsymbol{w}^\mathrm{T}\boldsymbol{\Sigma}\boldsymbol{w}\right) + 0.1\boldsymbol{w}^\mathrm{T}\boldsymbol{r} - \left(\boldsymbol{w}^\mathrm{T}\boldsymbol{r}\right)^2 - 0.0025 = 0.$$

由于投资组合的目标是最大化夏普比率,即最大化 t,而 t 是正数,因此可将上式左边看作一个关于 t 的二次函数:

$$f(t) = t^2\left(\boldsymbol{w}^\mathrm{T}\boldsymbol{\Sigma}\boldsymbol{w}\right) + 0.1\boldsymbol{w}^\mathrm{T}\boldsymbol{r} - \left(\boldsymbol{w}^\mathrm{T}\boldsymbol{r}\right)^2 - 0.0025.$$

这个函数的图像是一个开口向下的抛物线,其顶点的横坐标为

$$t^* = \frac{-0.1\boldsymbol{w}^\mathrm{T}\boldsymbol{r} + \left(\boldsymbol{w}^\mathrm{T}\boldsymbol{r}\right)^2 + 0.0025}{2\boldsymbol{w}^\mathrm{T}\boldsymbol{\Sigma}\boldsymbol{w}}.$$

因此,要求解的线性规划问题等价于:

$$\max x$$

$$\text{s.t.} \begin{cases} t^2\left(\boldsymbol{w}^\mathrm{T}\boldsymbol{\Sigma}\boldsymbol{w}\right) + 0.1\boldsymbol{w}^\mathrm{T}\boldsymbol{r} - \left(\boldsymbol{w}^\mathrm{T}\boldsymbol{r}\right)^2 - 0.0025 = 0 \\ \sum_{i=1}^{3} w_i = 1 \\ w_i \geq 0, \quad i = 1, 2, 3. \end{cases}$$

其中

$$\boldsymbol{x} = \left(\tau, w_1, w_2, w_3\right)^\mathrm{T}.$$

这是一个混合整数规划问题,可以通过分支定界法或割平面法等算法求解。为了简化问题,假设投资组合的权重都是整数,即

$$w_i \in \{0, 1, 2, \cdots, 100\}.$$

并且满足:

$$\sum_{i=1}^{3} w_i = 100.$$

通过将问题转化为一个有限的搜索空间,最终得到最优投资组合权重为(0,0.33,0.67),最大夏普比率为 1.153。这意味着,如果将投资组合中 33%的资金分配给第二种资产,67%的资金分配给第三种资产,不投资第一种资产,则获得最大的夏普比率的投资组合,即 1.153。这是一个投资组合优化问题的简单示例,实际情况中可能会涉及更多的资产、约束条件和目标函数,需要使用更复杂的算法求解。

4.4 其他风险测度

4.4.1 风险度量的一致性和凸风险度量

风险度量是一种将随机变量（如收益率或损失）转化为确定数值（如 VaR 或 ES）的函数。不同的风险度量可能有不同的性质和特征。其中，一个重要的性质是一致性（coherent）。一致风险度量满足以下四个条件。

（1）平移不变性。对于任意常数 c 和随机变量 X，风险度量 ρ 应该满足 $\rho(X+c)=\rho(X)-c$。这表示如果一个资产的损失可以通过确定的现金流补偿，则风险度量应相应减少。

（2）单调性。如果 X 和 Y 是两个随机变量，且 X 的收益率或损失总是不小于 Y 的收益率或损失，则 $\rho(X)$ 大于或等于 $\rho(Y)$。例如，如果 $X \leqslant Y$，则 $\rho(X) \leqslant \rho(Y)$，这表明如果一个资产的损失概率低于另一个资产，则其风险也应该更低。

（3）次可加性。对于任意两个随机变量 X 和 Y，风险度量 ρ 应该满足 $\rho(X+Y) \leqslant \rho(X)+\rho(Y)$。这表明风险的组合不应超过单独风险的总和，反映了分散投资的风险降低效应。

（4）正齐次性。对于任意正数 λ 和随机变量 X，风险度量 ρ 应该满足 $\rho(\lambda X)=\lambda \rho(X)$。这意味着风险度量与投资规模成正比。

一致性是一个合理的风险度量应该具备的性质，因为它可以保证风险度量与风险偏好和风险分配相一致。然而，并不是所有的风险度量都满足一致性。例如，VaR 就不满足次可加性，因为两个独立的随机变量的 VaR 之和可能大于或小于它们之和的 VaR。

除了一致性，另一个重要的性质是凸性。凸性是指一个风险度量满足以下条件：如果 X 和 Y 是两个随机变量，且 a 是一个介于 0 和 1 之间的常数，则 $R(aX+(1-a)Y)$ 不大于 $aR(X)+(1-a)R(Y)$，其中 R 表示风险度量函数的凸性。

凸性也是一个有用的风险度量应该具备的性质，因为它可以保证风险度量对风险分散的激励作用。也就是说，凸风险度量会鼓励投资者将资金分散投资在不同的金融资产或组合上，以降低总体风险。ES 满足凸性，两个随机变量的 ES 之和总是大于或等于它们之和的 ES。

一致性和凸性都是评价风险度量优劣的重要标准。一般来说，一个好的风险度量应该同时满足一致性和凸性。然而，并不是所有的一致风险度量都是凸性的，也不是所有的凸风险度量都是一致的。

4.4.2 基于其他损失分布的风险测度

虽然 VaR 和 ES 都是基于损失分布的风险测度，但它们都有一些局限性。例如，VaR 不能反映超过 VaR 的损失的大小和分布，而 ES 也对分布的假设要求较高。因此，有时候需要考虑其他类型的损失分布，以得到更多、更丰富的风险信息。

基于其他损失分布的风险测度方法有以下几种。

（1）基于条件损失分布的方法。假设给定某个条件事件发生（如超过 VaR 或 ES）计算条件损失分布，并根据该分布定义和计算风险测度。例如，条件 VaR 就是在超过 VaR 的条件下，计算损失的平均值或中位数。基于条件损失分布的方法优点是可以反映极端事件下的风险特征，而不仅仅是正常情况下的风险特征。缺点是需要确定合适的条件事件，而这可能会受到主观因素的影响。

（2）基于分位数损失分布的方法。假设给定某个分位数（如 0.01 或 0.05）计算分位数损失分布。例如，分位数 ES 就是在给定分位数下，计算损失的平均值或中位数。基于分位数损失分布的方法优点是可以反映不同概率水平下的风险特征，而不仅仅是固定置信水平下的风险特征。缺点是需要确定合适的分位数，而这常常是没法精准确定的。

（3）基于尾部损失分布的方法。假设给定某个尾部区域（如左尾或右尾）计算尾部损失分布。例如，尾部 ES 就是在给定尾部区域下，计算损失的平均值或中位数。基于尾部损失分布的方法优点是可以反映尾部风险和厚尾特征，而不仅仅是整体风险和正态特征。缺点是需要确定合适的尾部区域，而这也可能受主观因素影响较大。

4.4.3 扭曲风险度量

扭曲风险度量是一种考虑了风险偏好和损失厌恶的风险度量方法，它可以更好地反映投资者对不同风险水平的态度和偏好。扭曲风险度量是基于效用理论和概率变换的理论框架，它将原始的概率分布通过一个单调递增的扭曲函数转换为一个新的概率分布，然后根据新的概率分布计算风险度量。

扭曲风险度量 $\rho_g(X)$ 的计算公式为

$$\rho_g(X) = \int_0^\infty \left(1 - g(F_X(x))\right)\mathrm{d}x - \int_{-\infty}^0 g(F_X(x))\mathrm{d}x,$$

其中，X 表示风险损失随机变量；$F_X(x)$ 表示随机变量 X 的累积分布函数；$g(\cdot)$ 表示扭曲函数。扭曲风险度量可以看作一种将原始收益分布转换为一个与效用函数相匹配的新收益分布，然后根据新收益分布计算风险度量。这样可以保证风险度量与投资者的风险偏好和损失厌恶程度一致，并且可以避免直接使用效用函数带来的复杂性和难以解释性。

扭曲风险度量有以下几个优点。

（1）它可以兼容不同的风险偏好和损失厌恶程度，通过调整扭曲函数的形状和参数，可以生成不同的风险度量。

（2）它可以保持原始概率分布的顺序和形状，只是改变了概率的大小，因此不会引入额外的假设或失真。

（3）它可以满足一些重要的公理性质，如单调性、次可加性、正齐次性、无偏性等。

第 5 章 金融时间序列风险模型

5.1 金融时间序列的典型化事实

金融时间序列的典型化事实是人们经验观察的集合,以及从这些观察中得到的推论,通常适用于日对数收益率,以及更低频的周、月收益率和更高频的日间收益率,但对极高频的逐笔数据和极低频的年度数据并不适用(McNeil et al., 2015)。

对数收益率(log-return)被定义为资产的简单收益率的自然对数:

$$r_t = \ln(1+R_t) = \ln\frac{P_t}{P_{t-1}} = \ln P_t - \ln P_{t-1},$$

其中,$1+R_t$ 表示简单收益率;P_t 表示股票、指数、汇率、利率等金融数据。本章将探讨一元金融时间序列的一些典型化事实。

5.1.1 波动率聚集性

波动率聚集性是金融时间序列的一个重要特性,它描述了高波动率后面倾向于出现持续的高波动率,而低波动率后面倾向于出现持续的低波动率的现象。下面以上证指数(Shanghai stock exchange composite index,SSEC)的日对数收益率为例进行具体的说明。

图 5-1 显示了 2010 年 1 月 4 日至 2022 年 12 月 30 日这 13 年间 SSEC 的日对数收益率,共计 3159 个观测值。从中可以观察出收益率呈现出波动率聚集的特征,即时间序列在某些时期的波动持续偏大,某些时期的波动持续偏小的现象。

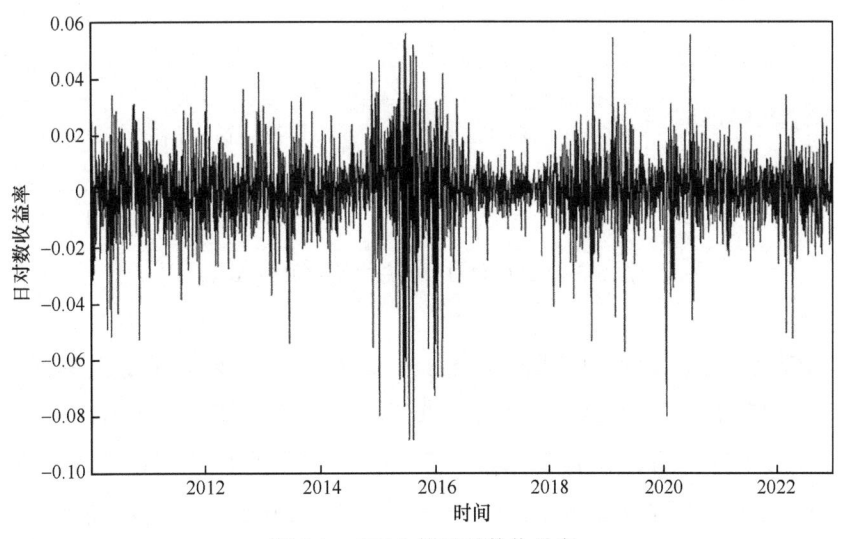

图 5-1 SSEC 的日对数收益率

为了验证这种现象的存在，本章利用 ACF（autocorrelation function，自相关函数）进行自相关性检验。如图 5-2 所示，收益率基本不存在序列相关性，但是通过观察 SSEC 日对数收益率序列的波动率聚集现象，可以发现其方差并非常数，因此 SSEC 日对数收益率序列也不是独立同分布的。这里需要对时间序列的不相关性和独立性进行区分，如果序列具有独立性，则其平方、对数、绝对值仍然具有独立性，而相关性仅用于度量序列之间的线性关系。因此，如果序列的绝对值或平方值表现出明显的自相关性，那么就可以推翻序列独立同分布的假设。图 5-3 和图 5-4 分别为 SSEC 日对数收益率绝对值和平方值的 ACF，从中可见绝对收益和平方收益序列具有明显的自相关性，因此 SSEC 日对数收益率序列不是独立同分布的，这也验证了波动率聚集现象。

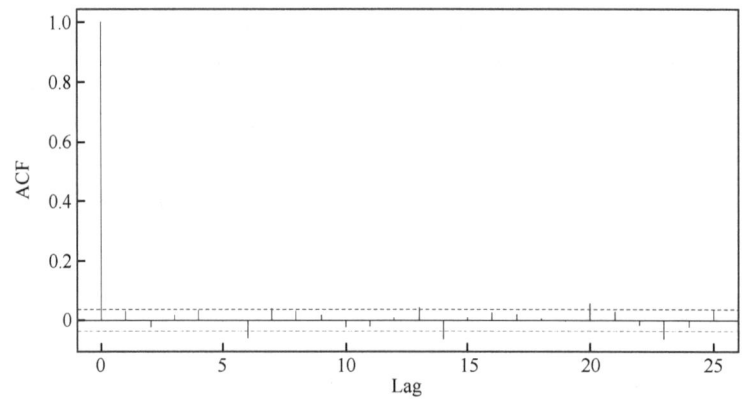

图 5-2　SSEC 日对数收益率的 ACF
横轴为滞后阶数，纵轴为 ACF 值

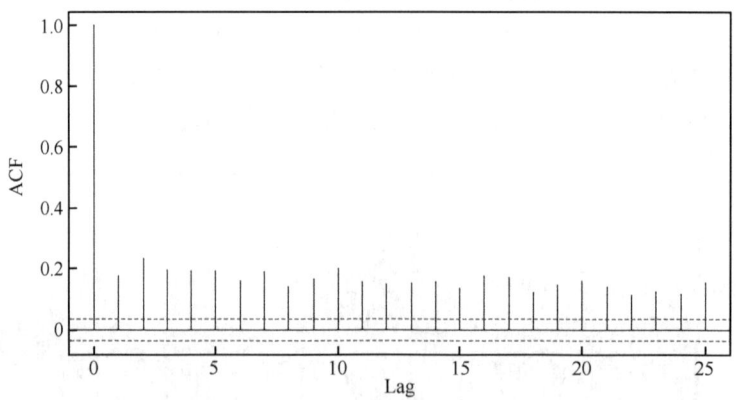

图 5-3　SSEC 日对数收益率绝对值的 ACF
横轴为滞后阶数，纵轴为 ACF 值

除了 ACF 图示法，还可以利用 Ljung-Box 随机性检验来对 SSEC 日对数收益率的绝对值和平方值序列进行自相关性检验，检验结果显示绝对值序列的 $Q(12)=1260.20$，$P<0.01$；平方值序列的 $Q(12)=991.28$，$P<0.01$。可见两组序列都不具有随机性，存在自相关性，这进一步证实了 SSEC 日对数收益率序列不是独立同分布的。

第 5 章 金融时间序列风险模型

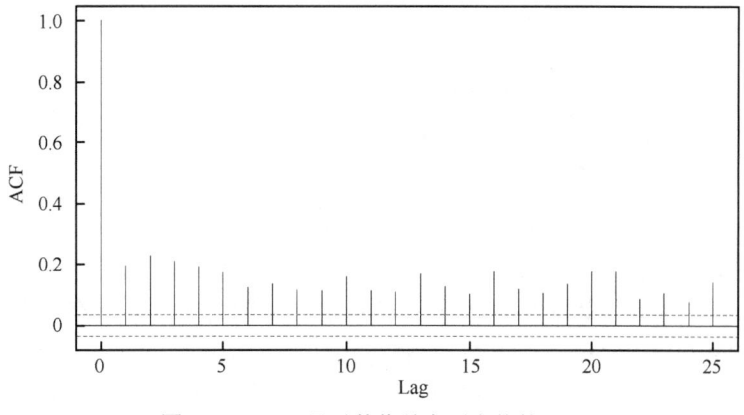

图 5-4 SSEC 日对数收益率平方值的 ACF
横轴为滞后阶数,纵轴为 ACF 值

5.1.2 尖峰厚尾性和非正态性

SSEC 日对数收益率序列的分布形状可以由标准正态分布的 Q-Q 图(quantile-quantile plot,分位数–分位数图),以及一些正态性检验统计量进行检验。

Q-Q 图是一种标准的可视化工具,用于显示数据的实证分位数与参考分布的理论分位数之间的关系,如果序列服从正态分布,则 Q-Q 图上的散点应当近似分布在一条直线上,详见 6.2.4 节。SSEC 日对数收益率的 Q-Q 图如图 5-5 所示,收益率的分布明显不服从正态分布,并且具有厚尾的特征,即高于或低于平均值的极端值出现的概率更高。

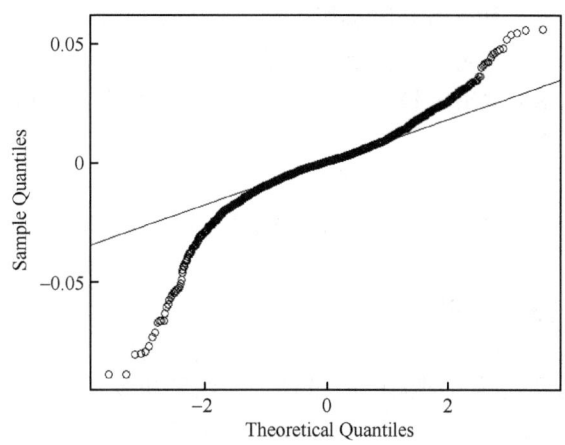

图 5-5 SSEC 日对数收益率的 Q-Q 图
横轴为理论分位数,纵轴为样本分位数

除了图示检验法,还可以采用数值方法进行正态性检验,由于正态分布的偏度为 0,峰度为 3,因此只须比较样本和正态分布的偏度与峰度,就能近似判断其正态性。样本的偏度 s 和峰度 k 分别被定义为

$$s = \frac{\frac{1}{n}\sum_{i=1}^{n}(x_i - \bar{x})^3}{\left[\frac{1}{n}\sum_{i=1}^{n}(x_i - \bar{x})^2\right]^{\frac{3}{2}}}, k = \frac{\frac{1}{n}\sum_{i=1}^{n}(x_i - \bar{x})^4}{\left[\frac{1}{n}\sum_{i=1}^{n}(x_i - \bar{x})^2\right]^2}.$$

通过 R 软件计算可得，收益率序列的峰度为 6.1834，偏度为-0.9055，由于峰度大于 3，偏度为负值，可见序列呈现显著异于正态分布的尖峰厚尾分布特征。

SW（Shapiro-Wilk，夏皮罗-威尔克）检验也是常用的正态性检验方法，检验结果显示，W 值为 0.9199，$P<0.01$，在 1%的显著性水平下拒绝正态性分布的原假设。此外，JB（Jarque-Bera，雅克-贝拉）检验是又一常用的正态性检验方法，它同时检验样本的偏度和峰度，是一种混合的矩检验，其检验统计量为

$$\text{JB} = \frac{1}{6}n\left[s^2 + \frac{1}{4}(k-3)^2\right],$$

其中，s 表示样本偏度；k 表示样本峰度。在正态性的原假设条件下，JB 检验统计量近似服从自由度为 2 的 χ^2 分布，如果统计量过大，则拒绝原假设。检验统计量 $\text{JB} = \frac{3159}{6} \times \left(0.9055^2 + \frac{3.1834^2}{4}\right) = 1765.59$，$P<0.01$，拒绝正态性原假设，即 SSEC 日对数收益率序列不服从正态分布，与前述检验结果一致。

综上所述，SSEC 日对数收益率序列不是独立同分布的，具有波动率聚集的特性，其绝对值序列和平方值序列具有高度自相关性。收益率序列的分布形态不是正态分布，具有尖峰性和厚尾性。这些特征在金融时间序列中普遍存在，具有以上特征的时间序列通常需要引入自回归条件异方差模型或广义自回归条件异方差模型进行拟合和分析，本章 5.3 节将对此进行详细讨论。

5.2 线性时间序列与预测

5.2.1 时间序列分析基础

定义 5-1 时间序列是按时间顺序排列的一组随机变量，可以表示为 $\{X_t\}$，$t \in T$，其中 T 表示离散的时间集。

将具有 n 个有序观察值的时间序列记作 $\{x_t, t=1,2,\cdots,n\}$。观察值序列可以视为时间序列的一次实现，并且由于时间的不可重复性，时间序列通常只有一次实现，即只有一个观察值序列。进行时间序列分析的目的是探究随机时序 $\{X_t\}$ 的特性，为此首先需要分析观察值序列 $\{X_t\}$ 的特性，在此基础上推断时间序列的总体特性。

常见的描述时间序列的主要统计特征的特征统计量有均值、方差、自协方差、自相关系数和偏自相关系数等，并通过分析这些特征统计量的统计特性，推断时间序列

的性质。

定义 5-2 称 $\mu_t = EX_t = \int_{-\infty}^{\infty} x \mathrm{d}F_t(x)$ 为时间序列 $\{X_t\}$ 在 t 时刻的均值函数，反映时间序列的平均水平。

定义 5-3 称 $\sigma_t^2 = \mathrm{Var}X_t = E(X_t - \mu_t)^2 = \int_{-\infty}^{\infty} (x - \mu_t)^2 x \mathrm{d}F_t(x)$ 为时间序列在 t 时刻的方差，描述时间序列值围绕均值做随机波动时的平均波动程度。

定义 5-4 称 $\gamma(s,t) = \mathrm{Cov}(X_s, X_t) = E(X_s - \mu_s)(X_t - \mu_t)$，$s,t \in T$ 为时间序列 $\{X_t\}$ 的自协方差函数。

特别地，当 $s = t$ 时，称其为时间序列 $\{X_t\}$ 的方差函数。

定义 5-5 称 $\rho(s,t) = \dfrac{\gamma(s,t)}{\sqrt{DX_s}\sqrt{DX_t}} = \dfrac{\gamma(s,t)}{\sigma_s \sigma_t}$，$s,t \in T$，为时间序列 $\{X_t\}$ 的自相关函数。

自协方差函数和自相关函数均度量时间序列在两个不同时刻的取值的相关程度。

定义 5-6 称 $\rho_{(x_t, x_{t-k} | x_{t-1}, \cdots, x_{t-k+1})} = \dfrac{E\big((x_t - \hat{E}x_t)(x_{t-k} - \hat{E}x_{t-k})\big)}{E\big((x_{t-k} - \hat{E}x_{t-k})^2\big)}$ 为时间序列 $\{X_t\}$ 的偏自相关函数。其中，$\hat{E}x_t = E(x_t | x_{t-1}, \cdots, x_{t-k+1})$；$\hat{E}x_{t-k} = E(x_{t-k} | x_{t-1}, \cdots, x_{t-k+1})$。

自相关函数 $\rho(t, t-k)$ 直接反映了随机变量 X_t 与 X_{t-k} 之间的相关关系，包含中间 $k-1$ 个随机变量的潜在影响，即没有"剔除"或"控制"序列中其他时间点的影响。偏自相关函数在把中间 $k-1$ 个随机变量看作已知的条件下，或者说，在剔除中间 $k-1$ 个随机变量的干扰之后，探究 X_t 与 X_{t-k} 之间的相关关系。

平稳性是分析时间序列的基础，根据限制条件的严格程度的不同，可以将平稳性时间序列分为严平稳时间序列和宽平稳时间序列两种类型。

定义 5-7 设时间序列为 $\{X_t\}$，$t \in T$，如果对任意的正整数 $m, k \in T$，$t_1 < t_2 < \cdots < t_m$，$t_1+k, t_2+k, \cdots, t_m+k \in T$，$X_{t_1}, X_{t_2}, \cdots, X_{t_m}$ 的联合分布与 $X_{t_1+k}, X_{t_2+k}, \cdots, X_{t_m+k}$ 的联合分布是相同的，则称 $\{X_t\}$ 为严平稳时间序列。

定义 5-8 设时间序列为 $\{X_t\}$，$t \in T$，如果 $\{X_t\}$ 满足：① $EX_t^2 < \infty$；② $EX_t = \mu$；③ $\gamma(s,t) = \gamma(s+k, t+k)$，则称 $\{X_t\}$ 为宽平稳（或协方差平稳）时间序列。

严平稳通过为时间序列的联合分布函数设立约束条件，从而确保时间序列的所有统计特征都不随时间的推移而改变；而宽平稳仅对序列的二阶矩平稳做出要求，以此保证时间内序列的一阶矩和二阶矩不随时间的推移而改变。

因此，一般情况下，严平稳时间序列也满足宽平稳条件，而宽平稳时间序列不能反推严平稳成立。但这两种情况均有例外，如服从柯西分布的严平稳时间序列，由于没有一阶矩、二阶矩，因此不是宽平稳时间序列。又如，包含某些自回归条件异方差和广义自回归条件异方差过程在内的无限方差过程是严平稳的但不是宽平稳的。此外，由于服从正态分布的时间序列的二阶矩描述了序列的全部统计性质，因此具有宽平稳性的正态序列也具有严平稳性。

若$\{X_t\}$是宽平稳的，根据宽平稳时间序列的定义，可知$\{X_t\}$具有常数均值，并且其自协方差函数仅与时间间隔，即滞后期有关，而与时间的起始位置无关。根据宽平稳时间序列的自协方差的这条性质，可以推断出宽平稳时间序列具有常数方差的特性：

$$\mathrm{Var}X_t = \gamma(t,t) = \gamma(0), \quad t \in T.$$

此外，宽平稳时间序列的自相关函数也仅与滞后期有关：

$$\rho_k = \frac{\gamma(t,t+k)}{\sqrt{DX_t}\sqrt{DX_{t+k}}} = \frac{\gamma(k)}{\gamma(0)}.$$

由于严平稳的限制条件过于严苛，因此本书在后续的探讨中提到的平稳性均指宽平稳性。

在进行时间序列分析的过程中，需要判断序列的平稳性，对平稳序列进行白噪声检验。白噪声过程是建立有效时间序列模型的基础。

定义 5-9 设时间序列为$\{X_t\}$，$t \in T$，如果$\{X_t\}$满足：① $EX_t = 0$；② $\gamma(s,t) = \begin{cases} \sigma^2, & s = t \\ 0, & s \neq t \end{cases}$，$s,t \in T$，则称$\{X_t\}$为白噪声过程，记作$X_t \sim \mathrm{WN}(0, \sigma^2)$。

特别地，如果X_t服从均值为0，方差为σ^2的正态分布，则称$\{X_t\}$为高斯白噪声过程或正态白噪声过程。

从白噪声过程的定义可以看出，白噪声过程一定是平稳过程。由于白噪声过程具有高度的随机性，因此也被称为纯随机过程，其各项之间没有任何关联，进行无序的随机波动。当时间序列模型的残差序列表现出白噪声的特征时，这通常表明模型已经捕捉了大部分可预测的信息。从这个角度来讲，白噪声过程是构建时间序列模型的要件。然而，这并不意味着所有可能的相关性都已经被完全提取。在实际应用中，需要通过严格的统计检验来确认残差序列的白噪声性质，同时考虑可能存在的非线性关系、长期趋势、结构变化等因素，以确保模型的准确性和完整性。

5.2.2 AR 模型、MA 模型和 ARMA 模型

建立合适的模型来分析事物的规律并做出相应的预测是时间序列分析的重要目标之一，本节将介绍几个常用的用于拟合平稳时间序列的模型，分别为 AR（auto regressive，自回归）模型、MA（moving average，移动平均）模型、ARMA 模型，其中 ARMA 模型由 AR 模型和 MA 模型组合而成——前者分析时间序列受自身变化的影响，后者描述时间序列受随机误差项的影响。

定义 5-10 时间序列$\{X_t\}$如果可以表示成具有如下结构的模型：

$$X_t = \psi + \phi_1 X_{t-1} + \phi_2 X_{t-2} + \cdots + \phi_p X_{t-p} + \varepsilon_t - \theta_1 \varepsilon_{t-1} - \theta_2 \varepsilon_{t-2} - \cdots - \theta_q \varepsilon_{t-q},$$

其中，p表示 AR 模型的滞后阶数；q表示 MA 模型的滞后阶数，并且$\phi_p \neq 0$，$\theta_q \neq 0$；

ε_t 表示白噪声序列，ε_t 与 X_s 相互独立（$\forall s<t$）。称满足以上条件的模型为 (p,q) 阶 ARMA 模型，记为 ARMA(p,q) 模型。

特别地，当 $\psi = 0$ 时，ARMA 模型被称为中心化的 ARMA(p,q) 模型。由于中心化变换不影响序列值的相关关系，因此本章将对 ARMA 模型的分析转化为对中心化 ARMA 模型的分析。

当 $q=0$ 时，ARMA(p,q) 模型退化为 AR(p) 模型：

$$X_t = \psi + \phi_1 X_{t-1} + \phi_2 X_{t-2} + \cdots + \phi_p X_{t-p} + \varepsilon_t.$$

当 $p=0$ 时，ARMA(p,q) 模型退化为 MA(q) 模型：

$$X_t = \gamma + \varepsilon_t - \theta_1 \varepsilon_{t-1} - \theta_2 \varepsilon_{t-2} - \cdots - \theta_q \varepsilon_{t-q}.$$

定义 5-11 若 $B^0 X_t = X_t, B^1 X_t = X_{t-1}, B^2 X_t = X_{t-2}, \cdots, B^n X_t = X_{t-n}$，则称 B 为延迟算子。

引入延迟算子可以简化 ARMA 模型的表达式。令

$$\alpha(B) = 1 - \alpha_1 B - \alpha_2 B^2 - \cdots - \alpha_p B^p,$$

$$\beta(B) = 1 - \beta_1 B - \beta_2 B^2 - \cdots - \beta_p B^p.$$

将 p 阶 AR 系数多项式 $\alpha(B)$，q 阶 MA 系数多项式 $\beta(B)$ 代入中心化的 ARMA 模型中，则中心化的 ARMA(p,q) 模型可以简记为

$$\alpha(B) X_t = \beta(B) \varepsilon_t. \tag{5-2-1}$$

中心化的 AR(p) 模型可以简记为

$$\alpha(B) X_t = \varepsilon_t. \tag{5-2-2}$$

中心化的 MA(q) 模型可以简记为

$$X_t = \beta(B) \varepsilon_t. \tag{5-2-3}$$

ARMA 模型简化后，ARMA(p,q)、AR(p) 模型可以转化为如下 MA 模型：

$$X_t = \frac{\beta(B)}{\alpha(B)} \varepsilon_t, X_t = \frac{1}{\alpha(B)} \varepsilon_t. \tag{5-2-4}$$

ARMA(p,q)、MA(q) 模型也可以转化为如下 AR 模型：

$$\varepsilon_t = \frac{\alpha(B)}{\beta(B)} X_t, \varepsilon_t = \frac{1}{\beta(B)} X_t. \tag{5-2-5}$$

利用 ARMA 模型特征方程的特征根和 $\alpha(B)$、$\beta(B)$ 解的关系，可将式（5-2-4）和式（5-2-5）分别表示为 MA(∞) 模型和 AR(∞) 模型。式（5-2-4）中的两式称为序列的传递形式，式（5-2-5）中的两式称为序列的逆转形式。

在拟合模型过程中，需要验证方程是否存在平稳解，即方程是否具有平稳性，下面将探究 ARMA 模型的平稳条件。

当 ARMA 模型满足特定条件时，为简化研究，通常会将 ARMA 模型转化为因果 ARMA 模型，因果 ARMA 模型满足以下条件：

$$X_t = \sum_{i=0}^{\infty} \vartheta_i \varepsilon_{t-i}, \tag{5-2-6}$$

其中，ϑ_i 满足：

$$\sum_{i=0}^{\infty} |\vartheta_i| < \infty. \tag{5-2-7}$$

定理 5-1 任何满足式（5-2-6）和式（5-2-7）的过程均为平稳过程。

证明：误差项 ε_t 是独立同分布的白噪声序列，满足 $\varepsilon_t \sim N(0,\sigma_\varepsilon^2)$，因此易求得

$$E(X_t) = 0, \operatorname{Var}(X_t) = \sigma_\varepsilon^2 \sum_{i=0}^{\infty} \vartheta_i^2,$$

$$\operatorname{Cov}(X_t, X_{t+k}) = \operatorname{Cov}(\vartheta_0 \varepsilon_t + \vartheta_1 \varepsilon_{t-1} + \cdots + \vartheta_{k-1}\varepsilon_{t+k-1} + \vartheta_k \varepsilon_{t+k} + \cdots + \vartheta_i \varepsilon_{t-i}, \vartheta_0 \varepsilon_{t+k}$$
$$+ \vartheta_1 \varepsilon_{t+k-1} + \cdots + \vartheta_j \varepsilon_{t+k-j}) = \sigma_\varepsilon^2 \sum_{i=0}^{\infty} \vartheta_i \vartheta_{i+k}, \quad k \in \mathbb{Z}^+.$$

当 $k \in \mathbb{Z}$ 时，$\operatorname{Cov}(X_t, X_{t+k}) = \gamma_k = \sigma_\varepsilon^2 \sum_{i=0}^{\infty} \vartheta_i \vartheta_{i+|k|},$

$$\rho_k = \frac{\gamma_k}{\gamma_0} = \frac{\sum_{i=0}^{\infty} \vartheta_i \vartheta_{i+|k|}}{\sum_{i=0}^{\infty} \vartheta_i^2}, \quad k \in \mathbb{Z}$$

由 $\sum_{i=0}^{\infty} |\vartheta_i| < \infty$ 和以上计算可知，$\{X_t\}$ 均值和方差为常数，自协方差和自相关系数只与时间间隔有关，$\{X_t\}$ 为平稳过程。

下面将探讨 AR 模型的平稳条件，首先从最简单的 AR(1) 模型开始讨论，再逐步推广至更高的阶数，寻求一般的规律。设有如下 AR(1) 模型：

$$X_t = \phi X_{t-1} + \varepsilon_t, \tag{5-2-8}$$

由 AR(1) 模型可得

$$\begin{aligned} X_t &= \phi X_{t-1} + \varepsilon_t \\ &= \varepsilon_t + \phi(\phi X_{t-2} + \varepsilon_{t-1}) \\ &= \varepsilon_t + \phi \varepsilon_{t-1} + \phi^2 \varepsilon_{t-2} + \cdots + \phi^n \varepsilon_{t-n} + \phi^{n+1} X_{t-n-1} \\ &= \sum_{i=0}^{n} \phi^i \varepsilon_{t-i} + \phi^{n+1} X_{t-n-1}, \end{aligned}$$

当且仅当 $|\phi| < 1$ 时，令 $n \to \infty$，有

$$X_t = \sum_{i=0}^{n} \phi^i \varepsilon_{t-i},$$

满足式（5-2-6）和式（5-2-7），因此$\{X_t\}$为平稳过程。即当$|\phi|<1$时，AR(1)模型为平稳模型。因此可以将$\{\phi|-1<\phi<1\}$称为AR(1)模型的平稳域。

AR(1)特征方程$1-\phi\lambda=0$的根为$\lambda=\dfrac{1}{\phi}$，因此AR(1)模型平稳的等价判别条件是其特征方程的特征根在单位圆外，即$|\lambda|>1$。

例 5-1 $X_t = \phi X_{t-1} + \varepsilon_t$平稳，试求其均值、方差、协方差和自相关系数。

解：对式（5-2-8）左右两边同时求期望，得
$$E(X_t) = \phi E(X_{t-1}) + E(\varepsilon_t).$$

由于ε_t是均值为0的白噪声序列，$\{X_t\}$的均值为常数，则有$\mu = \phi\mu$，解得$\mu = 0$。对式（5-2-8）左右两边同时求方差，得
$$\mathrm{Var}(X_t) = \phi^2 \mathrm{Var}(X_{t-1}) + \mathrm{Var}(\varepsilon_t).$$

由于$\{X_t\}$的方差为常数，则有$\gamma_0 = \varepsilon^2 \gamma_0 + \sigma_\varepsilon^2$，解得
$$\gamma_0 = \frac{\sigma_\varepsilon^2}{1-\phi^2}.$$

对式（5-2-8）左右两边同时求k阶斜方差，可得
$$\mathrm{Cov}(X_t, X_{t-k}) = \mathrm{Cov}(\phi X_{t-1} + \varepsilon_t, X_{t-k}),$$
$$E(X_t X_{t-k}) = \phi E(X_{t-1} X_{t-k}) + E(\varepsilon_t X_{t-k}).$$

由于ε_t与X_{t-k}相互独立，则有
$$E(\varepsilon_t X_{t-k}) = E(\varepsilon_t) E(X_{t-k}) = 0,$$
$$\gamma_k = \phi \gamma_{k-1}.$$

令$k=1$，则有$\gamma_1 = \phi\gamma_0 = \phi\dfrac{\sigma_\varepsilon^2}{1-\phi^2}$；令$k=2$，则有$\gamma_2 = \phi\gamma_1 = \phi^2\dfrac{\sigma_\varepsilon^2}{1-\phi^2}$，由此推得$\gamma_k$的一般形式：
$$\gamma_k = \phi^k \frac{\sigma_\varepsilon^2}{1-\phi^2}.$$

由此可得自相关系数：
$$\rho_k = \frac{\gamma_k}{\gamma_0} = \phi^k, \quad k \in \mathbb{Z}.$$

继续探讨AR(2)模型的平稳性，现有AR(2)模型如下：
$$X_t = \phi X_{t-1} + \phi X_{t-2} + \varepsilon_t, \tag{5-2-9}$$

对应的特征方程为

$$1-\phi_1\lambda-\phi_2\lambda^2=0.$$

当 ε_t 与 $X_{t-1}, X_{t-2}, X_{t-3}$ …… 相互独立，当且仅当 AR 模型对应的特征方程的特征根的绝对值大于 1，式（5-2-9）存在平稳解，此结论可以不加改变地推广至 p 阶。

在 AR(2) 模型中，特征方程的根为

$$\lambda_1=\frac{\phi_1+\sqrt{\phi_1^2+4\phi_2}}{-2\phi_2},\lambda_2=\frac{\phi_1-\sqrt{\phi_1^2+4\phi_2}}{-2\phi_2}.$$

根据平稳性条件，特征根的绝对值大于 1，即

$$|\lambda_1|>1,|\lambda_2|>1.$$

由根与系数的关系可知：

$$\lambda_1+\lambda_2=-\frac{\phi_1}{\phi_2},\lambda_1\lambda_2=-\frac{1}{\phi_2}.$$

由此可得

$$\phi_2=-\frac{1}{\lambda_1\lambda_2},\phi_1=\frac{1}{\lambda_1}+\frac{1}{\lambda_2},$$

$$\phi_2+\phi_1=1-\left(1-\frac{1}{\lambda_1}\right)\left(1-\frac{1}{\lambda_2}\right)<1,$$

$$\phi_2-\phi_1=1-\left(1+\frac{1}{\lambda_1}\right)\left(1+\frac{1}{\lambda_2}\right)<1.$$

据此，易求得 AR(2) 模型的平稳域为

$$\{(\phi_1,\phi_2)|\ \phi_1+\phi_2<1,\phi_1-\phi_2<1,|\phi_2|<1\}.$$

考虑更一般的情况，设有如下 p 阶自回归模型：

$$X_t=\phi X_{t-1}+\phi X_{t-2}+\cdots+\phi X_{t-p}+\varepsilon_t, \tag{5-2-10}$$

对应的特征方程为

$$1-\phi_1\lambda-\phi_2\lambda^2-\cdots-\phi_p\lambda^p=0.$$

同上文所述，当 ε_t 与 $X_{t-1}, X_{t-2}, X_{t-3}, \cdots, X_{t-p}$ 相互独立，当且仅当 AR 模型对应的特征方程的特征根的绝对值大于 1，式（5-2-10）存在平稳解：

$$\begin{cases}\phi_1+\phi_2+\cdots+\phi_p<1\\|\phi_p|<1\end{cases}. \tag{5-2-11}$$

下面探讨 MA 模型的平稳性，设有如下 MA(q) 模型：

$$X_t=\varepsilon_t-\theta_1\varepsilon_{t-1}-\theta_2\varepsilon_{t-2}-\cdots-\theta_q\varepsilon_{t-q}.$$

可以将 MA(q) 模型写为一个简单的式（5-2-1）形式的因果过程：

$$X_t=\sum_{i=0}^{q}\theta_i\varepsilon_{t-i}+\varepsilon_t,$$

对于有限的 q，$\sum_{i=0}^{q}|\theta_i|<\infty$ 成立，因此有限阶的 MA(q) 模型总是平稳的。并且由定理 5-1 的证明过程可知，MA(q) 模型的自相关系数可以表示为

$$\rho_k = \frac{\gamma_k}{\gamma_0} = \frac{\sum_{i=0}^{q-|k|}\theta_i\theta_{i+|k|}}{\sum_{i=0}^{q}\theta_i^2}, \quad k \in \mathbb{Z}.$$

由上式可知，当 $|k|>q$ 时，$\rho_k=0$，即 MA(q) 模型的自相关系数 q 阶截尾。

由于 AR(p)、ARMA(p,q) 模型可以转化为 MA(∞) 模型，又由 MA(∞) 模型的自相关系数拖尾性质可知，AR(p)、ARMA(p,q) 模型的自相关系数也拖尾。

对于 AR 模型，本章主要研究其平稳条件，而对于 MA 模型，本章将引入一个新的可逆性的问题。若一个 MA(q) 模型能够表示为收敛的 AR(∞) 模型，则该 MA(q) 模型可逆。

MA(q) 模型的可逆性与 AR(p) 模型的平稳性是对偶的，MA(q) 模型可逆的条件是 MA(q) 模型对应的特征方程的特征根都在单位圆内，等同于条件 MA(q) 模型系数多项式的根都在单位圆外。MA(1) 模型的可逆域为 $\{\theta|-1<\theta<1\}$，MA(2) 模型的可逆域为

$$\{(\theta_1,\theta_2)|\ \theta_1+\theta_2<1,\ \theta_1-\theta_2<1, |\theta_2|<1\}.$$

ARMA(p,q) 模型作为 AR(p) 和 MA(q) 模型的组合，也有平稳性和可逆性的问题，其平稳性由 AR(p) 部分的平稳性决定，可逆性由 MA(q) 部分的可逆性决定。

5.2.3 线性时间序列的预测

时间序列的预测是利用所有已知的历史信息估计时间序列未来的发展。假设在 t 时刻，已知包含 t 时刻在内的全部历史信息 $\mathcal{F}_t$，预测未来 l 期的值 X_{t+l}。时刻 t 为预测原点，正整数 l 为预测步长，并用 $\hat{X}_t(l)$ 代表 X_{t+l} 的最小均方误差预测，使其满足：

$$E\left(\left[X_{t+l}-\hat{X}_t(l)\right]^2|\mathcal{F}_t\right) \leqslant \min E\left((X_{t+l}-\alpha)^2|\mathcal{F}_t\right),$$

其中，α 表示 $\mathcal{F}_t$ 的函数；σ 域 $\mathcal{F}_t$ 表示在时刻 t 得到的所有历史信息，这些信息通常被包含在时间序列的过去值和现值 $\{X_s\}$，$s \leqslant t$ 之中，记作 $\mathcal{F}_t = \sigma(\{X_s\}: s \leqslant t)$。$X_{t+l}$ 的最小均方误差预测为条件期望 $E(X_{t+l}|\mathcal{F}_t)$，即

$$\hat{X}_t(l) = E(X_{t+l}|\mathcal{F}_t).$$

下面利用 ARMA(1,1) 模型对时间序列进行预测，首先探讨最简单的向前一步预测，进而推广到更为普遍的向前多步预测。设有如下非 0 均值 ARMA(1,1) 模型：

$$X_t = \mu + \phi_1(X_{t-1} - \mu) + \theta_1 \varepsilon_{t-1} + \varepsilon_t,$$

设预测原点为 t，要对 X_{t+1} 进行预测，X_t 和 ε_t 均已知，而 ε_{t+1} 为未知的随机扰动项，满足白噪声假定，有 $E(\varepsilon_{t+1}|\mathcal{F}_t) = 0$，因此其向前一步预测为

$$\hat{X}_t(1) = E(X_{t+1}|\mathcal{F}_t) = \mu + \phi_1(X_t - \mu) + \theta_1 \varepsilon_t. \tag{5-2-12}$$

以 t 为预测原点，对 X_{t+2} 进行预测，可得

$$\hat{X}_t(2) = E(X_{t+2}|\mathcal{F}_t) = \mu + \phi_1\left[E(X_{t+1}|\mathcal{F}_t) - \mu\right]. \tag{5-2-13}$$

整理可得

$$\hat{X}_t(2) = E(X_{t+2}|\mathcal{F}_t) = \mu + \phi_1^2(X_t - \mu) + \phi_1 \theta_1 \varepsilon_t. \tag{5-2-14}$$

据此，可推得 X_t 的向前 l 步预测为

$$\hat{X}_t(l) = E(X_{t+l}|\mathcal{F}_t) = \mu + \phi_1^l(X_t - \mu) + \phi_1^{l-1} \theta_1 \varepsilon_t. \tag{5-2-15}$$

当 $|\phi_1| < 1$，l 趋近于无穷时，有

$$\lim_{l \to \infty} \hat{X}_t(l) \approx \mu. \tag{5-2-16}$$

即对于更长的预测期，预测值 $\hat{X}_t(l)$ 会收敛于其无条件均值。式（5-2-16）对所有平稳的 ARMA 模型都成立。

5.3　ARCH 模型与 GARCH 模型

传统的建模分析过程中，通常假定残差序列的方差为常数，然而在现实中，尤其是在金融领域中，数据经常呈现出波动性聚集的特点。即在长期来看，序列基本上是平稳的，但在短期中，序列在某些时段波动较大，某些时段波动较小，方差不稳定，呈现异方差的特性，而传统时间序列模型无法识别这一特性。为精确拟合异方差序列，本节将介绍两个常用的条件异方差模型，分别为 ARCH（autoregressive conditional heteroskedasticity，自回归条件异方差）模型和 GARCH 模型。

5.3.1　ARCH 模型

ARCH 模型由罗伯特·恩格尔教授于 1982 年首次提出，该模型主要用于研究金融时间序列的波动规律和特征，能够反映金融时间序列中条件方差的变化。

定义 5-12　若 e_t 满足以下方程：

$$e_t = \sigma_t \varepsilon_t, \tag{5-3-1}$$

$$\sigma_t^2 = \alpha_0 + \sum_{i=1}^{p} \alpha_i e_{t-i}^2, \tag{5-3-2}$$

其中，$\{\varepsilon_t\}$ 表示均值为 0，方差为 1 的独立同分布随机变量序列；ε_t 和 e_{t-i} 相互独立；$\alpha_0 > 0$，$\alpha_i \geq 0$，$i = 1, 2, \cdots, p$。则称其为 $\text{ARCH}(p)$ 模型。

下面探讨 e_t 的条件均值和条件方差。设 σ 域 $\mathcal{F}_t = \sigma(\{e\}_s : s \leq t)$ 仍表示为在时刻 t 得到的所有历史信息。由于 ε_t 和 e_{t-i} 相互独立,则有 ε_t 和 $\mathcal{F}_{t-i}$ 相互独立,并且 $E(\varepsilon_t) = 0$,$E(\varepsilon_t^2) = 1$。则有

$$E(e_t|\mathcal{F}_{t-1}) = E(\sigma_t \varepsilon_t|\mathcal{F}_{t-1}) = \sigma_t E(\varepsilon_t|\mathcal{F}_{t-1}) = \sigma_t E(\varepsilon_t) = 0,$$

$$\mathrm{Var}(e_t|\mathcal{F}_{t-1}) = E(\sigma_t^2 \varepsilon_t^2|\mathcal{F}_{t-1}) = \sigma_t^2 E(\varepsilon_t^2|\mathcal{F}_{t-1}) = \sigma_t^2 E(\varepsilon_t^2) = \sigma_t^2.$$

由 $\mathrm{Var}(e_t|\mathcal{F}_{t-1}) = \sigma_t^2$ 和式(5-3-1)、式(5-3-2)可知,误差项 e_t 的方差是持续变化的,并且其在 t 时刻的方差依赖于 t 时刻之前误差平方 e_{t-i}^2 的大小。ARCH 模型揭示了条件方差变化的规律,相较于无条件方差对长期波动性的预测,条件方差对短期波动的预测能够反映序列的即期波动,更具现实意义。

下面探讨较为简单的 $\mathrm{ARCH}(1)$ 模型的性质,进而将这些性质拓展至 $\mathrm{ARCH}(p)$ 模型。设有如下 $\mathrm{ARCH}(1)$ 模型:

$$e_t^2 = \alpha_0 \varepsilon_t^2 + \alpha_1 \varepsilon_t^2 e_{t-1}^2. \tag{5-3-3}$$

首先考虑 $\mathrm{ARCH}(1)$ 模型的平稳性条件。由 $E(\varepsilon_t)^2 = 1$,对式(5-3-3)左右两边同取期望可得

$$E(e_t^2) = \alpha_0 + \alpha_1 E(e_{t-1}^2). \tag{5-3-4}$$

又由 $\{e_t\}$ 为平稳时间序列,其无条件方差为常数,因此:

$$E(e_t^2) = E(e_{t-1}^2) = \sigma^2. \tag{5-3-5}$$

由式(5-3-4)和式(5-3-5)可得

$$\sigma^2 = \frac{\alpha_0}{1-\alpha_1}.$$

为保证 σ^2 为正值,需满足条件 $\alpha_1 < 1$。

事实上,可以证明 $\alpha_1 < 1$ 是 $\mathrm{ARCH}(1)$ 模型平稳的充分必要条件。接下来讨论 $\mathrm{ARCH}(1)$ 模型的平稳分布特征。式(5-3-3)的解可以写为

$$e_t^2 = \alpha_0 \sum_{i=0}^{\infty} \alpha_i^2 \prod_{j=0}^{i} \varepsilon_{t-j}^2. \tag{5-3-6}$$

从中易观察出,$\mathrm{ARCH}(1)$ 模型中 e_t 的分布与 ε_t 的分布有着复杂的关系。即使 ε_t 服从正态分布,$\mathrm{ARCH}(1)$ 模型的平稳分布也可能不服从正态分布,而是尖峰厚尾分布,即其峰度 $E(e_t^4)/\sigma^4 > 3$。

证明:设 $\mathrm{ARCH}(1)$ 模型中 ε_t 服从正态分布,并且 e_t 的四阶矩有限。由两变量的全期望公式 $E(E(X|Y)) = E(X)$ 以及式(5-3-1)和式(5-3-2)可得

峰度 $\kappa_e = \dfrac{E(e_t^4)}{E(e_t^2)^2} = \dfrac{E(e_t^4)}{\alpha_0/(1-\alpha_1)^2},$

$$E(e_t^4) = E(E(e_t^4|\mathcal{F}_{t-1})) = 3E(E(e_t^2|\mathcal{F}_{t-1}))^2 = 3E(\alpha_0 + \alpha_1 e_{t-1}^2)^2$$
$$= 3[\alpha_0^2 + 2\alpha_0\alpha_1 E(e_{t-1}^2) + \alpha_1^2 E(e_{t-1}^4)].$$

在 $\alpha_1 < 1$ 的条件下，e_t 的方差为常数，由式（5-2-11）可得

$$E(e_{t-1}^2) = E(e_t^2) = \alpha_0 \sum_{i=0}^{\infty} \alpha_1^i = \dfrac{\alpha_0}{1-\alpha_1}.$$

将其代入上式，则有

$$E(e_t^4) = \dfrac{3\alpha_0^2(1+\alpha_1)}{(1-\alpha_1)(1-3\alpha_1^2)}.$$

由于 $0 \leqslant \alpha_1 < 1$，为保证 $E(e_t^4) > 0$，必须满足 $1-3\alpha_1^2 > 0$，因此需 $\alpha_1 < \dfrac{1}{\sqrt{3}}$。

e_t 的峰度 κ_e 为

$$\kappa_e = \dfrac{E(e_t^4)}{E(e_t^2)^2} = \dfrac{3\alpha_0^2(1+\alpha_1)}{(1-\alpha_1)(1-3\alpha_1^2)} \times \dfrac{(1-\alpha_1)^2}{\alpha_0^2} = 3\dfrac{1-\alpha_1^2}{1-3\alpha_1^2}.$$

由 $\alpha_1 < \dfrac{1}{\sqrt{3}}$，可知 $\kappa_e > 3$，即得证 ARCH(1) 模型的平稳分布为厚尾分布。

5.3.2　GARCH 模型

GARCH 模型由罗伯特·恩格尔的学生博勒斯莱文于 1986 年提出。此模型在 ARCH 模型的基础上进行了扩展，有效地解决了高参数数量的相关问题，表现出了较长的记忆性，同时滞后结构也更加灵活。

定义 5-13　若 e_t 满足以下方程：

$$e_t = \sigma_t \varepsilon_t, \tag{5-3-7}$$

$$\sigma_t^2 = \alpha_0 + \sum_{i=1}^{p} \alpha_i e_{t-i}^2 + \sum_{j=1}^{q} \beta_j \sigma_{t-j}^2, \tag{5-3-8}$$

其中，$\{\varepsilon_t\}$ 表示均值为 0，方差为 1 的独立同分布随机变量序列，ε_t 和 e_{t-i} 相互独立；$\alpha_0 > 0$，$\alpha_i \geqslant 0$，$i = 1,2,\cdots,p$；$\beta_j \geqslant 0$，$j = 1,2,\cdots,q$。则称其为 GARCH(p,q) 模型。

下面探讨 GARCH(p,q) 的平稳性条件。GARCH(p,q) 模型中 e_t 的无条件均值和无条件方差分别为

$$E(e_t) = 0, \tag{5-3-9}$$

$$E\left(e_t^2\right) = \frac{\alpha_0}{1 - \left(\sum_{i=1}^{p}\alpha_i + \sum_{j=1}^{q}\beta_j\right)}, \tag{5-3-10}$$

为保证 e_t 的无条件方差大于零，则需满足 $\sum_{i=1}^{p}\alpha_i + \sum_{j=1}^{q}\beta_j < 1$，此条件是 GARCH$(p,q)$ 模型平稳的充要条件。

类似于 ARCH(1) 模型，GARCH(p,q) 模型高阶矩的有限性会对系数提出更严格的要求。并且，即使 ε_t 服从正态分布，GARCH(p,q) 模型的平稳分布也一般是厚尾分布。

5.4 波动率预测和 VaR 与 ES 的估计

5.3 节介绍了两个常见的条件异方差模型以及它们的数学性质，本节将应用 ARCH 模型和 GARCH 模型进行波动率的预测，并进一步提出基于波动率预测结果估计 VaR 和 ES 的方法。

设定预测的基础模型为

$$e_t = \mu_t + \sigma_t \varepsilon_t, \tag{5-4-1}$$

其中，$\{e_t\}$ 表示严平稳和宽平稳的时间序列；$\{\varepsilon_t\}$ 表示均值为 0，方差为 1 的随机变量序列，并且独立于 e_{t-i}，$i=1,2,\cdots,n$；μ_t 和 σ_t 在 $\mathcal{F}_{t-1}$ 有可测性。本节探讨的 ARCH 模型和 GARCH 模型符合 $\mu_t = 0$ 的式（5-4-1）。

5.4.1 基于 ARCH 模型的波动率预测

设有如下 ARCH(1) 模型

$$\sigma_t^2 = \alpha_0 + \alpha_1 e_{t-1}^2. \tag{5-4-2}$$

假定 t 为预测原点，其向前一步预测为

$$E\left(e_{t+1}^2|\mathcal{F}_t\right) = \sigma_t^2(1) = \alpha_0 + \alpha_1 e_t^2,$$

其中，$\sigma_t^2(1)$ 表示下一期的条件方差的预测值，后文与之相似，不再重复说明。向前两步预测为

$$E\left(e_{t+2}^2|\mathcal{F}_t\right) = \sigma_t^2(2) = \alpha_0 + \alpha_1 E\left(e_{t+1}^2|\mathcal{F}_t\right).$$

由递推公式可得，ARCH(1) 模型的向前 l 步预测为

$$E\left(e_{t+l}^2|\mathcal{F}_t\right) = \sigma_t^2(l) = \alpha_0 + \alpha_1 E\left(e_{t+l-1}^2|\mathcal{F}_t\right) = \alpha_0 \sum_{i=0}^{l-1}\alpha_1^i + \alpha_1^l e_t^2.$$

5.4.2 基于 GARCH 模型的波动率预测

设有如下 GARCH(1,1) 模型：

$$\sigma_t^2 = \alpha_0 + \alpha_1 e_{t-1}^2 + \beta_1 \sigma_{t-1}^2. \tag{5-4-3}$$

假定 t 为预测原点，其向前一步预测为

$$E\left(e_{t+1}^2 | \mathcal{F}_t\right) = \sigma_t^2(1) = \alpha_0 + \alpha_1 e_t^2 + \beta_1 \sigma_t^2.$$

对于向前 l 步预测 ($l>1$)，由于 $E\left(\varepsilon_{t+l-1}^2 | \mathcal{F}_t\right) = 1, e_t^2 = \sigma_t^2 \varepsilon_t^2$，因此有

$$\begin{aligned}
E\left(e_{t+l}^2 | \mathcal{F}_t\right) = \sigma_t^2(l) &= \alpha_0 + \alpha_1 E\left(e_{t+l-1}^2 | \mathcal{F}_t\right) + \beta_1 E\left(\sigma_{t+l-1}^2 | \mathcal{F}_t\right) \\
&= \alpha_0 + \alpha_1 E\left(e_{t+l-1}^2 | \mathcal{F}_t\right) + \beta_1 E\left(\sigma_{t+l-1}^2 \varepsilon_{t+l-1}^2 | \mathcal{F}_t\right) \\
&= \alpha_0 + (\alpha_1 + \beta_1) E\left(e_{t+l-1}^2 | \mathcal{F}_t\right).
\end{aligned}$$

由递推公式可得

$$E\left(e_{t+l}^2 | \mathcal{F}_t\right) = \alpha_0 + \sum_{i=0}^{l-1}\left(\alpha_1 + \beta_1\right)^i + \left(\alpha_1 + \beta_1\right)^{l-1}\left(\alpha_1 e_t^2 + \beta_1 \sigma_t^2\right),$$

上式可以变形为

$$E\left(e_{t+l}^2 | \mathcal{F}_t\right) = \frac{\alpha_0 \left[1 - (\alpha_1 + \beta_1)^{l-1}\right]}{1 - \alpha_1 - \beta_1} + (\alpha_1 + \beta_1)^{l-1}\left(\alpha_1 e_t^2 + \beta_1 \sigma_t^2\right),$$

当 $\alpha_1 + \beta_1 < 1$，$l \to \infty$ 时，则有

$$E\left(e_{t+l}^2 | \mathcal{F}_t\right) \to \frac{\alpha_0}{1 - \alpha_1 - \beta_1}.$$

由此可知，当预测步长趋近于无穷时，GARCH(1,1) 模型的向前多步波动率预测收敛于 e_t 的无条件方差。

5.4.3 VaR 和 ES 的估计

目前金融市场多采用统计量对投资组合的风险进行度量，用以描述投资组合在某些范围内的有条件或无条件损失分布，常见的例子有方差、VaR 和 ES。假设 $e_{t-n+1}, \cdots, e_t$ 为金融损失，下面探讨这种基于损失分布的风险度量在给定信息集 $\mathcal{F}_t$ 的条件下的分布 $F_{(e_{t+1}|\mathcal{F}_t)}$ 中的应用，并进一步研究分布的 VaR 和 ES 的计算方法。

设 F_Z 为 Z_t 的分布函数，则有如下的变换过程：

$$F_{(e_{t+1}|\mathcal{F}_t)}(e) = P\left(\mu_{t+1} + \sigma_{t+1} Z_{t+1} \leqslant e | \mathcal{F}_t\right) = F_Z\left(\frac{e - \mu_{t+1}}{\sigma_{t+1}}\right).$$

采用 4.1.2 节和 4.2.2 节介绍的高斯损失分布的 VaR 和 ES 的计算方法，则有

$$\text{VaR}_\alpha^t = \mu_{t+1} + \sigma_{t+1} q_\alpha(\varepsilon), \tag{5-4-4}$$

$$\text{ES}_\alpha^t = \mu_{t+1} + \sigma_{t+1} \text{ES}_\alpha(\varepsilon). \tag{5-4-5}$$

若 μ_{t+1} 和 σ_{t+1} 是可测的,则只需要估算 $q_\alpha(\varepsilon)$ 和 $\text{ES}_\alpha(\varepsilon)$ 的分布,就可以得到 VaR 和 ES 的估计值。通常可以采用参数或非参数(半参数)方法来进行估算(McNeil et al., 2015)。

第 6 章　基于多元分布模型的金融风险度量

6.1　多元时间序列的典型化事实

在度量和管理金融风险的过程中，往往需要对一系列金融变量进行分析，因此更为关注多元时间序列的典型化事实，本节作为 5.1 节的延伸，将探讨股价、指数、汇率、利率序列等多元时间序列的一些共同特征。

6.1.1　多元时间序列的序列相关性

大量的经验证据表明，多元收益率序列除了同时期的收益外，几乎没有互相关的证据，而多元的绝对收益率序列存在着大量的互相关的证据，这是一元时间序列的典型化事实结论的扩展。以下通过贵州茅台和五粮液股票的日对数收益率数据来进行具体分析。

本节选取贵州茅台、五粮液股票数据，对贵州茅台股票和五粮液股票日对数收益率数据进行分析。选取 2012 年 1 月 4 日至 2022 年 12 月 30 日为观测区间，区间内共计 2673 个观测值，贵州茅台股票和五粮液股票日对数收益率分别如图 6-1 和图 6-2 所示。图 6-3 展示了同期和不同期的两个日对数收益率之间的散点图。由图 6-3（a）可知，同期的贵州茅台股票和五粮液股票日对数收益率呈现明显的正相关性，同期的相关系数为 0.7636，在 1% 的水平下显著。二者同日股价受当日市场因子的影响，并且同处高端白酒板块，相关性较高。然而，图 6-3（b）和（c）显示，贵州茅台股票 t 期和五粮液股票 $t-1$ 期日对数收益率，以及贵州茅台股票 $t-1$ 期和五粮液股票 t 期日对数收益率几乎没有相关关系，相关系数分别为 –0.0222 和 0.0238。

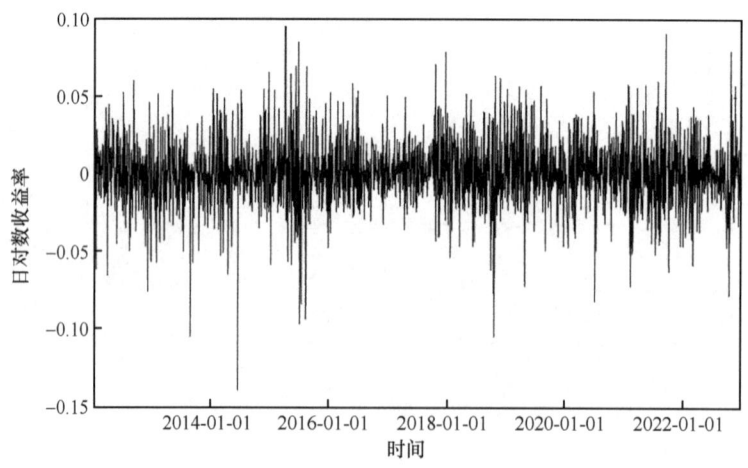

图 6-1　贵州茅台股票日对数收益率

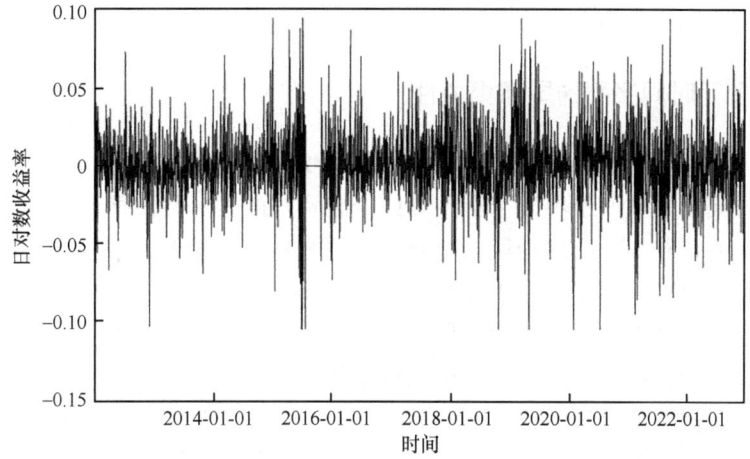

图 6-2　五粮液股票日对数收益率

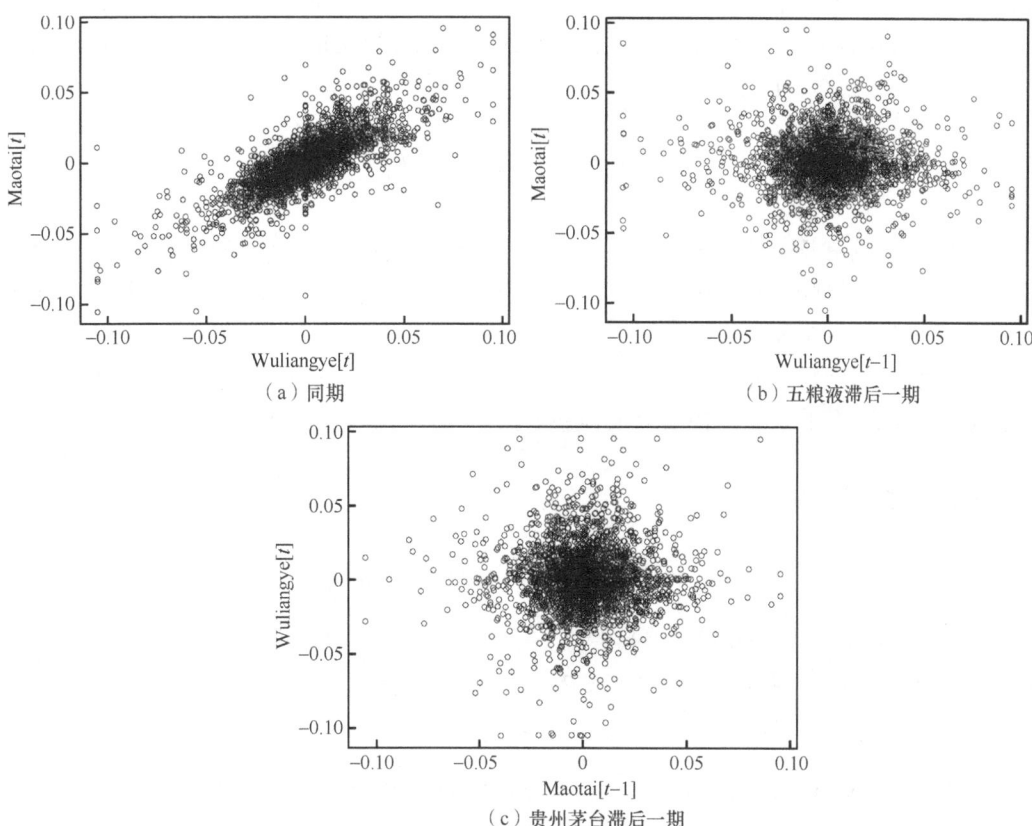

图 6-3　五粮液股票和贵州茅台股票的日对数收益率

（a）横轴为五粮液股票 t 期日对数收益率，纵轴为贵州茅台股票 t 期日对数收益率；（b）横轴为五粮液股票 $t-1$ 期日对数收益率，纵轴为贵州茅台股票 t 期日对数收益率；（c）横轴为贵州茅台股票 $t-1$ 期日对数收益率，纵轴为五粮液股票 t 期日对数收益率

结合一元序列的结论，易知股票 a 在 t 期和 $t+h$ 期的收益率几乎不存在相关关系，并且，股票 a 在 t 期和股票 b 在 $t+h$ 期的收益率也几乎没有相关性，但一只股票的 t 期的绝对收益率不仅可能对这只股票 $t+h$ 期的绝对收益产生影响，而且可能影响其他股票

$t+h$ 期的绝对收益。

6.1.2 多元时间序列的尾部相关性

在金融市场极端行情中，当一个市场首先遭受冲击而发生剧烈波动往往会快速引发其他市场趋同波动，从而使不同金融市场或金融资产的相关性比平静时期高很多。从金融资产收益率的分布来看，这种现象会导致不同变量间的相关关系在分布尾部和分布中间有所不同，呈现出一种非线性相关结构。

尾部相关主要分为上尾相关和下尾相关两类，上尾相关主要指不同金融资产收益达到极端正值时的相关性，往往出现在市场行情极度乐观的时期；下尾相关主要指不同金融资产收益达到极端负值时的相关性，往往出现在市场行情极度悲观的时期。在实践中，这种发生在极端行情中不同资产处于分布尾部的极端收益值之间的相关性常用尾部相关系数进行度量，表示不同资产收益同时出现剧烈上涨或剧烈下跌现象的可能性。

利用 Copula 函数可以研究不同资产间的尾部相关性特征和非线性相关结构，本章 6.4 节将详细介绍这一函数。

6.2 多 元 分 布

金融风险具有复杂性和多变性，因此在应用金融风险模型对市场风险、操作风险、信用风险等金融风险进行分析时，往往需要引入多个变量，进行多元统计分析，为金融风险管理提供更为全面和精确的视角。

本节首先将回顾多元统计的基础知识，然后重点介绍在多元统计分析中占据重要地位的多元正态分布的定义、性质以及检验方法。

6.2.1 随机向量

定义 6-1 设 $\boldsymbol{X}=(X_1,\cdots,X_m)^\mathrm{T}$ 为 m 维随机向量，则 m 元函数：
$$F_X(x_1,\cdots,x_m)=P(X_1\leqslant x_1,\cdots,X_m\leqslant x_m),$$
被称为 $\boldsymbol{X}$ 的联合分布函数，记作 F_X 或 F。上式可简写为
$$F_X(\boldsymbol{x})=P(\boldsymbol{X}\leqslant \boldsymbol{x}).$$

定义 6-2 设 $\boldsymbol{X}=(X_1,\cdots,X_m)^\mathrm{T}$ 为 m 维随机向量，X_i 为其任一分量，则一元函数：
$$F_{X_i}(x_i)=F(\infty,\cdots,\infty,x_i,\infty,\cdots,\infty)=P(X_i\leqslant x_i),$$
被称为 X_i 的边际分布函数，记作 F_{X_i} 或 F_i。

若将 m 维随机向量 $\boldsymbol{X}$ 划分为 $(\boldsymbol{X}_1^\mathrm{T},\boldsymbol{X}_2^\mathrm{T})^\mathrm{T}$，其中 $\boldsymbol{X}_1=(X_1,\cdots,X_d)^\mathrm{T}$ 为 d 维随机向量，$\boldsymbol{X}_2=(X_{d+1},\cdots,X_m)^\mathrm{T}$ 为 $m-d$ 维随机向量，则 $\boldsymbol{X}_1$ 的边际分布函数为
$$F_{X_1}(\boldsymbol{x}_1)=F(x_1,\cdots,x_d,\infty,\cdots,\infty)=P(\boldsymbol{X}_1\leqslant \boldsymbol{x}_1).$$

第 6 章 基于多元分布模型的金融风险度量

定义 6-3 如果存在非负函数 f，使随机向量 $\boldsymbol{X}=(X_1,\cdots,X_m)^{\mathrm{T}}$ 的联合分布函数可以表示为

$$F_{\boldsymbol{X}}(x_1,\cdots,x_m)=\int_{-\infty}^{x_1}\cdots\int_{-\infty}^{x_m}f(u_1,\cdots,u_m)\mathrm{d}u_1\cdots\mathrm{d}u_m,$$

则称 $\boldsymbol{X}$ 为连续型随机向量，f 为 $\boldsymbol{X}$ 的联合概率密度函数。

联合概率密度函数 f 满足以下两条性质。

（1）对于一切 $u_1,\cdots,u_m\in\mathbb{R}$，有 $f(u_1,\cdots,u_m)\geqslant 0$。

（2）$\int_{-\infty}^{\infty}\cdots\int_{-\infty}^{\infty}f(u_1,\cdots,u_m)\mathrm{d}u_1\cdots\mathrm{d}u_m=1$。

若 $\boldsymbol{X}$ 的联合概率密度函数存在，则任意 d 维边际分布函数均存在对应的边际概率密度函数，但是此条结论不可反推，即边际密度函数的存在不能表明联合密度函数一定存在。

定义 6-4 设 m 维随机向量 $\boldsymbol{X}$ 的分布函数是绝对连续的，若将 $\boldsymbol{X}$ 划分为 $(\boldsymbol{X}_1^{\mathrm{T}},\boldsymbol{X}_2^{\mathrm{T}})^{\mathrm{T}}$，当给定 $\boldsymbol{X}_2$ 时，$\boldsymbol{X}_1$ 的分布被称为条件分布。

定义 6-5 设 $\boldsymbol{X}=(X_1,\cdots,X_m)^{\mathrm{T}}$ 为 m 维随机向量，当且仅当对于一切 $x_1,\cdots,x_m\in\mathbb{R}$，有

$$F_{\boldsymbol{X}}(x_1,\cdots,x_m)=F_1(x_1)\cdots F_m(x_m),$$

$X_1,\cdots,X_m$ 相互独立。或者，当 $\boldsymbol{X}$ 的联合分布函数绝对连续时，当且仅当对于一切 $x_1,\cdots,x_m\in\mathbb{R}$，有

$$f(x_1,\cdots,x_m)=f_1(x_1)\cdots f_m(x_m),$$

$X_1,\cdots,X_m$ 相互独立。

定义 6-6 如果 $E(X_i)=\mu_i$ 存在，则称

$$E(\boldsymbol{X})=[E(X_1),\cdots,E(X_m)]^{\mathrm{T}},$$

为 $\boldsymbol{X}$ 的均值向量。

定义 6-7 如果 X_i 和 X_j 的协方差 $\mathrm{Cov}(X_i,X_j)$ 存在，$i,j=1,\cdots,m$，则称

$$\mathrm{Cov}(\boldsymbol{X})=[\mathrm{Cov}(X_i,X_j)]_{m\times m}=(\sigma_{ij})_{m\times m}=E([\boldsymbol{X}-E(\boldsymbol{X})][\boldsymbol{X}-E(\boldsymbol{X})]^{\mathrm{T}}),$$

为 $\boldsymbol{X}$ 的协方差矩阵，简记为 $\boldsymbol{\Sigma}$。其中，$\sigma_{ij}=\mathrm{Cov}(X_i,X_j)=E(X_iX_j)-E(X_i)E(X_j)$。

定义 6-8 如果 X_i 和 X_j 的协方差 $\mathrm{Cov}(X_i,X_j)$ 存在，$i,j=1,\cdots,m$，则称 $(\rho_{ij})_{m\times m}$ 为 $\boldsymbol{X}$ 的相关矩阵，简记为 $\boldsymbol{P}$。其中，$\rho_{ij}=\rho(X_i,X_j)=\dfrac{\mathrm{Cov}(X_i,X_j)}{\sqrt{\mathrm{Var}(X_i)\mathrm{Var}(X_j)}}=\dfrac{\sigma_{ij}}{\sigma_{ii}\sigma_{jj}}$。

若记 $\Delta(\boldsymbol{\Sigma})=\mathrm{diag}(\sqrt{\sigma_{11}},\cdots,\sqrt{\sigma_{mm}})$ 为从 $\boldsymbol{\Sigma}$ 中提取出的标准差矩阵，则协方差矩阵 $\boldsymbol{\Sigma}$ 和相关矩阵 $\boldsymbol{P}$ 之间的关系可以表示为

$$\boldsymbol{P}=(\Delta(\boldsymbol{\Sigma}))^{-1}\boldsymbol{\Sigma}(\Delta(\boldsymbol{\Sigma}))^{-1} \text{ 或 } \boldsymbol{\Sigma}=\Delta(\boldsymbol{\Sigma})\boldsymbol{P}\Delta(\boldsymbol{\Sigma}).$$

定理 6-1 协方差矩阵 $\boldsymbol{\Sigma}$ 是对称半正定阵。

证明：设随机向量 $\boldsymbol{X} = (X_1, \cdots, X_m)^{\mathrm{T}}$ 的协方差矩阵为 $\boldsymbol{\Sigma}$，由于 $\mathrm{Cov}(X_i, X_j) = \mathrm{Cov}(X_j, X_i)$，因此 $\boldsymbol{\Sigma} = \boldsymbol{\Sigma}^{\mathrm{T}}$。

对于任意的 $\boldsymbol{\alpha} = (\alpha_1, \cdots, \alpha_m)^{\mathrm{T}} \in \mathbb{R}$，有

$$\boldsymbol{\alpha}^{\mathrm{T}} \boldsymbol{\Sigma} \boldsymbol{\alpha} = \boldsymbol{\alpha}^{\mathrm{T}} E\Big(\big[\boldsymbol{X} - E(\boldsymbol{X})\big]\big[\boldsymbol{X} - E(\boldsymbol{X})\big]^{\mathrm{T}}\Big)\boldsymbol{\alpha}$$

$$= E\Big(\boldsymbol{\alpha}^{\mathrm{T}}\big[\boldsymbol{X} - E(\boldsymbol{X})\big]\big[\boldsymbol{X} - E(\boldsymbol{X})\big]^{\mathrm{T}}\boldsymbol{\alpha}\Big).$$

将 $\boldsymbol{\alpha}^{\mathrm{T}}\big[\boldsymbol{X} - E(\boldsymbol{X})\big]$ 替换为 $\boldsymbol{Y}^{\mathrm{T}}$，则

$$\boldsymbol{\alpha}^{\mathrm{T}} \boldsymbol{\Sigma} \boldsymbol{\alpha} = E\big(\boldsymbol{Y}^{\mathrm{T}} \boldsymbol{Y}\big) \geqslant 0,$$

因此，$\boldsymbol{X}$ 的协方差矩阵是半正定的。

定理 6-2 协方差矩阵 $\boldsymbol{\Sigma}$ 可以分解为 $\boldsymbol{A}\boldsymbol{A}^{\mathrm{T}}$，其中 $\boldsymbol{A}$ 是具有正对角元素的下三角矩阵，$\boldsymbol{A}$ 被称为 $\boldsymbol{\Sigma}$ 的 Cholesky（楚列斯基）因子，可表示为 $\boldsymbol{\Sigma}^{1/2}$，$\boldsymbol{A}^{\mathrm{T}}$ 可表示为 $\boldsymbol{\Sigma}^{-1/2}$。

6.2.2 协方差矩阵和相关系数矩阵的估计

定义 6-9 设 $\boldsymbol{X}$ 是一个 d 维总体，$\boldsymbol{X}_1, \cdots, \boldsymbol{X}_n$ 是来自 $\boldsymbol{X}$ 的 n 个样本，记 $\boldsymbol{X}$ 的均值向量、协方差矩阵分别为 $\boldsymbol{\mu}$ 和 $\boldsymbol{\Sigma}$，则二者的标准估计量由样本均值向量 $\bar{\boldsymbol{X}}$、样本协方差矩阵 $\boldsymbol{S}$ 给出：

$$\bar{\boldsymbol{X}} = \frac{1}{n}\sum_{i=1}^{n} \boldsymbol{X}_i, \quad \boldsymbol{S} = \frac{1}{n}\sum_{i=1}^{n}(\boldsymbol{X}_i - \bar{\boldsymbol{X}})(\boldsymbol{X}_i - \bar{\boldsymbol{X}})^{\mathrm{T}}.$$

定理 6-3 设 $\boldsymbol{X}$ 是一个 d 维总体，$\boldsymbol{X}_1, \cdots, \boldsymbol{X}_n$ 是来自 $\boldsymbol{X}$ 的 n 个样本，记 $\boldsymbol{X}$ 的均值向量、协方差矩阵分别为 $\boldsymbol{\mu}$ 和 $\boldsymbol{\Sigma}$，则 $\bar{\boldsymbol{X}}$、$\dfrac{n}{n-1}\boldsymbol{S}$ 分别为 $\boldsymbol{\mu}$ 和 $\boldsymbol{\Sigma}$ 的无偏估计量。

证明：由 $E(\bar{\boldsymbol{X}}) = \dfrac{1}{n}\sum_{i=1}^{n} E(\boldsymbol{X}_i) = \dfrac{1}{n}\sum_{i=1}^{n}\boldsymbol{\mu} = \boldsymbol{\mu}$，可知 $\bar{\boldsymbol{X}}$ 是 $\boldsymbol{\mu}$ 的无偏估计量。又由

$$\frac{n}{n-1}E(\boldsymbol{S}) = \frac{1}{n-1}E\left(\sum_{i=1}^{n}(\boldsymbol{X}_i - \bar{\boldsymbol{X}})(\boldsymbol{X}_i - \bar{\boldsymbol{X}})^{\mathrm{T}}\right)$$

$$= \frac{1}{n-1}E\left(\sum_{i=1}^{n}\big[(\boldsymbol{X}_i - \boldsymbol{\mu}) - (\bar{\boldsymbol{X}} - \boldsymbol{\mu})\big]\big[(\boldsymbol{X}_i - \boldsymbol{\mu}) - (\bar{\boldsymbol{X}} - \boldsymbol{\mu})\big]^{\mathrm{T}}\right)$$

$$= \frac{1}{n-1}E\left(\sum_{i=1}^{n}(\boldsymbol{X}_i - \boldsymbol{\mu})(\boldsymbol{X}_i - \boldsymbol{\mu})^{\mathrm{T}} - \sum_{i=1}^{n}(\bar{\boldsymbol{X}} - \boldsymbol{\mu})(\boldsymbol{X}_i - \boldsymbol{\mu})^{\mathrm{T}}\right.$$

$$\left. - \sum_{i=1}^{n}(\boldsymbol{X}_i - \boldsymbol{\mu})(\bar{\boldsymbol{X}} - \boldsymbol{\mu})^{\mathrm{T}} + \sum_{i=1}^{n}(\bar{\boldsymbol{X}} - \boldsymbol{\mu})(\bar{\boldsymbol{X}} - \boldsymbol{\mu})^{\mathrm{T}}\right)$$

$$= \frac{1}{n-1} E\left(\sum_{i=1}^{n}(X_i - \mu)(X_i - \mu)^{\mathrm{T}} - n(\bar{X} - \mu)(\bar{X} - \mu)^{\mathrm{T}}\right)$$

$$= \frac{1}{n-1} \sum_{i=1}^{n} \mathrm{Cov}(X_i) - n\mathrm{Cov}(\bar{X}).$$

上式中的倒数第二个等号是由于 $\mathrm{Cov}(X_i) = \Sigma$，$\mathrm{Cov}(\bar{X}) = \frac{1}{n}\Sigma$，因此，$\frac{n}{n-1}S$ 是 Σ 的无偏估计量。

由协方差矩阵 Σ 和相关矩阵 P 之间的关系可知，样本相关矩阵 R 可由样本协方差矩阵 S 经过运算得到，即

$$R = [\Delta(S)]^{-1} S [\Delta(S)]^{-1},$$

其中，$\Delta(S)$ 表示从样本协方差矩阵 S 中提取出的标准差矩阵；样本相关矩阵 R 的第 (p,q) 个元素为 $r_{pq} = s_{pq} / \sqrt{s_{pp} s_{qq}}$。

6.2.3 多元正态分布的定义与性质

由于一元标准正态分布可通过线性变换转化为一般正态分布，即当 $Z \sim N(0,1)$，有 $X = \sigma Z + \mu \sim N(\mu, \sigma^2)$，将此性质扩展至多元，能够得到多元正态分布的定义。

定义 6-10 若有

$$X = \mu + AZ, \tag{6-2-1}$$

其中，$Z = (Z_1, \cdots, Z_n)^{\mathrm{T}}$ 表示随机向量，$Z_1, \cdots, Z_n$ 表示独立同 $N(0,1)$ 分布的变量；μ 和 A 分别表示 m 维常数向量和 $m \times n$ 维常数矩阵，则称 $X = (X_1, \cdots, X_m)^{\mathrm{T}}$ 服从 m 元正态分布或多元高斯分布。

定理 6-4 服从多元正态分布的随机向量 X 的均值 $E(X) = \mu$，协方差矩阵 $\mathrm{Cov}(X) = AA^{\mathrm{T}} = \Sigma$。

证明：由于 $Z = (Z_1, \cdots, Z_n)^{\mathrm{T}}$ 为随机向量，$Z_1, \cdots, Z_n$ 是独立同 $N(0,1)$ 分布的变量。因此有 $E(Z_i) = 0$，$\mathrm{Var}(Z_i) = 1$，$i = 1, \cdots, n$，$\mathrm{Cov}(Z_i, Z_j) = 0$，$i \neq j$，进而 $E(Z) = \mathbf{0}$，$\mathrm{Cov}(Z) = I_n$。

由均值向量和协方差矩阵的有关性质可知：

$$E(X) = E(\mu + AZ) = \mu + AE(Z) = \mu,$$

$$\mathrm{Cov}(X) = \mathrm{Cov}(\mu + AZ) = \mathrm{Cov}(AZ) = AIA^{\mathrm{T}} = \Sigma.$$

因此，随机向量 X 的分布可以记作 $X \sim N(\mu, AA^{\mathrm{T}})$ 或 $N(\mu, \Sigma)$。特别地，当且仅当 Σ 为对角阵时，$\mathrm{Cov}(X_i, X_j) = 0$，$i \neq j$，即 X 的各个元素相互独立。

一元正态随机变量 $X \sim N(\mu, \sigma^2)$ 的特征函数为

$$\phi_X(t) = E(\exp(itX)) = \exp\left(it\mu - \frac{1}{2}t^2\sigma^2\right), \quad t \in \mathbb{R}.$$

将其推广至多元，可推导出服从多元正态分布的随机向量 X（$X = \mu + AZ$）的特征函数：

$$\phi_X(t) = E\left(\exp(it^T X)\right) = \exp\left(it^T \mu - \frac{1}{2}t^T AA^T t\right), \quad t \in \mathbb{R}^m, \quad AA^T \geq 0. \quad (6\text{-}2\text{-}2)$$

此结论易由随机向量特征函数的概念和性质证得。据此，可以给出多元正态分布的第二种定义——特征函数定义。

定义 6-11 如果 m 维随机向量 $X = (X_1, \cdots, X_m)^T$ 的特征函数为

$$\phi_X(t) = E\left(\exp(it^T X)\right) = \exp\left(it^T \mu - \frac{1}{2}t^T \Sigma t\right), \quad t \in R^m, \quad \Sigma \geq 0,$$

则称 X 服从 m 元正态分布或高斯分布，记作 $X \sim N(\mu, \Sigma)$。

一元正态随机变量 $X \sim N(\mu, \sigma^2)$ 的概率密度函数为

$$f(x) = \frac{1}{\sqrt{2\pi}\sigma} \exp\left(-\frac{1}{2}(x-\mu)^2(\sigma^2)^{-1}\right),$$

上式可以改写为

$$f(x) = \frac{1}{(2\pi)^{\frac{1}{2}}|\sigma^2|^{\frac{1}{2}}} \exp\left(-\frac{1}{2}(x-\mu)^T(\sigma^2)^{-1}(x-\mu)\right),$$

将其推广至多元，易推导出多元正态随机向量 X 的联合概率密度函数。设 $X = (X_1, \cdots, X_m)^T$，并且 $X \sim (\mu, \Sigma)$，Σ 是正定矩阵（$\Sigma > 0$），则 X 的联合概率密度函数为

$$f(x) = \frac{1}{(2\pi)^{\frac{m}{2}}|\Sigma|^{\frac{1}{2}}} \exp\left(-\frac{1}{2}(x-\mu)^T \Sigma^{-1}(x-\mu)\right),$$

据此，可以给出多元正态分布的第三种定义——概率密度函数定义。

定义 6-12 如果 m 维随机向量 $X = (X_1, \cdots, X_m)^T$ 的联合密度函数为

$$f(x) = \frac{1}{(2\pi)^{\frac{m}{2}}|\Sigma|^{\frac{1}{2}}} \exp\left(-\frac{1}{2}(x-\mu)^T \Sigma^{-1}(x-\mu)\right), \quad \Sigma > 0,$$

则称 X 服从（非退化的）m 元正态分布或高斯分布，记作 $X \sim N(\mu, \Sigma)$。与其他几种多元正态分布的定义不同，定义 6-12 要求 Σ 可逆且正定（$\Sigma > 0$），其他几种定义放宽了对 Σ 的限制，仅要求其是半正定的（$\Sigma \geq 0$）。

定理 6-5 多元正态随机向量的任意线性组合仍为多元正态随机向量。设 $X = (X_1, \cdots, X_m)^T$，且 $X \sim N(\mu, \Sigma)$，B 为 $n \times m$ 维常数矩阵，b 为 n 维常数向量，则 $BX + b$ 是

n 元正态随机向量，且有

$$BX+b \sim N\left(B\mu+b, B\Sigma B^{\mathrm{T}}\right).$$

证明：由 $\Sigma = AA^{\mathrm{T}}$ ($\Sigma \geqslant 0$) 和定义 6-10 可知 $X = \mu + AZ$，其中，$Z = (Z_1, \cdots, Z_n)^{\mathrm{T}}$ 为随机向量，$Z_1, \cdots, Z_n$ 是独立同 $N(0,1)$ 分布的变量，μ 和 A 分别为 m 维常数向量和 $m \times n$ 维常数矩阵。

则 $BX + b = B(\mu + AZ) + b = BAZ + (B\mu + b)$，由均值向量和协方差矩阵的运算可得 $E(BX+b) = B\mu + b$，$\mathrm{Cov}(BX+b) = (BA)\mathrm{Cov}(Z)(BA)^{\mathrm{T}} = B\Sigma B^{\mathrm{T}}$。又由定义 6-10 可知，$BX+b$ 服从均值向量为 $B\mu + b$，协方差矩阵为 $B\Sigma B^{\mathrm{T}}$ 的多元正态分布，即 $BX+b \sim N(B\mu+b, B\Sigma B^{\mathrm{T}})$，得证。特别地，若 $X = (X_1, \cdots, X_m)^{\mathrm{T}}$，且 $X \sim N(\mu, \Sigma)$，α 为 m 维非零实向量，则 $\alpha^{\mathrm{T}} X$ 服从一元正态分布，且有

$$\alpha^{\mathrm{T}} X \sim N\left(\alpha^{\mathrm{T}}\mu, \alpha^{\mathrm{T}}\Sigma\alpha\right),$$

证明过程与前述过程类似。

应用特征函数的定义能够发现此结论可以反推，即若有任意 m 维非零实向量 t，$t^{\mathrm{T}} X$ 服从一元正态分布，$\delta = t^{\mathrm{T}} X \sim N(t^{\mathrm{T}}\mu, t^{\mathrm{T}}\Sigma t)$，则 $\alpha^{\mathrm{T}} X$ 的特征函数为

$$\phi_\delta(\eta) = E(\exp(i\eta\delta)) = E\left(\exp(i\eta t^{\mathrm{T}} X)\right) = \exp\left(i\eta t^{\mathrm{T}}\mu - \frac{1}{2}\eta^2(t\Sigma t)\right).$$

令 $\eta = 1$，则有

$$\phi_\delta(1) = E(\exp(i\delta)) = E\left(\exp(it^{\mathrm{T}} X)\right) = \phi_X(t) = \exp\left(it^{\mathrm{T}}\mu - \frac{1}{2}(t^{\mathrm{T}}\Sigma t)\right).$$

由定义 6-11 可知，X 服从 m 元正态分布，且 $X \sim N(\mu, \Sigma)$，得证。据此，给出多元正态分布的第四个定义——线性组合定义。

定义 6-13 设有任意 m 维非零实向量 α，若 $\alpha^{\mathrm{T}} X$ 是一元正态分布，则 X 服从 m 元正态分布或高斯分布。

定理 6-6 多元正态分布的边际分布也服从正态分布。设 $X = (X_1^{\mathrm{T}}, X_2^{\mathrm{T}})^{\mathrm{T}} \sim N_m(\mu, \Sigma)$，其中 $X_1 = (X_1, \cdots, X_d)^{\mathrm{T}}$ 为 d 维随机向量，$X_2 = (X_{d+1}, \cdots, X_m)^{\mathrm{T}}$ 为 $m-d$ 维随机向量，同样地，对 μ 和 Σ 进行拆分可以得到

$$\mu = \begin{pmatrix} \mu_1 \\ \mu_2 \end{pmatrix}, \Sigma = \begin{pmatrix} \Sigma_{11} & \Sigma_{12} \\ \Sigma_{21} & \Sigma_{22} \end{pmatrix},$$

那么有 $X_1 \sim N_d(\mu_1, \Sigma_{11})$，$X_2 \sim N_{m-d}(\mu_2, \Sigma_{22})$。

此定理易由定理 6-5 证得。但需要注意的是此结论不可反推，即随机向量 X 的任意边际分布均服从正态分布，随机向量 X 也不一定服从多元正态分布。

定理 6-7 若 $X \sim N_m(\mu, \Sigma)$，且 Σ 为正定矩阵，则 $(X-\mu)^{\mathrm{T}}\Sigma^{-1}(X-\mu)$ 服从自由度

为 d 的卡方分布，即

$$(X-\mu)^{\mathrm{T}} \Sigma^{-1}(X-\mu) \sim \chi_m^2.$$

此定理可以用于后文多元正态分布的检验。

6.2.4 多元正态分布的检验

在进行多元正态分布的检验过程中常常将问题转化为多个一元或二元数据的正态性检验，或者先通过线性组合将随机向量 X 转化为一元数据，再应用一元数据的正态性检验方法进行检验。虽然这种方法并不严谨，但一般情况下，若一元数据是正态的，多元却是非正态的病态数据并不常见（高惠璇，2005）。

设有 m 维随机向量 $X=(X_1,\cdots,X_m)^{\mathrm{T}}$，将 X 的正态性检验转化为其 m 个分量的正态性检验。常见的一元正态分布的检验方法主要有以下几种。

1. Q-Q 图检验法

Q-Q 图以标准正态分位数为横轴，以从小到大排序的样本数据为纵轴，若应用 Q-Q 图进行样本数据的正态性检验，只需要观察 Q-Q 图上的点是否近似散布在一条直线上，并且该直线的斜率为标准差，截距为均值。与之类似的 P-P 图（probability-probability plot，概率–概率图）则是以累积分布概率代替 Q-Q 图中的分位数。下面介绍使用 Q-Q 图进行正态性检验的具体方法。

设 $q_i = \Phi^{-1}(p_i)$ 是正态总体的 p_i 分位数，其中，$p_i = \dfrac{i-0.5}{n}$，$i=1,\cdots,n$，x_i 为样本的 p_i 分位数。绘制 (q_i, x_i) 散点图，若 X_i 服从一元正态分布，则散点图应近似为一条直线。

2. 数值检验方法

常用的数值检验方法主要有 JB 检验、KS（Kolmogorov-Smirnov，柯尔莫哥洛夫–斯米尔诺夫）检验、AD（Anderson-Darling，安德森–达令）检验、SW 检验。本章主要介绍前三种检验方法。

1）JB 检验

JB 统计量为

$$\mathrm{JB} = \frac{1}{6}n\left[s^2 + \frac{1}{4}(k-3)^2\right],$$

其中，s 表示样本偏度；k 表示样本峰度。二者分别被定义为

$$s = \frac{\dfrac{1}{n}\sum_{i=1}^{n}(x_i-\bar{x})^3}{\left[\dfrac{1}{n}\sum_{i=1}^{n}(x_i-\bar{x})^2\right]^{\frac{3}{2}}}, \quad k = \frac{\dfrac{1}{n}\sum_{i=1}^{n}(x_i-\bar{x})^4}{\left[\dfrac{1}{n}\sum_{i=1}^{n}(x_i-\bar{x})^2\right]^2}.$$

在正态分布的原假设下，JB 统计量近似服从自由度为 2 的卡方分布。由于正态分

布的偏度为 0，峰度为 3，因此当 $s=0$，$k=3$ 时所得统计量最小，如果统计量计算结果远大于 0，或样本峰度与 3、样本偏度与 0 相距较远时，应拒绝原假设，即认为样本不服从正态分布。

2）KS 检验

KS 统计量描述两个分布的相对位置，衡量给定的累计分布函数和经验分布函数的差异情况，可以检验多种分布。KS 统计量为

$$\mathrm{KS} = \max\left(\left|F_n(x) - F(x)\right|\right),$$

其中，$F_n(x)$ 表示经验分布函数；$F(x)$ 表示累计分布函数。如果差异足够大，则否定正态分布的原假设。

KS 的几何意义是给定的累计分布函数与经验分布函数在纵轴方向的最大距离，若每个数据与经验分布均存在差异，只要差异小于某个最大差值，KS 统计量的计算结果就不会变，这时用 KS 统计量检测两个分布的差异程度不准确，因此，在 KS 的值较大时要注意检验的可靠性。此外，由于样本量越小，经验分布函数的刻画越不准确，所以样本量较小时不建议使用 KS 统计量。

3）AD 检验

AD 检验的适用范围较广，能够检验多种类型的分布。AD 统计量为

$$\mathrm{AD} = -n - \frac{1}{n}\sum_{i=1}^{n}\left[(2i-1)\ln F(y_i) + \ln(1 - F(y_{n+1-i}))\right],$$

其中，F 表示标准正态累积分布函数；$y_i = \dfrac{x_i - \hat{\mu}}{\hat{\sigma}}$，计算前须将样本由小到大排列。

其检验原理与 KS 检验类似，也是比较给定的累计分布函数和经验分布函数的差异情况。AD 统计量对两个分布函数差异情况的描述比 KS 统计量更精确，因此检测准确度比 KS 统计量更高。

若要对多元数据进行正态性检验，仅仅对多元分布的一元边际分布的正态性进行检验还不够严谨，还需要进行联合正态性检验。

设有 m 维随机向量 $\boldsymbol{X} = (X_1,\cdots,X_m)^{\mathrm{T}}$，$\boldsymbol{X}_{(i)} = (X_{i1},\cdots,X_{im})^{\mathrm{T}}$，$i=1,\cdots,n$，是来自 $\boldsymbol{X}$ 的样本，检验

$$\mathrm{H}_0:\ \boldsymbol{X} \text{ 服从 } N_m(\boldsymbol{\mu},\boldsymbol{\Sigma});\quad \mathrm{H}_1:\ \boldsymbol{X} \text{ 不服从 } N_m(\boldsymbol{\mu},\boldsymbol{\Sigma}).$$

常见的检验方法主要有以下几种。

A. χ^2 的 Q-Q 图检验法

由定理 6-7 可知：

$$(\boldsymbol{X}-\boldsymbol{\mu})^{\mathrm{T}}\boldsymbol{\Sigma}^{-1}(\boldsymbol{X}-\boldsymbol{\mu}) \sim \chi_m^2,$$

其中，$(\boldsymbol{X}-\boldsymbol{\mu})^{\mathrm{T}}\boldsymbol{\Sigma}^{-1}(\boldsymbol{X}-\boldsymbol{\mu})$ 表示 $\boldsymbol{X}$ 到总体中心 $\boldsymbol{\mu}$ 的马氏距离，记作 $D^2(\boldsymbol{X},\boldsymbol{\mu})$，当 n 较大时，D^2 近似服从 χ_m^2 分布。

在检验过程中，首先将样本 $\boldsymbol{X}_{(i)}$ 代入 $D^2_{(i)}$（$i=1,\cdots,n$），并对 $D^2_{(i)}$ 进行排序：

$$D_{(1)}^2 \leqslant D_{(2)}^2 \leqslant \cdots \leqslant D_{(n)}^2,$$

取统计量 D^2 的经验分布函数为

$$F_n\left(D_{(i)}^2\right) = \frac{i-0.5}{n} = p_i, \quad (6\text{-}2\text{-}3)$$

记 $H\left(D_{(i)}^2|m\right)$ 为 $\chi^2(m)$ 的分布函数在 $D_{(i)}^2$ 的值，若 H_0 成立，则有 $p_i \approx H\left(D_{(i)}^2|m\right)$。由式 （6-2-3）可知，样本的 p_i 分位数 $D_{(i)}^2 = F_n^{-1}(p_i)$。设 $\chi^2(m)$ 的 p_i 分位数为 χ_i^2，则有 $p_i = H\left(\chi_i^2|m\right)$，即 $\chi_i^2 = H^{-1}(p_i|m)$。如果 X 为正态总体，则应有 $D_{(i)}^2 \approx \chi_i^2$，绘制 $\left(D_{(i)}^2, \chi_i^2\right)$ 散点图，这便是 χ^2 的 Q-Q 图，如果散点图上的散点散布在过原点且斜率为 1 的直线上，则接受原假设，如果有明显的偏离，则可以拒绝原假设。如果不用分位数，也可以直接利用概率散点 $\left[p_i H\left(D_{(i)}^2|m\right)\right]$ 绘制 χ^2 的 P-P 图，如果服从正态分布，这些散点也应当近似分布在一条直线上。

具体检验步骤如下：

（1）由 n 个 m 维样本点 $\boldsymbol{X}_{(i)}$，$i = 1, \cdots, n$，计算样本均值 $\bar{\boldsymbol{X}}$ 和样本协方差矩阵 $\boldsymbol{S}$：

$$\bar{\boldsymbol{X}} = \frac{1}{n}\sum_{i=1}^n \boldsymbol{X}_{(i)}, \quad \boldsymbol{S} = \frac{1}{n-1}\sum_{i=1}^n \left(\boldsymbol{X}_{(i)} - \bar{\boldsymbol{X}}\right)\left(\boldsymbol{X}_{(i)} - \bar{\boldsymbol{X}}\right)^{\mathrm{T}}.$$

（2）计算样本点 $\boldsymbol{X}_{(i)}$，$i = 1, \cdots, n$，到 $\bar{\boldsymbol{X}}$ 的马氏距离：

$$D_{(i)}^2 = \left(\boldsymbol{X}_{(i)} - \bar{\boldsymbol{X}}\right)^{\mathrm{T}} \boldsymbol{S}^{-1} \left(\boldsymbol{X}_{(i)} - \bar{\boldsymbol{X}}\right).$$

（3）对马氏距离进行升序排序：

$$D_{(1)}^2 \leqslant D_{(2)}^2 \leqslant \cdots \leqslant D_{(n)}^2.$$

（4）计算 $p_i = \frac{i-0.5}{n}$，$i = 1, \cdots, n$，以及满足 $p_i = H\left(\chi_i^2|m\right)$ 的 χ_i^2 的值。

（5）以马氏距离为横坐标、χ^2 分位数为纵坐标作平面坐标系，以 n 个点 $\left(D_{(i)}^2, \chi_i^2\right)$ 绘制散点图，得到 Q-Q 图（或以散点 $\left[p_i H\left(D_{(i)}^2|m\right)\right]$ 绘制 P-P 图）。

（6）判断散点的分布情况，如果散布在过原点且斜率为 1 的直线上，则接受正态性原假设，否则拒绝原假设。

B. 主成分检验法

由于 m 元正态总体各分量之间是相关的，因此在将 m 元正态检验转化为 m 个一元正态性检验问题时，检验结果可能会与实际结果有一定出入，这时需要引入主成分检验法。

设 m 维随机向量 $\boldsymbol{X} = (X_1, X_2, \cdots, X_m)^{\mathrm{T}}$ 的均值向量 $E(\boldsymbol{X}) = \boldsymbol{\mu}$，协方差矩阵 $\mathrm{Cov}(\boldsymbol{X}) = \boldsymbol{\Sigma}$，若 $\boldsymbol{\Sigma}$ 的特征值为 $\lambda_1 \geqslant \lambda_2 \geqslant \cdots \geqslant \lambda_m > 0$，相应的特征向量为 $\boldsymbol{a}_1, \boldsymbol{a}_2, \cdots, \boldsymbol{a}_m$，记 $\boldsymbol{a}_i = (\alpha_{1i}, \alpha_{2i}, \cdots, \alpha_{mi})^{\mathrm{T}}$，$i = 1, 2, \cdots, m$，则 $\boldsymbol{X}$ 的第 i 个主成分为

$$Z_i = \boldsymbol{a}_i^{\mathrm{T}} \boldsymbol{X} = \alpha_{1i} X_1 + \alpha_{2i} X_2 + \cdots + \alpha_{mi} X_m, \quad i = 1, 2, \cdots, m.$$

记主成分向量 $\boldsymbol{Z} = (Z_1, Z_2, \cdots, Z_m)^{\mathrm{T}}$，则有 $\boldsymbol{Z} = \boldsymbol{A}^{\mathrm{T}} \boldsymbol{X}$，其中，$\boldsymbol{A} = (\boldsymbol{a}_1, \boldsymbol{a}_2, \cdots, \boldsymbol{a}_m)$ 为正交矩阵，因此：

$$D(\boldsymbol{Z}) = D(\boldsymbol{A}^{\mathrm{T}} \boldsymbol{X}) = \boldsymbol{A}^{\mathrm{T}} D(\boldsymbol{X}) \boldsymbol{A} = \boldsymbol{A}^{\mathrm{T}} \boldsymbol{\Sigma} \boldsymbol{A} = \mathrm{diag}(\lambda_1, \lambda_2, \cdots, \lambda_m),$$

是一个对角阵，即主成分 Z_i 之间是相互独立的。由原始样本数据可以计算出主成分 Z_i 的得分值，作为 m 个不相关的综合变量的样本数据。

若 $\boldsymbol{X}$ 服从 $N_m(\boldsymbol{\mu}, \boldsymbol{\Sigma})$，则 $\boldsymbol{Z}$ 服从 m 元正态分布，进而，其各个不相关的分量 $Z_1, \cdots, Z_m$ 均服从一元正态分布，反之亦然。由此，便将 m 元正态检验问题转化为 m 个一元正态检验问题。由于 m 元观测数据的大部分信息包含在前几个主成分中，因此在实际应用中，只需要对前几个主成分得分变量进行一元正态性检验。

具体检验步骤如下。

（1）由 n 个 m 维样本点 $\boldsymbol{X}_{(i)}$，$i = 1, \cdots, n$，计算样本均值 $\overline{\boldsymbol{X}}$ 和样本协方差矩阵 $\boldsymbol{S}$。

（2）计算样本协方差矩阵 $\boldsymbol{S}$ 的特征值，以及对应的特征向量。

（3）根据原始变量计算各个样本点的主成分得分值，得到主成分向量 $\boldsymbol{Z} = (Z_1, Z_2, \cdots, Z_m)^{\mathrm{T}}$。

（4）逐次对各主成分变量 Z_i 进行一元正态性检验，得出结论。

6.3 多元混合正态分布

金融时间序列通常具有尖峰厚尾的特性，正态分布往往不能很好地拟合这类数据。此时，应用混合正态分布对金融时间序列进行拟合，能够提高拟合效果，增强预测准确性。

6.3.1 正态混合方差模型

定义 6-14 如果有

$$\boldsymbol{X} = \boldsymbol{\mu} + \sqrt{B} \boldsymbol{A} \boldsymbol{Z}, \tag{6-3-1}$$

其中，$\boldsymbol{Z} = (Z_1, \cdots, Z_n)^{\mathrm{T}}$ 表示一个标准多元正态分布；B 表示独立于 $\boldsymbol{Z}$ 的非负标量随机变量；$\boldsymbol{\mu}$ 和 $\boldsymbol{A}$ 分别表示 m 维常数向量和 $m \times n$ 维常数矩阵，则称 $\boldsymbol{X} = (X_1, \cdots, X_m)^{\mathrm{T}}$ 具有方差混合正态分布。

由定义可知，当随机变量 B 取某一给定值时，有

$$\boldsymbol{X} \mid B = b \sim N(\boldsymbol{\mu}, b\boldsymbol{\Sigma}),$$

其中，$\boldsymbol{\Sigma} = \boldsymbol{A}\boldsymbol{A}^{\mathrm{T}}$。这类分布是由一组具有相同均值向量和相同协方差矩阵的多元正态分布混合而成的，具有椭圆对称性，即分布具有中心对称性、主轴对称性和次轴对称性。

若 B 的期望有限时，由均值向量和协方差矩阵的运算可得

$$E(X) = E(\mu + \sqrt{B}AZ) = \mu + E(\sqrt{B})AE(Z),$$

$$\text{Cov}(X) = E([X-E(X)][X-E(X)]^T) = E((\sqrt{B}AZ)(\sqrt{B}AZ)^T)$$

$$= E(B)AE(ZZ^T)A^T = E(B)A\text{Cov}(Z)A^T = E(B)\Sigma,$$

其中，μ 和 Σ 分别表示位置向量和分散矩阵。需要关注的是，当 $E(\sqrt{B})$ 存在（即小于正无穷）时，μ 才是 X 的均值向量，此外，当 $E(B)=1$ 时，Σ 是 X 的协方差矩阵。

由式（6-2-2）能够计算得到 X 的特征函数：

$$\phi_X(t) = E(E(\exp(it^T X)|B)) = E\left(\exp\left(it^T\mu - \frac{1}{2}Bt^T\Sigma t\right)\right) \tag{6-3-2}$$

$$= \exp(it^T\mu)\hat{H}\left(\frac{1}{2}t^T\Sigma t\right),$$

其中，$\hat{H}(\beta) = \int_0^{+\infty} e^{-\beta v} dH(v)$ 表示 B 的分布函数 H 的 Laplace-Stieltjes（拉普拉斯-斯蒂尔切斯）变换；$X \sim M_m(\mu, \Sigma, \hat{H})$ 表示正态方差混合分布。

设 Σ 是正定矩阵 $(\Sigma > 0)$，B 的分布在 0 点处质量为 0，则 X 的概率密度函数为

$$\int f_{(X|B)}(x|b)dH(b) = \int \frac{b^{-\frac{m}{2}}}{(2\pi)^{\frac{m}{2}}|\Sigma|^{\frac{1}{2}}} \exp\left(-\frac{(x-\mu)^T\Sigma^{-1}(x-\mu)}{2b}\right) dH(b),$$

其中，$f_{(X|B)}$ 表示给定 B 的条件下 X 的条件概率密度函数；其中的积分是勒贝格积分。

定理 6-8 若有 X 具有正态方差混合分布，即 $X \sim M_n(\mu, \Sigma, \hat{H})$，并且有 $Y = CX + c$，其中 C 是 $m \times n$ 维常数矩阵，c 是 m 维常数向量，则有 $Y \sim M_m(C\mu + c, C\Sigma C^T, \hat{H})$。

即正态方差混合分布的线性变换是封闭的，利用式（6-3-2）的特征函数容易证明上述定理。

6.3.2 正态混合均值方差模型

定义 6-15 如果有

$$X = p(B) + \sqrt{B}AZ, \tag{6-3-3}$$

其中，$Z = (Z_1, \cdots, Z_n)^T$ 表示随机向量，$Z_1, \cdots, Z_n$ 是独立同 $N(0,1)$ 分布的变量；B 表示独立于 Z 的非负标量随机变量；A 表示 $m \times n$ 维常数矩阵；$p \in [0, +\infty)$ 表示一个 m 维的测度函数，则称 $X = (X_1, \cdots, X_m)^T$ 具有正态混合均值-方差分布。

由定义可知，当 B 取某一给定值时，有

$$X|B = b \sim N(p(b), b\Sigma), \tag{6-3-4}$$

其中，$\Sigma = AA^T$。这类分布是由具有不同均值向量和不同协方差矩阵的多元正态分布

混合而成的，往往不具有椭圆对称性。实践当中，由于股票收益率数据中的负收益率往往比正收益率的尾部更厚，因此具有非对称性的多元正态混合均值-方差分布能够更好地拟合数据。

下面给出式（6-3-3）中 $p(B)$ 的一个具体例子：

$$p(B) = \mu + B\eta, \tag{6-3-5}$$

其中，μ 和 η 分别表示 m 维常数向量。将式（6-3-5）代入式（6-3-3）可得，$E(X|B) = \mu + B\eta$，并且 $\text{Cov}(X|B) = B\Sigma$。

若 B 具有有限方差时，利用全期望公式并经过计算可得

$$E(X) = E(E(X|B)) = \mu + E(B)\eta,$$

$$\text{Cov}(X) = E(X^2) - E^2(X) = E(E(X^2|B)) - E^2(E(X|B))$$
$$= E(E(X^2|B)) - E(E^2(X|B)) + E(E^2(X|B)) - E^2(E(X|B))$$
$$= E(E(X^2|B) - E^2(X|B)) + \text{Cov}(E(X|B))$$
$$= E(\text{Cov}(X|B)) + \text{Cov}(E(X|B))$$
$$= E(B)\Sigma + \text{Var}(B)\eta\eta^{\text{T}}.$$

由上述计算结果可知，当 $\eta = 0$ 时的分布是正态方差混合分布，因此也可以将正态方差混合分布看作是正态混合均值-方差分布的一个特例。

6.3.3 广义双曲分布

广义双曲（generalized hyperbolic，GH）分布是正态均值-方差分布与广义逆高斯（generalized inverse gaussian，GIG）分布的混合形式，是一种具有尖峰、厚尾、偏态特性的分布族。

定义 6-16 若有

$$X = \mu + B\eta + \sqrt{B}AZ, \tag{6-3-6}$$

其中，$Z = (Z_1, \cdots, Z_n)^{\text{T}}$ 表示随机向量，$Z_1, \cdots, Z_n$ 是独立同 $N(0,1)$ 分布的变量；A 表示 $m \times n$ 维常数矩阵；μ 表示 m 维位置参数；η 表示 m 维偏度参数；混合变量 $B \sim \text{GIG}(\lambda, \chi, \psi)$，并且为独立于 Z 的非负标量随机变量，则随机向量 X 服从 GH 分布。

由上述定义可知，在正态混合均值-方差模型（6-3-3）中，如果变量 B 服从 GIG 分布，则 X 服从 GH 分布，并且不同的 GIG 分布对应着不同的 GH 分布。

由定义可得

$$X|B = b \sim N(\mu + B\eta, b\Sigma),$$

其中，$\Sigma = AA^{\text{T}}$。

当 B 具有有限方差时，通过计算可得

$$E(X) = E(E(X|B)) = \mu + E(B)\eta, \text{Cov}(X) = E(B)\Sigma + \text{Var}(B)\eta\eta^{\text{T}},$$

当 $\boldsymbol{\Sigma}$ 满秩时，$\boldsymbol{X}$ 的概率密度函数为

$$f(\boldsymbol{x};\lambda,\chi,\psi,\boldsymbol{\mu},\boldsymbol{\Sigma},\boldsymbol{\eta}) = \int_0^\infty \frac{\mathrm{e}^{(\boldsymbol{x}-\boldsymbol{\mu})^{\mathrm{T}}\boldsymbol{\Sigma}^{-1}\boldsymbol{\eta}}}{(2\pi)^{\frac{m}{2}}|\boldsymbol{\Sigma}|^{\frac{1}{2}} b^{\frac{m}{2}}} \exp\left(-\frac{(\boldsymbol{x}-\boldsymbol{\mu})^{\mathrm{T}}\boldsymbol{\Sigma}^{-1}(\boldsymbol{x}-\boldsymbol{\mu})}{2b} - \frac{\boldsymbol{\eta}^{\mathrm{T}}\boldsymbol{\Sigma}^{-1}\boldsymbol{\eta}}{2}\right) h(b)\mathrm{d}b, \quad (6\text{-}3\text{-}7)$$

求出该积分可以得到

$$f(\boldsymbol{x};\lambda,\chi,\psi,\boldsymbol{\mu},\boldsymbol{\Sigma},\boldsymbol{\eta}) = \frac{\sqrt{\chi\psi^{-\lambda}}\psi^{\lambda}\left(\psi+\boldsymbol{\eta}^{\mathrm{T}}\boldsymbol{\Sigma}^{-1}\boldsymbol{\eta}\right)^{\frac{m}{2}-\lambda}}{(2\pi)^{\frac{m}{2}}|\boldsymbol{\Sigma}|^{\frac{1}{2}} K_\lambda\left(\sqrt{\chi\psi}\right)}$$

$$\times \frac{K_{\lambda-\frac{m}{2}}\left\{\sqrt{\chi+(\boldsymbol{x}-\boldsymbol{\mu})^{\mathrm{T}}\boldsymbol{\Sigma}^{-1}(\boldsymbol{x}-\boldsymbol{\mu})\left(\psi+\boldsymbol{\eta}^{\mathrm{T}}\boldsymbol{\Sigma}^{-1}\boldsymbol{\eta}\right)}\right\}\mathrm{e}^{(\boldsymbol{x}-\boldsymbol{\mu})^{\mathrm{T}}\boldsymbol{\Sigma}^{-1}\boldsymbol{\eta}}}{\left\{\sqrt{\left[\chi+(\boldsymbol{x}-\boldsymbol{\mu})^{\mathrm{T}}\boldsymbol{\Sigma}^{-1}(\boldsymbol{x}-\boldsymbol{\mu})\right]\left(\psi+\boldsymbol{\eta}^{\mathrm{T}}\boldsymbol{\Sigma}^{-1}\boldsymbol{\eta}\right)}\right\}^{\frac{m}{2}-\lambda}},$$

其中，K_λ 表示变形第三类 Bessel（贝塞尔）函数。

特别地，当 $\boldsymbol{\eta}=\boldsymbol{0}$ 时，此分布被简化为对称广义双曲分布，其概率密度函数为

$$f(\boldsymbol{x};\lambda,\chi,\psi,\boldsymbol{\mu},\boldsymbol{\Sigma})$$

$$= \frac{\sqrt{\chi\psi^{-\lambda}}\psi^{\frac{m}{2}}}{(2\pi)^{\frac{m}{2}}|\boldsymbol{\Sigma}|^{\frac{1}{2}} K_\lambda\left(\sqrt{\chi\psi}\right)} \times \frac{K_{\lambda-\frac{m}{2}}\left\{\sqrt{\chi+(\boldsymbol{x}-\boldsymbol{\mu})^{\mathrm{T}}\boldsymbol{\Sigma}^{-1}(\boldsymbol{x}-\boldsymbol{\mu})\psi}\right\}}{\left\{\sqrt{\left[\chi+(\boldsymbol{x}-\boldsymbol{\mu})^{\mathrm{T}}\boldsymbol{\Sigma}^{-1}(\boldsymbol{x}-\boldsymbol{\mu})\right]\psi}\right\}^{\frac{m}{2}-\lambda}}.$$

式(6-3-7)的参数化方法存在参数冗余，即对于任意的 $c>0$，有 $\mathrm{GH}\left(\lambda,\frac{\chi}{c},c\psi,\boldsymbol{\mu},c\boldsymbol{\Sigma},c\boldsymbol{\eta}\right)$ 和 $\mathrm{GH}(\lambda,\chi,\psi,\boldsymbol{\mu},\boldsymbol{\Sigma},\boldsymbol{\eta})$ 表示相同的分布，这在估计参数时易造成识别问题，为消除参数冗余，可令 $|\boldsymbol{\Sigma}|=1$。

与式（6-3-2）的计算过程类似，可以计算得到广义双曲分布的特征函数：

$$\phi_X(\boldsymbol{t}) = E\left(\exp\left(i\boldsymbol{t}^{\mathrm{T}}\boldsymbol{X}\right)\right) = \exp\left(i\boldsymbol{t}^{\mathrm{T}}\boldsymbol{\mu}\right)\hat{H}\left(\frac{1}{2}\boldsymbol{t}^{\mathrm{T}}\boldsymbol{\Sigma}\boldsymbol{t} - i\boldsymbol{t}^{\mathrm{T}}\boldsymbol{\eta}\right), \quad (6\text{-}3\text{-}8)$$

其中，$\hat{H}$ 表示 GIG 分布的 Laplace-Stieltjes 变换。

定理 6-9 若有 $\boldsymbol{X}$ 具有 GH 分布，即 $\boldsymbol{X}\sim\mathrm{GH}_n(\lambda,\chi,\psi,\boldsymbol{\mu},\boldsymbol{\Sigma},\boldsymbol{\eta})$，并且有 $\boldsymbol{Y}=\boldsymbol{CX}+\boldsymbol{c}$，其中 $\boldsymbol{C}$ 是 $m\times n$ 维常数矩阵，$\boldsymbol{c}$ 是 m 维常数向量，则有 $\boldsymbol{Y}\sim\mathrm{GH}_m\left(\lambda,\chi,\psi,\boldsymbol{C\mu}+\boldsymbol{c},\boldsymbol{C\Sigma C}^{\mathrm{T}},\boldsymbol{C\eta}\right)$。

此定理表明 GH 分布的线性变换是封闭的，其中参数 λ,χ,ψ 在线性操作下保持不变。

利用式（6-3-7）的特征函数容易证明上述定理。

GH 分布族中包含较多的特殊分布，可以粗略分为以下几类（McNeil et al., 2015；林清泉和张建龙，2011）。

1. 双曲分布

当 $\lambda = 1$ 时，能够获得一个多元分布，其一元边际分布是一元双曲分布。

当 $\lambda = \frac{1}{2}(m+1)$ 时，GH 分布为 m 维双曲分布，但其一元边际分布不是一元双曲分布。

2. 正态逆高斯分布

当 $\lambda = -\frac{1}{2}$ 时，GH 分布是正态逆高斯分布。两个独立的服从正态逆高斯分布的随机变量的线性变换仍然服从正态逆高斯分布。

3. 方差-伽马分布

当 $\lambda > 0$，$\chi = 0$ 时，GH 分布为方差-伽马分布，这是 GH 分布的极限形式。

4. t 分布

当 $\lambda = -\frac{v}{2}$，$\chi = v$，$\psi = 0$ 时，可以得到 GH 分布的又一极限形式，这类分布是自由度为 v 的非对称 t 分布。如果 $\boldsymbol{\eta} = \boldsymbol{0}$，则可以得到对称 t 分布。

6.4 Copula 方法

随着金融市场的不断发展，金融市场的相关性研究日趋重要，皮尔逊相关系数法等传统的相关性度量方法已经不能满足日益复杂的金融市场研究的需求，需要一种在不能确定传统的线性相关系数能否正确度量变量相关关系的情况下，刻画变量之间的相关关系、包含变量所有相关信息的工具。Sklar（斯克拉）在 1959 年提出了 Copula 函数的相关理论用于回答多维分布函数和低维边缘分布之间关系的问题。Copula 函数又被称为连接函数，是能够将一个 n 维随机变量的联合分布和它的 n 个边缘分布连接在一起的函数。

6.4.1 Copula 函数的基本性质

定义 6-17 Copula 函数 $C(\boldsymbol{u})$ 是一个 $[0,1]^n \to [0,1]$ 的映射，并且满足如下性质。

（1）对于任意的 $i \in \{1, \cdots, n\}$ 有 $u_i = 0$，则 $C(u_1, \cdots, u_n) = 0$。

（2）对于任意的 $i \in \{1, \cdots, n\}$ 有 $u_i \in [0,1]$，则 $C(1, \cdots, 1, u_i, 1, \cdots, 1) = u_i$。

（3）对于任意 $a_i \leqslant b_i$，$a_1, \cdots, a_n \in [0,1]^n$，$b_1, \cdots, b_n \in [0,1]^n$，有

$$\sum_{i_1=1}^{2} \cdots \sum_{i_d=1}^{2} (-1)^{i_1+\cdots+i_n} C(u_{1i_1}, \cdots, u_{ni_n}) \geqslant 0, \qquad (6\text{-}4\text{-}1)$$

其中，对于任意的 $j \in \{1, \cdots, n\}$，有 $u_{j1} = a_j$，$u_{j2} = b_j$。

性质（2）表明 $C(\boldsymbol{u})$ 的边际分布是均匀的，性质（3）表明若随机向量 $(U_1,\cdots,U_n)^T$ 的分布函数是 $C(\boldsymbol{u})$，则 $P(a_1 \leqslant U_1 \leqslant b_1,\cdots,a_n \leqslant U_n \leqslant b_n)$ 是非负的。

可以验证，Copula 函数就是一个定义在 $[0,1]^n$ 上的 n 元分布函数，其边际分布是 $[0,1]$ 上的均匀分布。并且 $n(n \geqslant 3)$ 维 Copula 函数的 $k(2 \leqslant k < n)$ 维边际分布也是 Copula 函数。

定理 6-10 设 n 元联合分布函数 F 的边际分布函数分别为 $F_1,\cdots,F_n$，那么在 $\overline{R}=\{-\infty,+\infty\}$ 一定存在一个 Copula 函数 C，使

$$F(x_1,\cdots,x_n) = C(F_1(x_1),\cdots,F_n(x_n)) \quad (6\text{-}4\text{-}2)$$

成立。如果边际分布函数 $F_1,\cdots,F_n$ 是连续的，则 C 是唯一的，否则 C 在 $\text{Ran}F_1 \times \text{Ran}F_2 \times \cdots \times \text{Ran}F_n$ 上不是唯一的，其中 $\text{Ran}F_i = F_i(\overline{R})$ 表示 F_i 的范围。

反之，如果 C 是一个 Copula 函数，$F_1,\cdots,F_n$ 是一元分布函数，则由式（6-4-2）确定的 $F(x_1,\cdots,x_n)$ 是 $F_1,\cdots,F_n$ 分布函数的一个联合分布函数。

这便是 Sklar 定理，Sklar 定理由 Sklar 在 1959 年首次提出，此定理表明了 Copula 函数在多元联合分布函数与其边际分布函数之间的纽带关系，体现了 Copula 函数在统计学中尤为重要的意义。

下面介绍 Sklar 定理的延伸结论，若将 $x_i = F_i^{-1}(u_i)$ 代入式（6-4-2），其中，$0 \leqslant u_i \leqslant 1$，$i=1,\cdots,n$，$F_i^{-1}$ 为 F_i 的广义逆阵，即 $F_i^{-1}(u_i) = \inf[F(x) \geqslant u_i]$。运用似然推断方法，可以得到

$$C(u_1,\cdots,u_n) = F(F_1^{-1}(u_1),\cdots,F_n^{-1}(u_n)). \quad (6\text{-}4\text{-}3)$$

式（6-4-3）给出了 Copula 函数 C 的一个显式表达式，并说明了唯一性。反之，如果 C 是一个 Copula 函数，则 $F_1,\cdots,F_n$ 是任意一元分布函数。

式（6-4-2）说明了联合分布 F 如何由边际分布和 Copula 函数耦合而成，式（6-4-3）说明了 Copula 函数如何从连续的多元分布函数中提取。

定理 6-11 随机向量的 Copula 函数与单调变换后的随机向量的 Copula 函数相同。即，若 $\boldsymbol{X}=(X_1,\cdots,X_n)^T$ 是一个有连续边际分布和 Copula 函数 C_X 的随机向量，$H_1,\cdots,H_n$ 是单调递增函数，$(H_{X_1},\cdots,H_{X_n})$ 有 Copula 函数 $C_{H(X)}$，则 $C_X = C_{H(X)}$。

定理 6-12 设有任意 Copula 函数 $C(u_1,\cdots,u_n)$，对任意一个 $\boldsymbol{u}$，有

$$W^n(\boldsymbol{u}) \leqslant C(\boldsymbol{u}) \leqslant M^n(\boldsymbol{u}),$$

其中，$M^n(\boldsymbol{u}) = \min(u_1,u_2,\cdots,u_n)$，$W^n(\boldsymbol{u}) = \max(u_1+u_2+\cdots+u_n+1-n,0)$ 分别表示二维 Copula 函数 M（Frechet-Hoeffding upper bound，弗雷谢-赫芬丁上界）和 W（Frechet-Hoeffding lower bound，弗雷谢-赫芬丁下界）的 n 维扩展形式。

定义 6-18 设 X 是一个 m 维随机向量，并且其具有一个多元生存函数 $\overline{F}$，m 个边

际分布函数 $F_1,\cdots,F_m$ 和边际生存函数 $\bar{F}_1,\cdots,\bar{F}_m$，有恒等式：
$$\bar{F}(x_1,\cdots,x_m)=\hat{C}(\bar{F}_1(x_1),\cdots,\bar{F}_m(x_m)),\tag{6-4-4}$$
则 $\hat{C}$ 是一个生存 Copula 函数。其中，$F_1,\cdots,F_m$ 是连续的。可以发现：
$$\begin{aligned}\bar{F}(x_1,\cdots,x_m)&=P(X_1>x_1,\cdots,X_m>x_m)\\&=P(1-F_1(X_1)\leqslant\bar{F}_1(x_1),\cdots,1-F_m(X_m)\leqslant\bar{F}_m(x_m)),\end{aligned}$$

当 $m=2$ 时，C 与它的生存 $\hat{C}$ 之间有如下关系：
$$\hat{C}(1-u_1,1-u_2)=1+C(u_1,u_2)-u_1-u_2.\tag{6-4-5}$$

6.4.2 秩相关与尾部相关系数

秩相关系数仅仅通过数据的秩，即样本排序就可以计算出来。常见的秩相关系数主要有 Kendall（肯德尔）秩相关系数和 Spearman（斯皮尔曼）秩相关系数，它们都是二元随机向量的一致性度量。设 (x_1,y_1) 和 (x_2,y_2) 为随机向量 (X,Y) 的两组观测值，若 $(x_1-x_2)(y_1-y_2)>0$，则说明这两点是一致的；若 $(x_1-x_2)(y_1-y_2)<0$，则说明这两点是不一致的。

Kendall 秩相关系数表示从样本中抽取的两组独立观测值 (X_1,Y_1) 和 (X_2,Y_2) 一致的概率与不一致的概率之差。据此给出以下定义。

定义 6-19 设 (X_1,Y_1) 和 (X_2,Y_2) 为与 (X,Y) 独立同分布的随机向量，则：
$$\tau(X,Y)=P((X_1-X_2)(Y_1-Y_2)>0)-P((X_1-X_2)(Y_1-Y_2)<0)$$
为 Kendall 秩相关系数。

上式简单变形后可得
$$\tau(X,Y)=2P((X_1-X_2)(Y_1-Y_2)>0)-1,$$
由此，易知 $\tau\in[-1,1]$。

若 p、q 是严格单调递增的函数，则有
$$[p(X_1)-p(X_2)][q(Y_1)-q(Y_2)]>0\Leftrightarrow(X_1-X_2)(Y_1-Y_2)>0,$$
因此，严格单调递增函数的变化不会改变 τ 值。

定理 6-13 设 X 和 Y 有连续的边际分布 $F(x)$、$G(y)$ 与唯一的 Copula 函数 $C(u,v)$，则 Kendall 秩相关系数可以由 Copula 函数表示出来：
$$\tau(X,Y)=4\int_0^1\int_0^1 C(u,v)\mathrm{d}C(u,v)-1.$$

证明：
$$\begin{aligned}\tau(X,Y)&=P((X_1-X_2)(Y_1-Y_2)>0)-P((X_1-X_2)(Y_1-Y_2)<0)\\&=2P((X_1-X_2)(Y_1-Y_2)>0)-1,\end{aligned}$$

由 (X_1, Y_1) 和 (X_2, Y_2) 的可交换性可得

$$\tau(X, Y) = 4P(X_1 < X_2, Y_1 < Y_2) - 1,$$

由 $F(x)$ 和 $G(y)$ 的连续性可得

$$\tau(X, Y) = 4P(F(X_1) < F(X_2), G(Y_1) < G(Y_2)) - 1,$$

用 U、V 分别表示 $F(x)$、$G(y)$，可以发现 U、V 服从均匀分布，并且 U、V 的联合分布是 $C(u, v)$。由此可得

$$\tau(X, Y) = 4E\left(P(U_1 < U_2, V_1 < V_2 | U_2, V_2)\right) - 1$$
$$= 4\int_0^1 \int_0^1 P(U_1 < u_1, V_1 < v_1) \mathrm{d}C(u_1, v_1) - 1$$
$$= 4\int_0^1 \int_0^1 C(u_1, v_1) \mathrm{d}C(u_1, v_1) - 1,$$

即得证。

Spearman 秩相关系数的度量也按照二元随机向量的一致性定义，但在 Kendall 秩相关系数定义的基础上新引入一个二元随机向量 (X_3, Y_3)。

定义 6-20 对于随机变量 X_1 和 Y_1 有

$$\rho_s = 3\left[P((X_1 - X_2)(Y_1 - Y_3) > 0) - P((X_1 - X_2)(Y_1 - Y_3) < 0)\right],$$

则 ρ_s 为 Spearman 秩相关系数。其中，X_2 和 Y_3 表示随机变量，且 X_2 独立同分布于 X_1，Y_3 独立同分布于 Y_1。由上述定义可知，ρ_s 为两个随机向量 (X_1, Y_1) 和 (X_2, Y_3) 一致的概率与不一致的概率之差。其中 (X_2, Y_3) 表示由两个独立变量组成的向量，也可以用 (X_3, Y_2) 来替代。

定理 6-14 设 X 和 Y 有连续的边际分布 $F(x)$、$G(y)$ 和唯一的 Copula 函数 $C(u, v)$，则 Spearman 秩相关系数可以由 Copula 函数表示出来：

$$\rho_s = 12\int_0^1 \int_0^1 C(u, v) \mathrm{d}u \mathrm{d}v - 3.$$

证明过程与定理 6-13 的证明类似。

定理 6-15 Spearman 秩相关系数 ρ_s 是 $F(x)$ 和 $G(y)$ 的线性相关系数。

证明：用 U、V 分别表示 $F(x)$、$G(y)$。由定理 6-14 可得

$$\rho_s = 12\int_0^1 \int_0^1 C(u, v) \mathrm{d}u \mathrm{d}v - 3.$$

由于 U、V 服从均匀分布，并且 U、V 的联合分布是 $C(u, v)$，因此：

$$E(U) = E(V) = \frac{1}{2}, \quad \mathrm{Var}(U) = \mathrm{Var}(V) = \frac{1}{12},$$

并且，$E(UV) = \int_0^1 \int_0^1 uv \mathrm{d}C(u, v)$。

由此可得

$$\rho_s = 12E(UV) - 3 = 12\left[E(UV) - \frac{1}{4}\right] = 12\left[E(UV) - E(U)E(V)\right]$$

$$= 12\text{Cov}(U,V) = \frac{\text{Cov}(U,V)}{\sqrt{\text{Var}(U)\text{Var}(V)}},$$

即得证。

定义 6-21 若有

$$\lambda_U = \lambda_U(X,Y) = \lim_{u \to 1^-} P(Y > G^{-1}(u) | X > F^{-1}(u)),$$

$$\lambda_L = \lambda_L(X,Y) = \lim_{u \to 0^+} P(Y \leq G^{-1}(u) | X \leq F^{-1}(u)),$$

其中，X 和 Y 表示两个随机变量，二者的分布函数分别为 F 和 G。

如果 $\lambda_U \in (0,1)$，则 X 和 Y 之间有上尾（或右尾）相关性，如果 $\lambda_U = 0$，则说明二者在上尾是渐进独立的。类似地，如果 $\lambda_L \in (0,1)$，则 X 和 Y 之间有下尾（或左尾）相关性。如果 $\lambda_L = 0$，则说明二者在下尾是渐进独立的。λ_U 和 λ_L 分别为上尾（或右尾）相关系数和下尾（或左尾）相关系数。

从公式来看，尾部相关系数衡量了当一个变量 X 的取值趋向于分布尾部时，另一个变量 Y 的取值也会同时趋向于分布尾部的可能性，表示不同资产收益同时出现剧烈上涨或剧烈下跌现象的可能性。

若 F 和 G 为连续分布函数，就能运用二元分布函数唯一的连接函数表示 λ_U 和 λ_L。

由式（6-4-3）可得

$$\lambda_L = \lim_{u \to 0^+} \frac{P(Y \leq G^{-1}(u), X \leq F^{-1}(u))}{P(X \leq F^{-1}(u))} = \lim_{u \to 0^+} \frac{C(u,u)}{u},$$

其中，C 表示连接函数。

由式（6-4-4）可得

$$\lambda_U = \lim_{u \to 1^-} \frac{\hat{C}(1-u, 1-u)}{1-u} = \lim_{u \to 0^+} \frac{\hat{C}(u,u)}{u},$$

其中，$\hat{C}$ 表示 C 的生存连接函数。

6.4.3 Copula 函数的分类

目前最常见的两类 Copula 函数分别为椭圆分布族 Copula 函数和阿基米德分布族 Copula 函数，其中椭圆分布族中包含正态分布族和 t 分布族，阿基米德分布族中 Gumbel Copula 函数、Clayton Copula 函数、Frank Copula 函数较为常用。

下面首先介绍两种常见的椭圆分布族。

定义 6-22 设有 m 维随机向量 $\boldsymbol{X} = (X_1, X_2, \cdots, X_m)$，那么其正态 Copula 函数可以表示为

$$C(u_1,u_2,\cdots,u_m;\boldsymbol{\rho})=\varPhi_{\boldsymbol{\rho}}\left(\varPhi^{-1}(u_1),\varPhi^{-1}(u_2),\cdots,\varPhi^{-1}(u_m)\right),$$

其概率密度函数可以表示为

$$c(u_1,u_2,\cdots,u_m;\boldsymbol{\rho})=\frac{\partial^m C(u_1,u_2,\cdots,u_m;\boldsymbol{\rho})}{\partial u_1,\partial u_2,\cdots,\partial u_m}=|\boldsymbol{\rho}|^{-\frac{1}{2}}\left[-\frac{1}{2}\boldsymbol{\zeta}^{\mathrm{T}}\left(\boldsymbol{\rho}^{-1}-\boldsymbol{I}\right)\boldsymbol{\zeta}\right],$$

其中，$\boldsymbol{\rho}$ 表示多元正态分布的相关系数矩阵，是一个对角线上元素均为 1 的 m 阶对称正定矩阵，$|\boldsymbol{\rho}|$ 表示矩阵 $\boldsymbol{\rho}$ 的行列式；$\varPhi_{\boldsymbol{\rho}}$ 表示相关系数矩阵为 $\boldsymbol{\rho}$ 的标准多元正态分布函数，$\varPhi^{-1}$ 表示标准多元正态分布函数 $\varPhi_{\boldsymbol{\rho}}$ 的反函数；$\boldsymbol{\zeta}^{\mathrm{T}}=(\zeta_1,\zeta_2,\cdots,\zeta_m)=\left[\varPhi^{-1}(u_1),\varPhi^{-1}(u_2),\cdots,\varPhi^{-1}(u_m)\right]$；$\boldsymbol{I}$ 表示单位矩阵。

由上述定义可知，正态 Copula 函数的统计特征主要由其相关系数矩阵决定。正态 Copula 函数具有对称的尾部特征，并且尾部相关系数为 0（李霞，2014）。

定义 6-23 设有 m 维随机向量 $\boldsymbol{X}=(X_1,X_2,\cdots,X_m)$，则其自由度为 k 的 t-Copula 函数可以表示为

$$C(u_1,u_2,\cdots,u_m;\boldsymbol{\rho},k)=T_{\boldsymbol{\rho},k}\left(T_k^{-1}(u_1),T_k^{-1}(u_2),\cdots,T_k^{-1}(u_m)\right),$$

其概率密度函数可以表示为

$$C(u_1,u_2,\cdots,u_m;\boldsymbol{\rho},k)=|\boldsymbol{\rho}|^{-\frac{1}{2}}\frac{\Gamma\left[\frac{(k+m)}{2}\right]}{\Gamma\left(\frac{k}{2}\right)}\left\{\frac{\Gamma\left(\frac{k}{2}\right)}{\Gamma\left[\frac{(k+1)}{2}\right]}\right\}^m \frac{\left(1+\frac{1}{k}\boldsymbol{\zeta}^{\mathrm{T}}\boldsymbol{\rho}^{-1}\boldsymbol{\zeta}\right)^{-\frac{k+m}{2}}}{\prod_{j=1}^{m}\left(1+\frac{\zeta_j^2}{k}\right)^{-\frac{k+1}{2}}},$$

其中，$\boldsymbol{\rho}$ 表示多元正态分布的相关系数矩阵，是一个对角线上元素均为 1 的 m 阶对称正定矩阵，$|\boldsymbol{\rho}|$ 表示矩阵 $\boldsymbol{\rho}$ 的行列式；$T_{\boldsymbol{\rho},k}$ 表示相关系数矩阵为 $\boldsymbol{\rho}$，自由度为 k 的标准多元 t 分布函数；T_k^{-1} 表示自由度为 k 的一元 t 分布函数的 T_k 的反函数；$\boldsymbol{\zeta}^{\mathrm{T}}=(\zeta_1,\zeta_2,\cdots,\zeta_m)=\left[T_k^{-1}(u_1),T_k^{-1}(u_2),\cdots,T_k^{-1}(u_m)\right]$。

由上述定义可知，t-Copula 函数的统计特征主要由其相关系数矩阵和自由度决定。t-Copula 函数也具有对称的尾部特征，但相较于正态 Copula 函数，t-Copula 函数的尾部更厚，这表明 t-Copula 函数对变量尾部的变化更为灵敏。

阿基米德分布族是另一类常见的 Copula 函数。

定义 6-24 若有

$$C(u_1,u_2,\cdots,u_m)=\begin{cases}\varphi^{-1}\left(\varphi(u_1),\varphi(u_2),\cdots,\varphi(u_m)\right), & \sum_{i=1}^{m}\varphi(u_i)\leqslant\varphi(0)\\ 0, & \text{其他}\end{cases},$$

其中，$\varphi(u)$ 表示阿基米德 Copula 函数的生成函数，是定义在 $[0,1]$ 的凸减函数，$\varphi^{-1}(u)$ 是 $\varphi(u)$ 的反函数。

根据生成函数 $\varphi(u)$ 形式的不同，阿基米德 Copula 函数也有不同的种类，下面将介绍三类常用的阿基米德 Copula 函数。

定义 6-25　二维 Gumbel Copula 函数的表达式为

$$C(u,v) = \exp\left(-\left[(-\ln u)^\alpha + (-\ln v)^\alpha\right]^{\frac{1}{\alpha}}\right),$$

其中，α 表示参数，并且 $\alpha \in (1,+\infty)$。Gumbel Copula 函数的分布不具有对称性，其上尾分布较厚，下尾分布较薄，概率密度函数图形呈现出"丁"字形，在金融领域常常被用来刻画上尾相关、下尾渐进独立的随机变量之间的关系。

定义 6-26　二维 Clayton Copula 函数的表达式为

$$C(u,v) = \max\left(\left(u^{-\theta} + v^{-\theta} - 1\right), 0\right)^{-\frac{1}{\theta}},$$

其中，θ 表示参数，并且 $\theta \in ((-1,0) \cup (0,+\infty))$。

Clayton Copula 函数的分布也不具有对称性，其上尾分布较薄，下尾分布较厚，概率密度函数图形呈现出"L"形，因此其常常被用来刻画下尾相关、上尾渐进独立的随机变量之间的关系。

定义 6-27　二维 Frank Copula 函数的表达式为

$$C(u,v) = -\frac{1}{\lambda}\ln\left(1 + \frac{\left(e^{-\lambda u} - 1\right)\left(e^{-\lambda v} - 1\right)}{e^{-\lambda} - 1}\right),$$

其中，λ 表示参数，并且 $\lambda \in (-\infty,0) \cup (0,+\infty)$。

Frank Copula 函数是阿基米德 Copula 族中唯一的对称 Copula 函数，其上尾和下尾相关系数均为 0，因此可以被用来描述具有对称尾部特征并且在分布尾部是渐进独立的金融数据间的关系。

6.4.4　基于 Copula 函数的投资组合与 VaR 风险度量

在金融市场中，投资者为规避投资风险通常会采用多样化的投资策略，相关研究也表明，相关性较小的资产组合的投资风险也更小。以往的风险计量模型通常假设风险因子的联合分布服从正态分布，这忽视了一些极端情况，往往会低估风险，而如果仅采用极值理论度量金融风险，又往往会高估风险。

Copula 函数被运用到投资组合的分析中，不但能够描述资产之间非线性、非对称的相关关系，还能够发掘资产之间相关结构的变化，尤其是尾部相关结构的变化。并且，VaR 这一风险度量指标也在金融领域得到了广泛的应用，通过边际分布和 Copula 函数能够得到资产组合的联合分布，进而求得投资组合的 VaR，进行风险度量。

在使用 Copula 模型计算投资组合的 VaR 时，因 VaR 的解析式一般不易求得，所以学界常常利用蒙特卡罗仿真计算 VaR（韦艳华和张世英，2008）。蒙特卡罗仿真是利用历史数据模拟未来，其首先根据历史数据得到市场因子或资产收益未来的概率分布的参数，如均值和方差；其次再利用随机模拟生成未来资产收益可能的情景集；最后根据置信度求得 VaR。

下面给出 X、Y 两个资产组合的 VaR 计算步骤。

（1）选择一个能够较好地描述资产收益率的边际分布和相关结构的 Copula 模型。

（2）根据给出的资产 X、Y 的收益的历史数据估计 Copula 模型的参数，确定各资产收益的分布函数 F 和 G，以及描述资产之间相关结构的 Copula 函数 $C(u,v)$，其中 $u = F(R_X)$，$v = G(R_Y)$，R_X 和 R_Y 分别为资产 X 和 Y 的收益。

（3）生成两个独立且服从 $(0,1)$ 均匀分布的随机数 u 和 w，由于 $C_u(v) = \dfrac{\partial C(u,v)}{\partial u}$ 服从 $(0,1)$ 均匀分布，令 $C_u(v) = w$，则由 $C_u(v)$ 的逆函数可以计算得到一个伪随机数 $v = C_u^{-1}(w)$。

（4）根据分布函数 F 和 G 计算资产收益率 R_X 和 R_Y，即 $R_X = F^{-1}(u)$，$R_Y = G^{-1}(v)$。

（5）根据资产 X 在资产组合中的权重 η，计算投资组合收益 $Z = \eta R_X + (1-\eta) R_Y$，得到投资组合未来收益的一种情况。

（6）将步骤（3）～（5）重复 n 次，得到 n 种不同的投资组合未来收益，进而得到其经验分布。由 $P(Z < -\text{VaR}_\alpha) = \alpha$ 求出在 $1-\alpha$ 置信水平下投资组合的 VaR。

多个资产（两个以上）的投资组合 VaR 的计算同样可以使用蒙特卡罗仿真技术，具体的仿真过程如下。

（1）生成包含 k 个独立且服从 $(0,1)$ 均匀分布的变量的随机数向量 $(v_1, v_2, \cdots, v_k)$。

（2）由以下递归式生成服从指定 k 元 Copula 函数的随机数向量 $(u_1, u_2, \cdots, u_k)$。

$$u_n = C^{-1}_{(u_1, u_2, \cdots, u_{n-1})}(v_n), \quad n = 1, 2, \cdots, k,$$

其中，$C_{(u_1, u_2, \cdots, u_{n-1})}(u_n) = P(U_n \leq u_n \mid (U_1, U_2, \cdots, U_{n-1}) = (u_1, u_2, \cdots, u_{n-1}))$

$$= \frac{\partial^{n-1}_{(u_1, u_2, \cdots, u_{n-1})} C(u_1, u_2, \cdots, u_n, 1, \cdots, 1)}{\partial^{n-1}_{(u_1, u_2, \cdots, u_{n-1})} C(u_1, u_2, \cdots, u_{n-1}, 1, \cdots, 1)},$$

其中，$\partial^n_{(u_1, u_2, \cdots, u_n)} C(\cdots) = \dfrac{\partial^n C(\cdots)}{\partial u_1 \partial u_2 \cdots \partial u_n}$。

部分 Copula 函数的相应函数 $C^{-1}_{(u_1, u_2, \cdots, u_{n-1})}(v_n)$ 的解析式可能很难求出，此时可以利用一些特殊的数值分析方法来求出 u_n 的数值（韦艳华和张世英，2008）。

（3）通过计算得到资产收益 R_n 的仿真值：$R_n = F_n^{-1}(u_n)$。

（4）在已知资产 Y_n 在投资组合中的权重 β_n 的情况下，能够进一步计算出投资组合的收益 Z，$Z = \sum\limits_{n=1}^{k} \beta_n R_n$，其中，$\sum\limits_{n=1}^{k} \beta_n = 1$。

（5）将上述步骤重复 m 次，从而得到多个资产投资组合未来收益的 m 种情形，给定

置信水平 $1-\alpha$，由 $P(Z<-\text{VaR}_\alpha)=\alpha$ 能够求得在 $1-\alpha$ 置信水平下投资组合的 VaR。

由上述过程可知，利用蒙特卡罗仿真计算两个资产和多个资产投资组合的 VaR 的主要区别为 Copula 函数仿真技术的差异。

6.5 复杂金融风险的度量

6.5.1 SRISK、SES 和 MES

Brownlees 等在 2017 年的研究中提出了系统性风险指数（SRISK）的概念，这是一个衡量金融系统性风险的有效工具。SRISK 的核心思想是在市场不利条件下，评估单个金融机构所面临的预期资本短缺。具体而言，SRISK 通过考查金融机构相对于整个金融系统资本短缺的程度，来确定该机构的系统重要性。如果一家金融机构面临资本短缺，它可能会通过筹集新资本、被其他机构收购或进行有序破产来解决问题，从而不再提供金融服务。

当经济状况良好时，单个金融机构的资本短缺通常不会对整个金融系统构成重大威胁，因为这些问题可以通过市场机制得到解决。然而，当整个金融系统出现资本短缺时，那些面临潜在巨大资本短缺的金融机构就会成为系统性风险的主要来源。在这种情况下，单个金融机构的风险无法通过市场机制得到有效化解，而是可能引发连锁反应，导致整个金融系统的不稳定。

因此，SRISK 不仅关注金融机构个体的资本状况，而且还考虑了其在系统层面上的风险贡献。通过计算金融机构在极端市场条件下的预期资本短缺，SRISK 能够为监管机构提供关于金融机构系统重要性的量化指标，从而有助于识别和防范可能对金融系统稳定性构成威胁的机构。这种方法特别适用于在宏观经济条件紧张时期，对金融系统脆弱性的评估和监管决策的制定。

定义 6-28 金融机构 i 在 t 期的资本缺口可以表示为

$$\text{CS}_{i,t}=kA_{i,t}-W_{i,t}=k(D_{i,t}+W_{i,t})-W_{i,t},$$

其中，$W_{i,t}$ 表示权益的市场价值；$D_{i,t}$ 表示负债的账面价值；$A_{i,t}$ 表示资产的价值；k 表示审慎权益资产比率。若 $\text{CS}_{i,t}$ 为负值，表示金融机构资本有盈余，说明金融机构运营正常；若 $\text{CS}_{i,t}$ 为正值，则表明金融机构面临资本不足的问题。

定义 6-29 发生系统性金融危机时，单个金融机构的预期资本缺口即为 SRISK。金融机构 i 在 t 期的 SRISK 可以表示为

$$\begin{aligned}\text{SRISK}_{i,t}&=E_t\left(\text{CS}_{i,t+h}|R_{m,t+1:t+h}<C\right)\\&=kE_t\left(D_{i,t+h}|R_{m,t+1:t+h}<C\right)-(1-k)E_t(W_{i,t+h}|R_{m,t+1:t+h}<C),\end{aligned}$$

其中，$R_{m,t+1:t+h}$ 表示 $t+1$ 期到 $t+h$ 期的市场多期算术收益率。假定未来 h 期内，金融机构 i 负债的账面价值保持不变，即 $E_t\left(D_{i,t+h}|R_{m,t+1:t+h}<C\right)=D_{i,t}$。则有

$$\text{SRISK}_{i,t} = kD_{i,t} - (1-k)W_{i,t}(1-\text{LRMES}_{i,t})$$
$$= W_{i,t}\left[k\text{LVG}_{i,t} + (1-k)\text{LRMES}_{i,t} - 1\right],$$

其中，$\text{LVG}_{i,t}$ 表示准杠杆率 $(D_{i,t} + W_{i,t})/W_{i,t}$；$\text{LRMES}_{i,t}$ 表示在给定市场整体下跌至某一阈值 C 以下时，t 到 $t+h$ 时间内市场的多期算术收益率的期望，其定义为

$$\text{LRMES}_{i,t} = -E_t(R_{i,t+1:t+h}\mid R_{m,t+1:t+h} < C).$$

由 SRISK 的定义可知，SRISK 与金融机构的规模、杠杆率和 LRMES 紧密相关。一般来说，机构规模越大，其 SRISK 越高；杠杆率越高的机构对市场波动越敏感，因此需要更多的资本作为缓冲。同时，LRMES 值越高的机构，在金融系统性风险中的影响力也越大。SRISK 的计算方法与压力测试相似，但由于数据获取更为容易，SRISK 可以作为压力测试的一个实用补充或替代手段。

根据 h 的长短，系统性金融危机可分为短期系统性金融危机和长期系统性金融危机两种。如果市场指数在 1 天内下降 2%，金融系统面临短期系统性危机，此时单个机构的股票跌幅被称为其短期边际预期亏损；如果市场指数在未来 6 个月内下降 40%，金融系统面临长期系统性危机，此时单个机构的股票跌幅被称为其长期边际预期亏损。

$\text{SRISK}_{i,t}$ 度量的是极端市场压力下处于财务困境的金融机构对系统性风险的贡献。金融系统总的系统性风险可以用下式度量：

$$\text{SRISK}_t = \sum_{i=1}^{N}(\text{SRISK}_{i,t})_+,$$

其中，$(\text{SRISK}_{i,t})_+$ 表示 $\max(\text{SRISK}_{i,t},0)$。累积 SRISK_t 值代表了在系统性金融危机发生时，政府可能需要向金融系统注入的总的救助资金。在上式中，没有考虑资本盈余的情况，即负的资本短缺。这是因为在危机时期，个别金融机构的资本盈余不太可能通过并购或贷款的方式帮助那些即将破产的公司，因此这些盈余资本对缓解整个金融系统的资本短缺问题作用有限，故未被纳入计算。

VaR 是指金融机构在 $1-\alpha$ 的置信水平下可能承受的最大损失，ES 是指在损失超过 VaR 的情况下，金融机构的平均损失。据此给出以下定义。

定义 6-30 金融系统的 ES 可以定义为

$$\text{ES}_{m,t} = -E(R_{i,t}\mid R_{m,t}\leqslant -\text{VaR}_\alpha) = -\sum_{i=1}^{N}w_{i,t}E_{t-1}(R_{i,t}\mid R_{m,t} < -\text{VaR}_\alpha), \quad (6\text{-}5\text{-}1)$$

其中，$w_{i,t}$ 表示金融系统中机构 i 在时刻 t 的权重；$R_{m,t}$ 表示系统在时刻 t 的总收益；$R_{i,t}$ 表示机构 i 在时刻 t 的收益；VaR_α 表示金融机构在 $1-\alpha$ 的置信水平下损失的最大值；$\text{ES}_{m,t}$ 表示损失超过其 VaR_α 的损失的平均值。据此，可以通过以下表达式定义边际预期亏损（marginal expected shortfall，MES）。

定义 6-31 MES 表示个别金融机构的风险对整个金融系统的 ES 的贡献，可以定义为

$$\text{MES}_{i,t} = \frac{\partial \text{ES}_{m,t}}{\partial \omega_{i,t}} = -E_{t-1}(R_{i,t}\mid R_{m,t} < -\text{VaR}_\alpha),$$

其中，$\text{MES}_{i,t}$ 表示机构 i 的风险对整个系统的影响，也就是说，机构 i 在时刻 t 对系统风险的贡献是 $\text{MES}_{i,t}$。

下面，本文结合 DCC（dynamic conditional correlation，动态条件相关系数）-GARCH 模型，给出 MES 的一种估计方法。首先，构建一个双变量过程，包括市场和特定金融机构的收益率：

$$R_t^m = \sigma_t^m \varepsilon_t^m, R_t^i = \sigma_t^i \rho_t^i \varepsilon_t^m + \sigma_t^i \left(\sqrt{1-\left(\rho_t^i\right)^2} \xi_t^i \right),$$

其中，σ_t^m 和 σ_t^i 分别表示市场和机构收益的条件标准差；ρ_t^i 表示市场和机构收益的条件相关性；ε_t^m 和 ξ_t^i 表示相互独立的随机项，均值为 0，方差为 1。

利用上述参数模型，可计算得到 MES：

$$\text{MES}_t^i = \sigma_t^i \rho_t^i E_{t-1}\left(\varepsilon_t^m | \varepsilon_t^m < \frac{C}{\sigma_t^m} \right) + \sigma_t^i \sqrt{1-\left(\rho_t^i\right)^2} E_{t-1}\left(\xi_t^i | \varepsilon_t^m < \frac{C}{\sigma_t^m} \right)$$

$$= \beta_t^i E_{t-1}(r_t^m | r_t^m < C) + \sigma_t^i \sqrt{1-\left(\rho_t^i\right)^2} E_{t-1}\left(\xi_t^i | \varepsilon_t^m < \frac{C}{\sigma_t^m} \right),$$

其中，$\beta_t^i = \rho_t^i \dfrac{\sigma_t^i}{\sigma_t^m}$；$C = -\text{VaR}_\alpha$。

使用非参数方法估计上式中的尾部期望：

$$\hat{E}_{t-1}\left(\varepsilon_t^m | \varepsilon_t^m < \kappa \right) = \frac{\sum_{t=1}^T K\left(\dfrac{\kappa - \varepsilon_t^m}{h} \right) \varepsilon_t^m}{\sum_{t=1}^T K\left(\dfrac{\kappa - \varepsilon_t^m}{h} \right)}, \quad \hat{E}_{t-1}\left(\xi_t^i | \varepsilon_t^m < \kappa \right) = \frac{\sum_{t=1}^T K\left(\dfrac{\kappa - \varepsilon_t^m}{h} \right) \xi_t^i}{\sum_{t=1}^T K\left(\dfrac{\kappa - \varepsilon_t^m}{h} \right)},$$

其中，$\kappa = \text{VaR}_t^m / \sigma_t^m$；$K(x) = \int_{-\infty}^x \kappa(u)\mathrm{d}u$，$K(\cdot)$ 表示核函数；h 表示带宽。

使用 GJR（Glostem-Jagannathan-Runkle，格洛斯滕–贾加纳坦–朗克尔）-GARCH 模型估计 R_t^i 和 R_t^m：

$$\sigma_t^m = \left(w_{m,G} + \alpha_{m,G}\left(r_{t-1}^m\right)^2 + \gamma_{m,G}\left(r_{t-1}^m\right)^2 I_{(t-1)}^m + \beta_{m,G}\left(\sigma_{t-1}^m\right)^2 \right)^{0.5},$$

$$\sigma_t^i = \left(w_{i,G} + \alpha_{i,G}\left(r_{t-1}^i\right)^2 + \gamma_{i,G}\left(r_{t-1}^i\right)^2 I_{t-1}^i + \beta_{i,G}\left(\sigma_{t-1}^i\right)^2 \right)^{0.5},$$

其中，$I_t^n = \begin{cases} 1, r_t^n < 0 \\ 0, r_t^n \geq 0 \end{cases}$，$n = i, m$。最后，使用 DCC 模型估计条件相关性系数 ρ_t^i，金融机构和市场的条件协方差矩阵可表示为

$$\boldsymbol{H}_t = \boldsymbol{D}_t \boldsymbol{P}_t \boldsymbol{D}_t = \begin{pmatrix} \sigma_t^i & 0 \\ 0 & \sigma_t^m \end{pmatrix} \begin{pmatrix} 1 & \rho_t^i \\ \rho_t^i & 1 \end{pmatrix} \begin{pmatrix} \sigma_t^i & 0 \\ 0 & \sigma_t^m \end{pmatrix}.$$

基于上述估计过程，可以推导出任意机构 i 在任意时刻 t 的 MES_t^i。

下面介绍另一个重要的金融系统性风险的度量指标——系统预期缺口（systemic expected short fall, SES）。SES 主要指当市场存在系统性风险时金融机构的边际风险贡献，由金融机构的 MES 和杠杆率组成（Acharya et al., 2017）。

定义 6-32　SES 主要是指当市场存在系统性风险时金融机构的边际风险贡献，其满足以下表达式：

$$\frac{\text{SES}^i}{w_0^i} = \frac{za^i}{w_0^i} - 1 - E\left(\frac{w_1^i}{w_0^i} - 1 \middle| W_1 < zA\right),$$

其中，a^i 表示银行 i 的总资产；w_0^i 表示银行 i 股权资本；w_1^i 表示时期为 1 时银行 i 的股权资本；A 表示金融系统总资产；W_1 表示人均银行存款总额。

第一部分 $\frac{za^i}{w_0^i} - 1$ 衡量杠杆 $\frac{a^i}{w_0^i}$ 在初始时期是否过高，当银行总资本低于 z 倍的资产时，就会发生系统性危机，正常情况下 z 乘杠杆应当小于 1，因此，当 $\frac{za^i}{w_0^i} - 1$ 大于 0 时，意味着银行在初始时期资本不足，即资本 a^i 相较于资产 w_0^i 较低；第二部分是在危机发生条件下的预期股本回报率。因此，这两部分决定了银行在危机中是否会出现资本金不足以及资本金不足的程度（Acharya et al., 2017）。

SES 可用下式进行度量：

$$\text{SES}_t^i = \frac{60}{1.4}\text{MES}_{5\%} + 6\%\text{LVG}_t^i - 1,$$

其中，$\text{MES}_{5\%}$ 表示单个金融机构在市场处于表现最差的 5% 的情形下对系统性风险的边际贡献程度。其主要研究金融系统出现危机时，每个金融机构收益率的表现情况，满足可加性。LVG 为杠杆率，计算时采用如下公式近似：

$$\text{LVG} = \frac{\text{账面资产} - \text{账面权益} + \text{市值权益}}{\text{权益市场价值}},$$

此外，根据巴塞尔一级资本要求，金融机构应将 z 设置为 6%。

6.5.2　CoVaR 和 CoES

VaR 一般被称为风险价值或在险价值，是指在特定的持有期和置信水平下，利率、汇率或价格等风险因素发生不利变化时，对某一金融资产或证券组合造成的最大的可能损失。之后有学者在 VaR 模型的基础上提出了一种用于度量金融机构的系统性风险的方法——CoVaR 方法。"Co"表示条件性、传染性和联动性，因此 CoVaR 被称为条件风险价值。相较于传统的模型，CoVaR 能够反映某个金融机构对整体金融系统的风险溢出效应。ΔCoVaR 能够度量单个金融机构对整个金融系统的边际风险贡献程度。

定义 6-33　设金融系统的收益为 R^{system}，金融机构 i 的收益为 R_i，则金融系统的条

件风险价值 $\text{CoVaR}_q^{\text{system}|i}$ 为机构 i 的损失达到其 VaR 时系统收益的条件概率分布的 q 分位数，其定义式为

$$P\left(R^{\text{system}} \leqslant \text{CoVaR}_q^{\text{system}|i} | R^i = \text{VaR}_q^i\right) = q. \tag{6-5-2}$$

金融系统的 $\text{CoVaR}_q^{\text{system}|i}$ 的实质是当机构 i 处于困境时，金融系统在 q 的置信水平下的最大损失。$\text{CoVaR}_q^{\text{system}|i}$ 既包含受金融机构 i 影响的部分，也包含金融系统自身无条件的风险价值，不能准确表示出金融机构 i 对金融系统总体的风险溢出程度。因此，本章引入 ΔCoVaR 来剔除无条件风险价值。

定义 6-34 ΔCoVaR 为相较于基准状态下，金融机构 i 陷入困境对金融系统多贡献的损失，一般而言，基准状态为金融机构 i 的 50% 置信水平下的 VaR。据此可以给出如下定义式：

$$\Delta\text{CoVaR}_q^{\text{system}|i} = \text{CoVaR}_q^{\text{system}|R^i=\text{VaR}_q^i} - \text{CoVaR}_q^{\text{system}|R^i=\text{VaR}_{50\%}^i}. \tag{6-5-3}$$

由定义可知，ΔCoVaR 是 CoVaR 剔除无条件风险价值后的剩余部分。并且，由于 $\text{CoVaR}_q^{\text{system}|R^i=\text{VaR}_{50\%}^i}$ 度量金融机构 i 处于基准状态，即无风险的平均水平时，金融系统在 q 的置信水平下的最大损失，因此 $\text{CoVaR}_q^{\text{system}|R^i=\text{VaR}_{50\%}^i}$ 等同于金融系统的无条件风险价值 $\text{VaR}_q^{\text{system}|i}$，因此式（6-5-3）等价于：

$$\Delta\text{CoVaR}_q^{\text{system}|i} = \text{CoVaR}_q^{\text{system}|R^i=\text{VaR}_q^i} - \text{VaR}_q^{\text{system}|i}. \tag{6-5-4}$$

ΔCoVaR 的度量方法有很多，分位数回归是最常用的方法之一，假定金融系统收益 R_t^s 对金融机构 i 收益 R_t^i 的 q 分位数回归式如下所示：

$$\hat{R}_q^{\text{system}|R^i} = \hat{\alpha}_q^i + \hat{\beta}_q^i R^i, \tag{6-5-5}$$

其中，$\hat{R}_q^{\text{system}|R^i}$ 表示在金融机构 i 的损失达到 R^i 的条件下，金融系统损失的 q 分位数估计值。由 CoVaR 的定义，可以进一步得到

$$\text{CoVaR}_q^{\text{system}|R^i} = \hat{R}_q^{\text{system}|R^i},$$

再将 $R^i = \text{VaR}_q^i$ 代入式（6-5-5），便可以得到金融机构 i 的 CoVaR_q^i：

$$\text{CoVaR}_q^i = \text{VaR}_q^{\text{system}|R^i=\text{VaR}_q^i} = \hat{\alpha}_q^i + \hat{\beta}_q^i \text{VaR}_q^i,$$

进而可以计算得到金融机构 i 的系统性风险贡献度 ΔCoVaR_q^i：

$$\Delta\text{CoVaR}_q^i = \text{CoVaR}_q^i - \text{CoVaR}_q^{\text{system}|\text{VaR}_{50\%}^i} = \hat{\beta}_q^i \left(\text{VaR}_q^i - \text{VaR}_{50\%}^i\right),$$

其中，VaR_q^i 和 $\text{VaR}_{50\%}^i$ 分别表示金融机构 i 损失的 q 分位数和中位数。

CoVaR 模型只能表示在正常损失情形下某个金融机构的风险溢出效应，但没有考虑置信区间外个体损失的情况，无法表示极端损失情形下某金融机构的巨额亏损对金融系统的风险传染程度。在此基础之上，有学者提出采用 CoES 方法来研究极端风险的溢出

效应，有效地弥补了 CoVaR 模型的缺点。

定义 6-35 金融机构 i 在处于非正常的极端情况下，对整个金融系统造成的预期亏损 ES 可以表示为

$$\text{CoES}_q^{\text{system}|C(R^i)} = E\left(R^{\text{system}} \leqslant \text{CoVaR}_q^{\text{system}|C(R^i)} | C(R^i)\right),$$

上式测度的是金融机构 i 处于 $C(R^i)$ 状态时，金融系统收益率小于 CoVaR 时的平均预期亏损。

定义 6-36 金融机构对整个金融系统的风险溢出效应可以表示为

$$\Delta\text{CoES}_q^{\text{system}|i} = \text{CoES}_q^{\text{system}|R^i=\text{VaR}_q^i} - \text{CoES}_q^{\text{system}|R^i=\text{VaR}_{50\%}^i},$$

上式为极端条件与平均条件下两个 CoES 值的差值。与 CoVaR 类似，CoES 同样可以采用分位数回归法进行测度。

CoES 方法是 CoVaR 方法的有益补充，后者测度在正常损失情况下，某个金融机构的系统性风险贡献度，前者测度某个金融机构在遭遇极端损失事件时的溢出效应，二者的结合才能够较为全面地度量股票市场中各个行业的系统性风险以及单个行业风险的溢出效应。

第 7 章 信用风险度量与管理

7.1 信用风险的概述

信用风险主要来自信用活动的不确定性。随着信用交易规模的扩大，信用风险也会随之增加。信用风险是各类企业尤其是金融机构，面临流动性危机的主要根源，也是引发区域性甚至全球性金融危机的关键因素之一。

此外，随着全球金融环境的不断变化，如由次贷危机引发的信用危机（2007～2009年）导致全球实体经济迅速下滑，欧洲国家的主权债务面临破产威胁，使信用风险不再局限于单个国家，而可能扩散到整个地区甚至全球范围，形成全球性信用危机。由此凸显了构建信用风险管理模式的重要性。

金融机构的信用风险管理涉及一系列的任务。首先，为了满足监管要求和经济资本的需求，同时管理资产负债表上的信贷风险，金融机构需要确定持有多少资本可以吸收信用风险带来的损失。这就需要金融机构开发多样化的信用风险工具，并根据风险回报优化信用风险工具的投资组合。其次，金融机构还须有效管理其信用衍生品投资组合，包括对衍生品的定价、风险对冲、抵押品管理等。最后，金融机构还要应对在与其他机构交易过程中交易对手可能出现的信用风险。

考虑这些问题，本章将信用风险的阐述分为五节。在 7.1 节，介绍了信用风险的基本概念以及最常见的信用风险工具；在 7.2 节和 7.3 节，分别介绍了传统信用风险度量及现代信用风险度量，讨论了各种信用质量评估方法；在 7.4 节，为突出本教材特点，特别阐述了基于 FinTech 的信用风险分析，讨论在 FinTech 背景下的金融机构信用风险模型构建；在 7.5 节，探讨了信用风险管理，并介绍了两种常见的信用风险控制策略。

7.1.1 信用风险的概念

信用风险通常指交易对手未能履行合同义务，或信用评级下降，导致金融工具价值下降，从而给债权人或金融工具持有者带来损失的风险。信用风险是商业银行面临的主要风险，这种风险不仅存在于传统的借贷业务中，也存在于担保、承兑和证券投资等表内、表外业务中。商业银行若未能及时识别业务中的潜在信用风险，增加呆账准备金，并适时终止交易，将面临严重后果。

信用风险主要由宏观经济因素和公司自身的微观因素造成。首先，与经济运行周期即社会经济的宏观因素有关。在经济扩张时期，企业经营状况良好，违约率低，金融机构如商业银行放宽贷款条件，从而降低信用风险。但是当经济紧缩时，社会总体盈利状况降低，借款者、证券发行人和交易对手等因各种原因不能及时足额还款的可能性增加，导致信用风险增加。其次，与公司自身经营过程中的特殊情况，即社会经济的微观因素有关。例如，产品的质量诉讼。举一具体事例来说，当人们知道石棉对人类健康有影响的事实后，相关的产品责任诉讼导致了在石棉行业中处于领头羊地位的 Johns Manville（约翰曼菲）公司破产，无法偿还债务。

从来源上看，信用风险可以分为交易对手风险和发行人风险两种类型。前者主要存在于商业银行的借贷业务和金融衍生品交易过程中，后者主要与债券相联系。

从组成结构来看，信用风险可以分为信用价差风险和信用违约风险。其中信用价差风险是指由于信用评级变动而引起的信用价差的变化所带来的风险；信用违约风险是指债务人到期无法偿还债务，导致债权人蒙受损失的风险。

从发生的层次来看，信用风险可以分为三个层次：第一是交易层次，与单笔交易有关；第二是交易对手或发行人层次，与一个交易对手或发行人的全部交易有关；第三是资产组合层次，与市场全体和全部交易对手或发行人的全部交易有关。与大多数市场风险不同，信用风险的损益特性类似于期权的空头头寸，这导致其分布严重偏左，出现大额损失的概率高于正态分布。在最好的情况下，交易对手支付的金额没有任何损失，在最差的情况下，所有应收回金额可能会全部损失。

7.1.2 信用风险工具

本书将从最为常见的贷款和债券出发，介绍各类信用风险工具及其所涵盖的范围，讨论在场外交易情况下交易对手的信用风险，并描述在金融创新背景下出现的信用风险衍生品。在下文中，为了方便讲述，本书将贷款者、债券发行人、有还款义务的贸易伙伴等统称为债务人。将与其相对的另一方，即在合约规定期限内将收到一定金额的一方称为债权人。

1）贷款

贷款是最古老的信用工具，随着现代科学技术和金融创新的发展，贷款的形式也层出不穷。根据债务人的不同类别，主要可以分为零售贷款（对个人和中小企业）、企业贷款（对大公司）、银行间同业贷款和主权贷款（对政府）。每个类别又可以细分成很多个不同的贷款产品。例如，持有银行承兑汇票的企业，在其发生经营周转困难时，可以向银行申请票据贴现，以补充流动性。

大多数贷款的共同特点是，债权人在合约规定的特定期限内将本金提前支付给债务人，债务人在一定时间内按照固定或浮动利率支付利息给债权人，作为债权人将这笔钱借出去的信用风险补偿。同时在合约到期时，债务人需要将本金归还给债权人。

在众多贷款中，能够准确地区分担保贷款和无担保贷款是非常必要的。如果一个贷款是有担保的，则债务人需要将其一项资产作为贷款的抵押品。最典型的例子是住房抵押贷款，抵押品是房产。如果债务人无法履行支付利息或偿还本金的义务，这种情况被视为违约，债权人有权获得该房产。通过这种方式，债务人违约时的损失可以部分得到补偿，债权人可以通过出售资产回收资金。反之，在无担保贷款中，债权人将无法获得该项房产的所有权，仅能收回敞口（即未偿还本金及利息支付的价值）中的一小部分。

与在公开市场上交易的债券不同，贷款是一种债务人和债权人之间的私人协议。因此，贷款的形式多样，且具有不同的法律特征。这使贷款很难以公允价值进行估值。通常使用账面价值对贷款进行估值。

2）债券

债券是公司和政府为了筹集资金，在金融市场上公开发行的有价证券。由公司或企业发行的债券为公司债，由政府发行的债券为国债、主权债，在英国也将其称为金边公债。

债券的到期收益结构与贷款的结构十分相似。债务人承诺向债券买方（贷方）支付一系列利息，并在固定的到期日偿还本金。利率或息票可能在债券发行时已固定（即固定利率债券）。此外，还有一些债券的利率会随市场变化而调整（即浮动利率债券），浮动利率通常以 LIBOR（London interbank offered rate，伦敦同业拆出利息率）为参照，进行上下浮动。还有一种可转债，该种债券允许购买者在事先规定的时间将债券转换为公司发行的股份。由于投资者有机会选择参与公司价值的未来增长，这些债券的利率通常低于传统的公司债券。

债权人会面临一系列的风险，主要包括利率风险、利差风险和违约风险。对于债券而言，其违约风险由承诺的利息及本金到期无法偿还构成。从历史上看，由发达国家发行的政府债券通常被认为是无风险的。但是在 2010~2012 年欧洲债务危机之后，这一说法是否正确被打上了问号。

债权人面临多种市场风险，其中包括利差风险和利率风险。利差风险是指因信用利差变化带来的风险。信用利差是指违约风险债券的收益率与同级别无风险债券收益率之间的差异。当信用利差增加时，通常意味着金融市场认为债券的违约风险上升，导致债券价值下降。此外，利率风险是另一种关键风险，指市场利率变化对债券价格的影响。总体而言，利差增加和市场利率上升都会导致债券价值的下降，因此了解和管理这两种风险对债权人至关重要。

3）交易对手风险影响的衍生品合约

有相当一部分的衍生品交易都是场外交易，即没有一个有组织的交易所类型的中央清算主体来确保交易双方都能够履行合约义务。因而这些交易也容易受到交易过程中一个缔约方违约的影响，从而影响另一方实际收到的现金流。这种风险被称为交易对手信用风险，自从 2007~2009 年全球金融危机之后便受到了广泛关注。如今，交易对手信用风险管理是所有金融机构以及许多新兴监管部门的关注重点。

为了更好地阐述在衡量和管理对手信用风险过程中的挑战，下文将举一个利率互换的例子。在本例中假设合同双方 A 和 B 约定在约定期限内以给定的名义金额交换一系列的利息支付。具体而言，A 收到固定利率的利息，B 收到 3 个月 LIBOR 浮动利率利息。

假定现在 A 在合同到期时间前的 τ_A 时点违约，合约便会在该日结算。违约后果将取决于剩余时间尚未支付利息的价值。如果此时的利率较合同开始时（$t=0$）有所上升，那么接受固定利率支付的一方（A）的合约价值会降低，反之，对于 B 来说，这个利率互换合约会升值。由于 A 无法继续履行合约义务，其违约行为会对 B 造成损失。这一损失的具体大小取决于违约时刻 τ_A 的利率情况。相反，如果利率相比于合同开始时（$t=0$）

有所下降，那么接受固定利率支付的一方（A）的合约价值会上升，这对 B 来说则是不利的影响。

在合约结算时，B 仍不得不将合约的价值支付到破产池中，因此，在 A 默认的情况下，B 将没有上行空间。如果 B 先违约，这一情形将反转，利率的下降会给 A 带来交易对手风险相关的损失。这一简单的例子阐述了两个重要的信息：第一是交易对手的信用风险敞口不是先验的，第二是交易对手甚至不清楚谁会有信用风险敞口。

交易对手信用风险的管理会引发一系列的问题。首先，在定价和估值中必须考虑交易对手信用风险，这会涉及信用价值调整等一系列的概念。其次，需要使用轧差净额结算和抵押等风险缓释工具来控制交易对手信用风险。根据净额结算协议，在 A 和 B 之间的所有衍生品交易的价值都会汇总计算，并且汇总计算的价值仅受交易对手信用风险的影响。由于对冲交易能够相互抵销，因此也可能显著降低交易对手的信用风险。根据抵押协议，A 和 B 双方交换抵押品（现金和有价证券）作为接收方的承诺。抵押品的价值将会动态调整，以反映基础交易价值的变化。

4）信用违约互换和其他信用衍生品

信用衍生品是一种衍生金融工具，它们主要用于对冲和交易信用风险。与目前考虑过的金融产品相比，信用衍生品的收益承诺与特定信用事件相关，这些事件可能影响单个或多个公司。信用衍生品市场主要的参与者包括银行、保险公司和投资基金。零售型银行通常作为信用保护的净买方，以防范信用事件。其他投资者，如对冲基金以及投资银行经常同时扮演信用保护的买方和卖方。

信用违约互换（credit default swap，CDS）是信用衍生品市场的主力军，并且大公司 CDS 市场具有较高的流动性。CDS 的基本结构组成如图 7-1 所示。CDS 是一个买卖双方合约，包括信用保护买方和信用保护卖方。信用保护的买方在合约期限内或是信用事件发生之前定期向信用保护的卖方就某个参照实体（一家金融公司或是发行债券的主权国家）支付一定的费用，以换取信用事件发生后的到期收益。

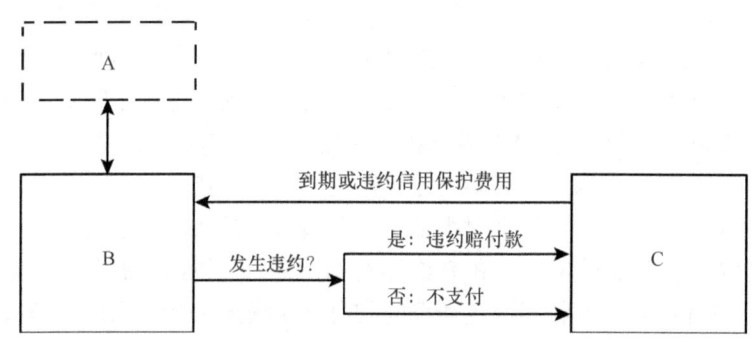

图 7-1　CDS 的基本结构组成

企业 A 是参照实体，企业 C 是信用保护的买方，企业 B 是信用保护的卖方

如果 CDS 的参照实体在合约到期时刻 T 前发生了违约事件，那么信用保护的卖方将要支付给信用保护买方一笔违约金额，这将会最大限度地减小参照实体发行债券（参照标的资产）带来的违约损失。CDS 的这一部分被称为违约赔偿付款支付端。通过这种

方式,信用保护买方可以获得相应的金融保护以应对在违约情况下参照标的资产的违约损失。同时作为补偿,信用保护买方需要定期向信用保护卖方支付一定的保费(通常是每季度或半年一次)。一旦参照标的资产的实体发生了违约事件,保费支付停止。在这种合约中没有首付款,保费通常是参照标的资产名义金额的年化百分比 x^*,x^* 被定义为(公允或市价的)CDS 利差。

在 CDS 的具体要求上存在着许多的技术以及法律问题。例如,合约的买卖双方需要就违约事件的准确定义达成一致,在参照标的实体发生违约事件时,违约损失的认定程序必须得到买卖双方的一致同意。国际掉期与衍生工具协会(International Swaps and Derivatives Association,ISDA)在这方面做出了巨大贡献,这些问题的标准化认可也越来越多。

投资者签订 CDS 合约的原因多种多样。对参照标的实体有大量信用敞口的债券投资者会通过购买 CDS 来保护自己免受债券违约的损失。这种做法比在市场上直接减持债券要容易很多,因为 CDS 市场的流动性通常要优于债券市场,而且 CDS 的头寸能够更快地被交割。

市场中有些投资者也会基于投机目的持有 CDS 合约。比如,所谓的裸 CDS 头寸,这种情况下,投资者通常不持有基础债券,但希望通过信用溢价的扩大进行投机。这些头寸类似于对标的主体债券进行的买空卖空操作。值得注意的是,与保险不同,信用保护买方不需要具备可保利益,也就意味着信用保护买方实际持有参照实体发行的债券。这种持有 CDS 的投机动机至少与持有保险的投机动机同样重要。

CDS 是在场外交易的,并没有清算机构的担保。正因如此,CDS 头寸容易面临相当大的交易对手风险的影响,尤其是在交易抵押品不足的情况下。人们也开始担忧 CDS 市场会在金融机构之间产生一种新型依赖关系。这种关系下,一家具有系统重要性的大公司发生违约后,就可能会因交易对手风险的存在从而导致金融部门之间产生一系列的违约事件。

信用联结票据是将信用衍生品和付息债券组合打包在一起进行销售的债券。如果第三方(参照实体)在合约有效期内发生违约,债券收益(有时也会包括本金)便会减少,这样信用联结票据的购买者便为发行者提供了信用保护。

信用联结票据的发行一般是基于两种原因。第一,从法律的角度来看,信用联结票据可以看作是一种固定收益的投资,因此那些不能直接参与信贷衍生品交易的投资者(如寿险公司)可以通过购买信用联结票据来出售信用保护;第二,投资者在购买信用联结票据时,支付一定的价格以保护买方(即信用联结票据的发行方)免受因保护卖方违约而带来的损失。

7.1.3 违约概率、违约损失和违约风险敞口

不论投资者是否从事贷款业务、购买可违约债券、参与场外衍生品交易还是在 CDS 中作为信用保护的买方,信用损失都离不开三个参数——违约风险敞口(exposure at default,EAD)、违约概率(probability of default,PD)以及违约损失率(loss given default,

LGD）或可以称为违约发生后收回资金的数量。这些参数在巴塞尔协议的 IRB 法（internal ratings based approach，内部评级法）中至关重要，该方法用于计算信用风险资产组合所需的资本。因此，在评估信用风险时，考虑这三个参数非常关键。在本节中将先对信用风险度量涉及的常见概念做简单介绍。

1）违约风险敞口

违约风险敞口也可称作违约风险暴露，是指债务人在合约规定期限内承诺偿还的借款金额。在商业银行的经营业务中，企业的违约风险敞口主要由两部分组成——未清偿贷款（loan outstanding stock，LO）和贷款承诺（loan commitment，LC）。未清偿贷款一般是指允许债务人即将在未来偿还的贷款，如长期贷款、信用卡透支或其他长期应收款项；贷款承诺主要是指债权人承诺在未来提供贷款的义务，包括已使用部分和未使用部分。当借款者面临资金需求紧缺或财务危机时，并不一定会全额履行贷款承诺，因此 LC 与 $\alpha \times LC$（$0 < \alpha \leqslant 1$，α 是贷款提取比例）具有相同的风险暴露。进而银行对某一借款者调整后的违约风险敞口为：$EAD = LO + \alpha \times LC$。

2）违约概率

违约概率是指在合约期限内，借款者不能按合约要求偿还债务或履行相关义务的可能性。违约概率是贷款预期亏损计算、贷款定价及信贷组合管理的基础，因此准确有效地计算违约概率对商业银行的信用风险管理至关重要。

3）违约损失率

违约损失率是指发生违约时债务面值中不可收回部分所占的比例。同时违约回收率（δ）也可用违约损失率表示：$\delta = 1 - LGD$。相关研究表明，违约损失率并不是一个不变的数，它取决于债券的类型、优先级别以及商业周期等。

7.2　传统信用风险度量

信用风险度量的发展主要可以分为以下三个阶段：第一阶段是在 1970 年以前，大多金融机构主要采用专家分析法，即根据专家的主观判断和相关经验进行信用评估，常见的专家分析法主要有 5C 法、5P 法[personal factor（个人因素）、purpose factor（资金用途因素）、payment factor（还款财源因素）、protection factor（债权保障因素）和 perspective factor（企业前景因素）]、5W 法[who（何人）、what（何事）、when（何时）、where（何地）、why（为什么）]、LAPP 法[liquidity（流动性）、activity（活动性）、profitability（盈利性）、potentiality（潜力）]和五级分类法；第二阶段是在 20 世纪 70 年代~80 年代，金融机构主要采取基于财务指标的信用评分方法，如线性概率模型、Probit 模型、Logit 模型、ZETA 信用风险模型与奥尔特曼（Altman）的 Z 评分模型；第三阶段是 20 世纪 90 年代以来，随着基础学科理论的进步和金融水平能力的提高，一些知名的金融机构开始将现代金融理论与数学工具相结合，信用风险的度量从定性化过渡到定量化，逐步形成了以风险价值为基础，违约概率和预期亏损为核心指标的信用风险度量模型，如信用监控模型（KMV 模型）、信用组合观点（credit portfolio view，CPV）模型、CreditMetrics（信用计量）模型、危险率模型及其他信用风险度量模型。

同时，在巴塞尔委员会颁布资本协议提倡建立企业内部评级以后，各大银行均开始建立更加结构化的信用评级系统和更具有前瞻性的信用风险度量模型，不仅要识别当前的风险，更要识别将来的风险，并运用先进的风险管理体系预防和控制这些风险。这些系统不仅用于审批贷款，还用于分析呆账准备金的充足性，以及评估资产组合的安全性、流动性和盈利性。

本节主要介绍传统的信用风险度量模型，包括专家分析法和信用评分法，它们都是运用主观判断和经验进行信用风险度量的方法。

7.2.1 专家分析法

专家分析法，也称专家系统，是一种较早应用于商业银行等金融机构的信用风险度量的方法。专家分析法就是利用专家的经验和知识进行问题求解和决策的方法。在信用风险度量方面，它可以利用专家的判断和经验来评估债务人或机构的信用风险水平，具有较强的主观性和不确定性。

在 1970 年之前，专家分析法主要是根据专家的经验和主观分析进行风险评估，专家通常会对债务人的财务状况、经营情况以及宏观经济环境进行详细分析，并评估借款者的信用状况和品质，以决定是否向其发放贷款以及确定贷款的额度。其基本原理是将领域内的专家知识转化为计算机程序或规则集合，并利用这些规则来进行推理和决策。专家分析法通常由三个主要部分构成——知识库、推理引擎和用户接口。知识库中存储了专家的经验和知识；推理引擎通过应用这些知识来进行推理和决策；而用户接口则用于与用户进行交互。传统的专家分析法主要可以分为 5C 法、5P 法、5W 法、LAPP 法以及五级分类法。以下将介绍最常用的 5C 法。

5C 法中的五个关键因素包括：capital（资本）、character（品质）、capacity（能力）、collateral（抵押品）以及 cycle conditions（周期状况）。商业银行会对借款者进行信用考查，专家根据自身经验以及主观判断分别赋予这五个关键要素不同的权重，经过综合评估后，得到信用评级分值，并得出最终的信用评级结果。商业银行便会根据分值判断借款者信用品质的好坏，以此为依据做出是否借款的决定。下文将以企业信用分析为例详细介绍专家分析法。

1）资本

资本主要是指借款者的资产负债比。对于企业而言，其所有者的出资情况以及杠杆率是商业银行关注的重点，其中杠杆率是衡量一家企业负债风险和偿还能力的重要指标。杠杆率与杠杆倍数成反比，杠杆倍数越大，则企业的破产概率越大。如果商业银行给杠杆倍数较大的企业提供贷款，则商业银行也会相应地提高风险溢价水平。

2）品质

品质可以理解为企业在各方面的声誉，专家在对企业进行品质考查的时候需要注意企业的借款意图，应查明企业的各个借款历史。一般来说，一家企业的存续时间可以在一定程度上反映企业的品质。如果信贷专家发现企业在某方面不够诚实，则商业银行可以拒绝给这家企业提供贷款。

3）能力

能力是指企业的偿债能力，即流动资产与流动负债的比例，通常企业的偿债记录、经验状况可以反映企业的偿债能力，也可以反映借款者收益的易变性。假设两家企业面临相同的本息偿还要求，并且期望收益相等。在这种情况下，如果一家企业的收益存在更大的不确定性，即现金流动性的波动率或标准差更高，那么该企业的偿还能力将更低，违约的可能性也更大。商业银行希望企业能够拥有充足且稳定的现金流，以确保其债务能够按时偿还。相反，如果企业的资金流动性下降或波动率增加，通常被视为企业经营衰退的预兆。例如，对于一些初创企业，其各项指标较为低下，商业银行会增强信用风险预警机制，审慎考虑贷款事项，即使批准贷款，也会相应地提高风险溢价水平。

4）抵押品

抵押品在企业申请贷款过程中扮演着至关重要的角色，因为未提供担保物的贷款很难被批准。在发生违约时，若有担保，商业银行可以行使对企业抵押物的要求权。如果商业银行对企业抵押物的要求权具有更高的优先级，并且该抵押物的市场价值较高，则商业银行贷款的风险敞口将会更小。

信贷人员在提供贷款前必须充分了解企业提供的抵押品的市场价值、使用年限、使用状况以及技术更新等方面的信息，以确保该抵押品具有可售性。

5）周期状况

周期状况也是影响信用风险敞口的重要因素，这里主要是指影响借款者付款能力的经济环境。经济过热导致的通货膨胀、高利率等所引发借款者的投机行为，以及经济衰退导致的企业经营收入下降，都会对贷款的价值造成影响。考查企业的周期状况，对政府及国家的宏观经济决策都有着重要影响。

7.2.2 信用评分法

1. 信用评分法的概述

信用评分法也被称为信用评分系统，是一种广泛应用于信用风险管理领域的技术。该技术利用借款者的个人特征变量和贷款记录等信息，运用专业的统计技术，计算借款者的信用分数。这个分数反映了借款者的信用风险水平，用于评估在未来一段时间内借款者发生违约的可能性。借助信用评分法，银行能够更好地核准贷款或信用额度，并进行贷款定价，以更有效地管理信用风险。

尽管信用评分法采用的评分模型多种多样，但其评分结果均指向唯一目标，即对借款者进行信用评级，为信贷提供依据。信用评分模型主要可以分为三类：第一类是以财务信息为数据基础的多元分析模型，如线性概率模型、Z评分模型以及ZETA信用模型；第二类是以市场信息为数据基础，运用复杂数学公式的模型，如KMV模型；第三类是基于人工智能技术的模型，如神经网络等。

2. 信用评分法的统计模型

信用评分模型的建立是信用评分中最为重要的步骤。信用评分模型的种类较多，每种模型都有其独特的设计思路，适用于不同的情境。以下将介绍信用评分模型的基本构建方法，然后分析几种较为常见且重要的模型。

1）建立信用评分模型

信用评分是一个从数据输入到结果输出的过程，需要应用强大的数据统计技术。信用评分的过程主要包括数据挖掘、样本选择、变量确定、模型建立以及绩效反馈等环节。

第一，为了获取足够多的数据信息，需要收集金融机构自身的经营数据以及行业共享数据等作为样本数据，并进行相关的数据挖掘、统计分析工作，以寻找数据中的关联信息。

第二，由于信用评分模型使用的是历史数据而非当前数据对借款者进行信用评分，因此需要使用庞大的数据库进行模型建立。为了提高数据处理和建模的效率，信用评分模型通常基于特定的样本而非整体数据构建。抽样方法对模型的预测能力具有显著影响。

第三，信用评分模型中主要包括两种变量类型——预测变量和表现变量。其中预测变量也称自变量，表现变量也称因变量。

第四，模型的建立。根据分析目标选择合适的模型，在确定模型之后，还必须筛选进入模型的变量以及权重。

第五，在建立完模型之后，需要评估模型的稳健性和解释力度。通常，模型的检验主要有两种方式——样本内检验和样本外检验。前者主要是指利用开发模型时所用数据库中的预留样本进行检验；后者主要是指利用总体之外的数据对模型的可行性以及有效性进行检验。

2）信用评分的多元统计模型

信用评分的多元统计模型主要可以分为两类：一类是利用判别分析的 Z 评分模型和 ZETA 信用风险模型；另一类是采用回归分析的 Logit 模型和 Probit 模型。多元统计模型的构建主要分为以下两步：第一，研究人员根据自身经验筛选出与公司违约关联度较高的财务指标进行统计分析，得到具有显著性的财务指标；第二，研究人员根据选定的财务指标拟定与违约判别之间的函数形式，再利用判别或回归分析，最终确定方程。

（1）Z 评分模型。Z 评分模型建立于 1968 年，由美国纽约大学教授奥尔特曼提出，该模型与 ZETA 模型都是针对法人客户（如银行）进行信用评分。奥尔特曼通过分析美国破产和非破产企业的 22 项指标，并运用多元分析判别法从中选取了最能够反映借款者财务状况和贷款质量的五个关键指标，进而建立了 Z 评分模型，可以对贷款风险进行最大限度的区分。该模型由于操作简单、输出结果效果好、产生的经济效益高，因而在各国的金融机构中运用广泛，其模型如下：

$$Z = 1.2x_1 + 1.4x_2 + 3.3x_3 + 0.6x_4 + 0.99x_5, \qquad (7\text{-}2\text{-}1)$$

其中，x_1、x_2、x_3、x_4、x_5 分别表示营运资本/总资产、留存收益/总资产、息税前利润/总资产、股权的市场价值/总负债以及销售额/总资产。如果企业的 Z 值高于 2.99，则表明该企业的信用状况良好；如果企业的值介于 2.99 和 1.81 之间，则表明该企业存在一定的财务风险，须谨慎管理以防止财务状况恶化；如果企业的 Z 值低于 1.81，则认为企业的信用状况较差且存在破产的可能性。

但是，在实践中Z评分模型的实际预测能力却不尽如人意，主要有以下几点原因：第一，模型过多地依赖于企业的各项财务指标而忽略了其在资本市场中的各项指标；第二，模型中假设各变量之间互为线性关系，但现实中由于各种因素的影响，各项指标之间的关系往往是非线性的；第三，模型无法识别出企业的表外信用风险，对某些特定企业并不适用。

(2) ZETA 信用风险模型。1977年，奥尔特曼等在 Z 评分模型的基础上提出了 ZETA 信用风险模型，该模型是对 Z 评分模型的进一步优化。ZETA 信用风险模型在变量的选择以及稳定性、样本的开发与统计以及适用范围上都有了长足的进步。其判别模型为

$$ZETA = ax_1 + bx_2 + cx_3 + dx_4 + ex_5 + fx_6 + gx_7, \tag{7-2-2}$$

其中，x_1、x_2、x_3、x_4、x_5、x_6、x_7 分别表示资产收益率（息税前利润/总资产）、收益稳定性指标（指公司资产收益率在未来5~10年变动趋势的标准差）、偿债能力指标（息税前利润/总利息支出）、盈利积累能力指标（留存收益/总资产）、流动比率（流动资产/流动负债）、资本化程度指标（普通股/总资本）、规模指标（用公司的总资产的对数表示）。

虽然 ZETA 信用风险模型相较于 Z 评分模型已经在可操作性、适应性以及预测能力方面有了较大的提升，但该模型仍然存在着一些不足和缺陷，主要表现为：第一，过于依赖企业财务的账面数据而忽略了各种市场指标，使模型的预测结果缺乏时效性；第二，关于违约的理论基础较为薄弱，结果让人难以信服；第三，模型中假设各项变量符合正态分布，但实际中的财务指标很难满足正态分布；第四，该模型与 Z 评分模型一样都属于线性模型，而现实问题往往是非线性的，这必然会导致预测结果与实际值存在着较大的偏差。

(3) Probit 模型和 Logit 模型。Probit 模型和 Logit 模型用于预测某一时期开始生存的某一公司在该时期结束时依然生存的概率。这两种模型旨在克服线性模型预测值可能超出 $[0,1]$ 的缺陷，本书假设事件发生的概率遵循某种累积概率分布，从而使模型预测值限定在 $[0,1]$。若假设事件发生的概率服从累积标准正态分布，则称为 Probit 模型；若假设事件发生的概率服从累积 Logistic 分布，则称为 Logit 模型。

7.3 现代信用风险度量

7.3.1 KMV 模型

KMV 模型的全称为 KMV 信用监控模型（KMV credit monitor model），这一模型基于 1973 年布莱克和舒尔斯的期权定价模型（Black-Scholes pricing model for option, BS 模型）以及 1974 年默顿的公司债务理论，创新性地将期权定价理论应用于风险贷款和证券估值。该模型首次将期权定价理论应用于风险贷款和证券估值。它通过分析公司的财务指标而非依赖信用评级来预测企业违约概率，这在企业违约风险研究领域是一项创新，同时也革新了传统风险度量方法。

KMV 模型的核心是计算预期违约概率（expected default frequency, EDF）。该模型

基于期权定价理论,通过公司自身的财务指标而非信用评级来预测企业的违约概率,同时,该模型将公司股权价值具有期权特征的思想运用到公司的信用风险评估中,认为公司的股权价值与看涨期权是同构的。因此,利用 BS 期权定价定理,结合公司的资产价值、资产收益率的波动率、无风险利率、债务价值和到期期限等因素,推导出公司的预期违约概率。与其他模型相比,KMV 模型无须依赖信用评级和评级转移,其计算出的预期违约概率能够准确地反映单个公司的信用风险变化。

1. KMV 模型的基本原理

KMV 模型的基本原理是:债务人的资产价值变动是导致信用风险变化的关键因素,因此只要确定了债务人资产价值变动的规律以及模型(如服从某个随机方程),就可以推导出预期违约概率。

KMV 模型主要适用于上市公司,可以通过上市公司股票市场的公开数据得出公司的权益价值,结合公司的负债情况推出资产价值,进而估计预期违约概率。但是,KMV 模型是建立在公司的股票价格情况被合理正确计算的基础上,如果公司股票价格或股票市场处于非正常状态,那么基于 KMV 模型得出的违约概率将会有较大的偏差。因此参数估计的有效性关系到 KMV 模型的适用性与有效性。一般来说,决定一个公司违约概率的主要因素有 3 个。

1)资产价值(V_t)

资产价值即企业所有资产的市值,该市值相当于企业总资产在未来各时点产生的现金流的现值,是企业未来发展潜力的重要体现,同时也反映了企业所处的行业以及经济大环境的相关信息。

2)资产风险(σ)

资产风险即企业资产的不确定性,这一指标主要衡量的是企业资产的商业风险和行业风险。由于企业的资产价值存在不确定性,因此在计算企业的资产价值时,需要从商业风险和行业风险的角度出发,全面考虑企业的资产风险。

3)杠杆比率

杠杆比率即债务的账面价值(D)与企业的资产价值(V_t)的比值。杠杆比率反映了企业履行义务并偿还债务的能力,杠杆比率越高,企业面临的财务风险越大,其面临的违约风险也越高。

2. KMV 模型的基本假设及度量信用风险的步骤

1)KMV 模型的基本假设

(1)假设公司采用股权和债权两种融资方式,且股权价值为 E_t,债券当前的市场价值为 B_t,在 T 时刻到期,到期的本息和为 D,资产价值为 V_t,且满足 $V_t = E_t + B_t$。

(2)公司资产的价值变化服从几何布朗运动,即 $\dfrac{dV_t}{V_t} = \mu dt + \sigma_v dW_t$。其中,$\mu$ 表示公司资产的期望收益率;σ_v 表示公司资产价值的波动率,即标准差;W_t 表示维纳过程,即标准布朗运动,$dW_t = \varepsilon \sqrt{dt}$,$\varepsilon$ 服从均值为 0,标准差为 1 的标准正态分布。

由此得出：
$$V_t = V_0 \exp\left((\mu - \sigma_v^2/2)t + \sigma_v\sqrt{t}\varepsilon\right), \tag{7-3-1}$$

其中，V_0 表示 $t=0$ 时的资产价值；σ_v[①]表示公司资产收益率的波动率。

（3）没有交易成本和卖空限制，存在无风险资产，交易可以连续进行。

（4）当公司资产价值大于负债时，公司不会发生违约。反之，如果公司资不抵债，公司将会发生违约行为。

2）KMV 模型的计算过程

利用 KMV 模型计算公司的预期违约概率主要分为以下三个步骤：第一，计算公司的资产价值 V_t 和资产收益率的波动率 σ_v，即通过查询、计算上市公司的股票市值、股票收益率的波动率以及债务的账面价值来计算得出公司的资产价值和资产收益率的波动率；第二，计算公司的违约距离（distance to default，DD），违约距离可以通过公司的债务价值以及上一步中计算得出的资产价值和资产收益率的波动率推导得出；第三，计算预期违约概率，即利用第二步推导得出的违约距离代入给定的累积分布函数便可以确定。

（1）资产价值 V_t 和资产收益波动率 σ_v 的估计。如果能够得到公司的股票价格，由期权定价定理便可以直接得出资产价值和资产收益波动率。对于上市公司而言，股权的有限责任意味着债权人原则上不能向股东进行追偿，股东并没有义务履行对债权人的支付行为。在 KMV 模型中，将公司股权所有者持有的股权价值 E_t 看作一个欧式看涨期权，标的资产是这份欧式看涨期权到期时的公司价值 V_T，执行价格为到期时债务的账面价值 D。在到期日 T，若公司资产价值 V_T 大于债务账面价值 D，股东偿还公司所有债务后，其所拥有的剩余价值为 $V_T - D$，且继续拥有公司的经营权，显然债务到期时公司的资产价值越大，股东保有的剩余资产的价值也就越大；相反，如果到期时资不抵债，公司的股权所有者将失去偿还债务的能力，发生违约行为，此时公司的股权价值为 0，即 $E_T = 0$，公司的经营权将转移到债权人手中。因此，只要能够确定公司资产价值变化服从的随机方程，就可以推导计算得出股权价值。一般地，公司股东拥有的股权价值可以用式（7-3-2）表示：

$$E_t = f(V_t, \sigma_v, r, D, \tau), \tag{7-3-2}$$

即股权价值由公司的资产价值 V_t、公司资产收益率的波动率 σ_v、无风险利率 r、负债 D 以及到期期限 τ（$\tau = T - t$，T 为到期日，t 为当前时刻）决定。其中参数 E、r、D、τ 可以直接在金融市场中观察得到。因此，在到期日公司的股权价值与欧式看涨期权的价值等同，如下所示：

$$E_t = \max(V_t - D, 0). \tag{7-3-3}$$

本节利用公司股权价值和欧式看涨期权的同构性，用股票市值 E_t 和股票收益率的波动率 σ_e 倒推出资产价值和资产收益率的波动率。

假设 σ_v 是固定的，根据 BS 期权定价公式，公司的股权价值为

---

① σ_v 与 σ 表示的含义不同，但可以互相推导。

$$E_t = V\Phi(d_1) - De^{-rt}\Phi(d_2), \tag{7-3-4}$$

其中，$\Phi(\cdot)$ 表示标准正态分布的累积分布函数。其中：

$$d_1 = \frac{\ln(V_t/D) + (r + \sigma_v^2/2)\tau}{\sigma_v\sqrt{\tau}},$$

$$d_2 = \frac{\ln(V_t/D) + (\mu - \sigma_v^2/2)\tau}{\sigma_v\sqrt{\tau}} = d_1 - \sigma_v\sqrt{\tau},$$

此外，KMV 模型在股票收益的波动率 σ_e 和无法观察到的公司资产收益的波动率 σ_v 之间建立了一个关系式，可以表示为

$$\sigma_e = g(\sigma_v). \tag{7-3-5}$$

为确定 $g(\cdot)$，可以对 $E_t = V_t\Phi(d_1) - De^{-rt}\Phi(d_2)$ 等式两边进行一阶微分。通过计算，得到

$$dE_t = \left(\frac{\partial E}{\partial t} + \frac{\partial E}{\partial V}rV_t + \frac{\sigma_v^2}{2}V_t^2\frac{\partial^2 E}{\partial V^2}\right)dt + \frac{\partial E}{\partial V}\sigma_v V_t dW_t$$

$$= rE(V_t,t)dt + \sigma_v V_t\Phi(d_1)dW_t$$

$$= rE_t dt + \left[\sigma_v\frac{V_t}{E_t}\Phi(d_1)\right]E_t dW_t,$$

$$\frac{dE_t}{E_t} = rdt + \left[\sigma_v\frac{V_t}{E_t}\Phi(d_1)\right]dW_t, \tag{7-3-6}$$

得到 $\sigma_e = \frac{\sigma_v V_t}{E_t}\Phi(d_1)$，便可利用 E_t、σ_e 求出 V_t 和 σ_v。

（2）违约距离的计算。假定公司的资产价值服从几何布朗运动且违约概率 $\mathrm{PD} = P(V_t < D)$，可以推出：

$$\mathrm{PD} = P\left(\varepsilon < -\frac{\ln(V_0/D) + (\mu_v - \sigma_v^2/2)T}{\sigma_v\sqrt{T}}\right) = \Phi(-d_2),$$

$$\Rightarrow d_2 = \frac{\ln(V_0/D) + (\mu - \sigma_v^2/2)T}{\sigma_v\sqrt{T}}. \tag{7-3-7}$$

由上文论述可知，在债务到期时刻 T，公司资产价值低于债务价值的概率并非准确的违约率，因此下一步需要求出 T 时刻的违约临界值，记为 V_{DEF}。KMV 模型中将违约临界点设定为短期负债（STD）加上长期负债（LTD）的一半，即

$$V_{\mathrm{DEF}} = \mathrm{STD} + 50\%\ \mathrm{LTD}, \tag{7-3-8}$$

根据式（7-3-4），可得到违约距离为

$$\mathrm{DD} = \frac{\ln(V_t/V_{\mathrm{DEF}}) + (\mu_v - \sigma_v^2/2)\tau}{\sigma_v\sqrt{\tau}}, \tag{7-3-9}$$

其中，t 表示当前时刻；$\tau = T - t$（T 表示到期日）；V_t 表示公司资产当前的市场价值；μ_v 表示资产的预期收益率；σ_v 表示资产收益率的波动率。

但是在实际情况中，公司资产的价值并不一定服从几何布朗运动，因此 KMV 模型提供了一个更为直接的计算违约距离的方法，即

$$\mathrm{DD} = \frac{V_T - V_{\mathrm{DEF}}}{V_T \sigma}, \qquad (7\text{-}3\text{-}10)$$

其中，V_T 表示 T 时刻公司的预期资产价值；V_{DEF} 表示 T 时刻的违约临界点；σ 表示 T 时刻资产价值的波动率。

（3）基于违约距离的 EDF 的计算。计算 EDF 主要可以分为两种方法：一是基于公司资产价值分布的 EDF 计算，称为理论 EDF。假定公司资产服从几何布朗运动，利用计算得到的违约距离便可以得到 $\mathrm{EDF} = \Phi(-\mathrm{DD})$。当 $t = T$ 时，如果 $V_T \leqslant D$，公司将选择违约，可以推出公司在 T 时刻的预期违约概率，即

$$\begin{aligned}
\text{理论EDF} &= P(V_T \leqslant D) \\
&= P\left(V_t \exp\left(\left(\mu - \sigma_v^2/2\right)T + \sigma_v \sqrt{T}\varepsilon\right) \leqslant D\right) \\
&= P\left(-\frac{\ln(V_t/D) + \left(\mu - \sigma_v^2/2\right)T}{\sigma_v \sqrt{T}} \geqslant \varepsilon\right) \qquad (7\text{-}3\text{-}11) \\
&= \Phi\left(-\frac{\ln\left(V_t/D + \left(\mu - \sigma_v^2/2\right)\right)}{\sigma_v \sqrt{T}}\right) = \Phi(-\mathrm{DD}).
\end{aligned}$$

二是基于历史违约数据计算得到的 EDF，称为经验 EDF。这一方法需要收集大量公司发生违约和没有发生违约的历史相关数据，估计得出在期初时刻 t 某个给定的违约距离下，公司在期末时刻 T 实际发生违约的比例，即

$$\text{经验EDF} = \frac{\text{期初违约距离下期末发生违约的企业数量}}{\text{期初违约距离为 DD 的企业总数}}. \qquad (7\text{-}3\text{-}12)$$

3）KMV 模型的优缺点

所有信用风险度量模型都建立在特定假设之上。这些假设的局限性意味着模型可能在实际应用中存在不足，仅能反映部分信用风险的特性。因此，每个模型都有其独特的优势和局限。

（1）KMV 模型的优点。①KMV 模型是基于现代公司财务理论和 BS 期权定价理论而发展起来的信用风险度量模型，具有较强的理论基础，与其他信用风险监测模型相比，更具有权威性和可信度，且操作更加简便。②KMV 模型是一种具有前瞻性的方法，该模型获取的数据来自股票市场的资料，更能反映企业当前的信用状况，其预测能力更强、更及时，也更准确。③KMV 模型在计算 EDF 时采用的是定量分析，且该模型涉及的变量均为市场驱动的。因此它可以反映不同公司风险水平和风险差异的高低，具有较好的时变性和灵活性。

（2）KMV 模型的缺点。①KMV 模型的适用范围具有一定的局限性。首先，该模

型对公司资本结构的假设过于简单，在实际情况下，贷款期限内公司的资本结构一般较为复杂且多变；其次，该模型主要适用于上市公司的信用风险度量，对于非上市公司而言，由于难以获得股票市值等数据，需要用企业的其他财务信息代替模型中的某些变量，从而降低了最终计算结果的准确性。②KMV 模型中假设公司的资产价值服从正态分布，但这只是一种理想情形，在实际情况中，公司的资产价值一般会呈现非正态的统计特征。③KMV 模型不能对长期债务的不同类型进行分辨。在该模型中并没有对不同长期债务的偿还顺序、有无担保情况以及流动性情况加以区分，可能会造成根据 KMV 模型求得的违约临界值与实际值存在较大差别。

7.3.2 CreditMetrics 模型

CreditMetrics 模型是由摩根大通、美洲银行、KMV 公司和瑞士银行等金融机构于 1997 年合作推出的一种计算 VaR 的框架和方法，主要用于贷款、私募债券等非交易性信用资产的估值与信用风险的计算。在实际应用中，CreditMetrics 模型结合企业的信用评级转移、违约事件和债务人资产质量等因素，采用盯市模型，来计算得出 VaR。由于 CreditMetrics 模型的理论基础和考虑因素更为全面，在量化和建模方面的精确度更高，所以一直是我国金融市场借鉴最多、应用最为广泛、影响力最大的信用风险度量模型之一。

1. CreditMetrics 模型的基本原理

CreditMetrics 模型的基本思路是基于不同类型资产种群（单一资产和资产组合）的信用风险价值评估，具体分析流程如图 7-2 所示。

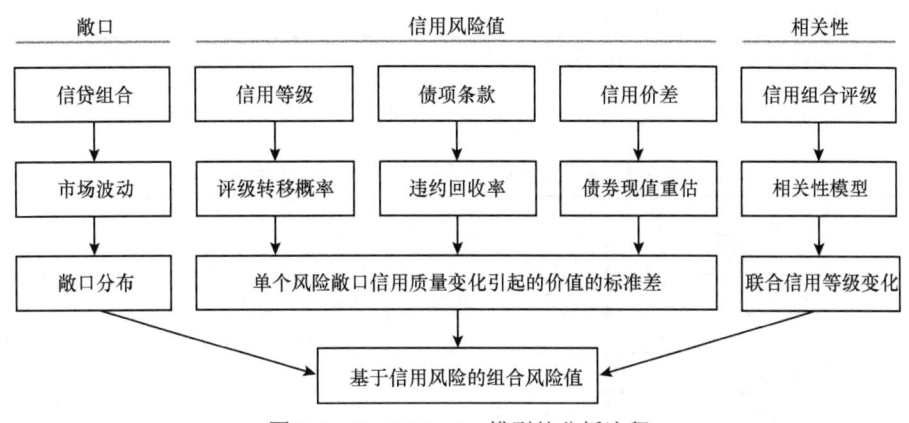

图 7-2　CreditMetrics 模型的分析流程

资料来源：赵先信. 银行内部模型和监管模型——风险计量与资本分配. 上海：上海人民出版社，2004：264.

对于单一资产的风险价值，CreditMetrics 模型从该资产的信用评级出发，计算期末资产信用评级转移的可能性，通过考虑优先级、违约回复率、信用价差和债券现值重估等因素，最终得出该单一资产的 VaR。

对于资产组合的风险价值，该模型体现了资产组合的分散化效应。一般通过考虑债务人在一定期限内（通常为1年）违约和信用评级转移及其导致的信用价差变化等因素，来确定某种信用资产组合的市场价值及其波动。再根据债务人期末转移到特定信用评级的概率和对应的信用资产组合的价值，建立信用资产组合的价值分布。最后，通过计算期末的价值分布，在一定置信水平下求得信用资产组合的 VaR，即信用风险价值。

2. CreditMetrics 模型应用的基本步骤

CreditMetrics 模型中假设市场风险概率近似服从正态分布，但信用资产组合的价值分布则服从偏正态分布（即有左偏现象），并且有明显的厚尾特征，这样便于近似拟合风险概率。一般地，应用 CreditMetrics 模型主要有以下四个步骤。

1）确定评级体系以及信用等级转移矩阵

首先需要根据信用资产组合的特征选择合适的信用评级体系，其次根据选定的评级系统确定既定期限内信用等级从一个信用等级转变到另一个信用等级的概率。穆迪和标准普尔公司均积累了相关数据，用于构建这种转移矩阵（表7-1）。

表7-1 不同级别客户一年期信用转移矩阵

始评级	年末评级							
	AAA	AA	A	BBB	BB	B	CCC	违约
AAA	90.81	8.33	0.68	0.06	0.12	0	0	0
AA	0.70	90.65	7.79	0.64	0.06	0.14	0.02	0
A	0.09	2.27	91.05	5.52	0.74	0.26	0.01	0.06
BB	0.02	0.33	5.95	86.93	5.30	1.17	0.12	0.18
B+	0.03	0.14	0.67	7.73	80.53	8.84	1.00	1.06
B	0	0.11	0.24	0.43	6.48	83.46	4.07	5.20
CCC	0.22	0	0.22	1.30	2.38	11.24	64.86	19.79

资料来源：Standard & Poor's Creditweek（1996）

与一年期信用等级转移矩阵相似，还有多年期累积平均违约率统计数据（表7-2）。

表7-2 不同级别客户多年期累积平均违约率

评级	1	2	3	4	5	7	10	15
AAA	0	0	0.07%	0.15%	0.24%	0.66%	1.40%	1.40%
AA	0	0.02%	0.12%	0.25%	0.43%	0.89%	1.29%	1.48%
A	0.06%	0.16%	0.27%	0.44%	0.67%	1.12%	2.17%	3.00%
BBB	0.18%	0.44%	0.72%	1.27%	1.78%	2.99%	4.34%	4.70%
BB	1.06%	3.48%	6.12%	8.68%	10.97%	14.46%	17.73%	19.91%
B	5.20%	11.00%	15.95%	19.40%	21.88%	25.14%	29.02%	30.65%
CCC	19.79%	26.92%	31.61%	35.63%	40.15%	42.64%	45.10%	45.10%

资料来源：Standard & Poor's Creditweek（1996）

在 CreditMetrics 模型中，假设对任何资产，从相同信用等级转移到另一相同的信用等级的概率相同。因此，可以在历史数据的基础上得到信用资产在不同信用等级之间转移的概率。

假设按照从高到低的顺序排列,共有 1 到 m 个信用等级,其中 1 级信用等级最高,而 m 级表示违约;同时假设有 n 个发行人。发行人 i 的信用等级从第一期的 e_{i1} 级(记为 j)转移到第二期的 e_{i2} 级(记为 k),称为信用等级转移事件,记作 $(e_{i1}, e_{i2}) = (j, k)$,其中,$j = 1, 2, \cdots, m-1$;$k = 1, 2, \cdots, m$。通过计算与第一期转移到第二期具有相同信用等级的信用转移事件数量,即计算相同的 (e_{i1}, e_{i2}) 的数量,可以得到 $(m-1) \times m$ 的转移数量矩阵 C,该矩阵的元素为 $c_{jk} = \sum_{i=1}^{n} 1\{(e_{i1}, e_{i2}) = (j, k)\}$,即信用等级从 j 转移到 k 的事件数量,显然 $\sum_{j=1}^{m-1} \sum_{k=1}^{m} c_{jk} = n$。

假设 e_{i2} 为随机变量,e_{i2} 的条件概率为

$$p_{jk} = p(e_{i2} = k \mid e_{i1} = j), \quad \sum_{k=1}^{m} p_{jk} = 1, \quad (7\text{-}3\text{-}13)$$

其中,p_{jk} 表示信用等级从初始的 j 级转移到 k 级的概率,即信用等级转移概率,且 $\{(e_{i2} = k \mid e_{i1} = j)\} \sim B(p_{jk})$,$B(p_{jk})$ 表示伯努利分布。从等级 j 开始信用等级转移的事件数量为 $n_j = \sum_{k=1}^{m} c_{jk}$,$j = 1, 2, \cdots, m-1$。假定 $n_j > 0$,则未知的信用等级转移概率 p_{jk} 可以用观察到的从 j 到 k 的转移概率 $p_{jk} = \dfrac{c_{jk}}{n_j}$ 来代替。

此外,还有另一种计算某一特定时期信用等级转移概率的方法。假设在某时间段 $t_0 \sim t_n$,均匀地经历了 n 次信用等级的变动,各个时间点信用等级为 i 的企业数为 $A_{0i}, A_{1i}, \cdots, A_{ni}$,从信用等级 i 转移到 j 的企业数量为 $A_{0ij}, A_{1ij}, \cdots, A_{(n-1)ij}$,则该时期的信用等级转移的概率为

$$p_{ij} = \dfrac{\sum_{m=0}^{n-1} A_{mij}}{\sum_{m=0}^{n-1} A_{mi}}, \quad (7\text{-}3\text{-}14)$$

以此类推到各个信用等级转移矩阵。

2)确定信用期限长度

CreditMetrics 模型通常会根据获得的企业会计数据和信用评级机构处理过的财务报表的可获得性及频率来确定信用期限的长度,一般选定信用期限长度为一年。

3)确定远期信用定价模型

信用资产的评估可以从贷款发行方评级对应的信用资产得出。在推导资产的远期信用定价模型前,需要明确远期贴现率。在 CreditMetrics 模型中,远期贴现率表示为当前市场无风险利率与相对应的资产信用等级的信用价差之和,即 $f_{ij} = r_i + s_{ij}$,其中 f_{ij} 表示信用等级为 j 的贷款从第一年年末开始的 i 年期的年化远期利率,r_i 表示从第一年末开

始的 i 年期的年化远期无风险利率，s_{ij} 表示信用等级为 j 的贷款从第一年年末开始的 i 年期的年化远期信用价差。不同信用评级下一年的远期零息利率如表 7-3 所示。

表 7-3 不同信用评级下一年远期零息利率

种类	1 年期	2 年期	3 年期	4 年期
AAA	3.50%	4.06%	4.73%	5.12%
AA	3.35%	4.12%	4.78%	5.17%
A	3.62%	4.29%	4.93%	5.32%
BBB	4.50%	4.67%	5.25%	5.63%
BB	5.65%	6.02%	6.58%	7.27%
B	6.05%	7.02%	8.03%	8.52%
CCC	15.05%	15.02%	14.03%	13.52%

资料来源：JP Morgan's CreditMetrics-technical document（1997）

假设用 V_j 表示一笔 n 年期、信用等级从年初的 k 级转移到年末的 j 级、每年定期支付利息为 C、本金为 F 的贷款在第一年年末的价值。非违约状态下企业在第一年年末的远期信用定价公式为

$$V_j = \sum_{i=0}^{n-1} \frac{C}{(1+f_{ij})^i} + \frac{F}{(1+f_{n-1,j})^{n-1}}, \quad (7\text{-}3\text{-}15)$$

其中，f_{ij} 表示信用等级为 j 的贷款从第一年年末开始的 i 年期的年化远期利率，$f_{0j} = 0$；对于 $i = 1, 2, \cdots, n-1$，则 f_{ij} 可以分解为以下形式：$f_{ij} = r_i + s_{ij}$。

4）确定信用资产远期价值分布并计算 VaR

利用式（7-3-12）和式（7-3-15），可以得到一个 k 级债务人在第一年年末从 k 级转移到 d 级的信用等级转移概率以及其所对应贷款在一年后的价值。并且，还可以求出这笔贷款在第一年年末价值的均值和方差，即

$$\overline{V} = \sum_{j=1}^{d} p_j V_j, \quad \sigma^2 = \sum_{j=1}^{d} p_j (V_j - \overline{V})^2, \quad (7\text{-}3\text{-}16)$$

其中，p_j 表示债务人在第一年年末信用等级从 k 转移到 j 的概率。

3. CreditMetrics 模型的优缺点评价

CreditMetrics 模型的最大优点在于其框架具有广泛的兼容性，它既可以用于度量贷款、债券等传统工具的信用风险，又可以度量贷款承诺，如市场因素驱动的互换、远期等较复杂的现代金融工具的信用风险。

CreditMetrics 模型也存在着一些缺陷和不足，主要表现在以下几方面。

（1）应用该模型对信用资产组合的远期价值的估算过程中忽略了远期信用价差的随机性。该模型在估算信用资产组合的远期价值时，本质上是基于利率期限结构，而正确估算信用资产组合的远期价值依赖于能够准确估计远期信用价差。

（2）CreditMetrics 模型中的违约率实际上是用过去的统计数据得到的平均历史违约

率,不能很好体现目前和之后的宏观经济状况、市场风险等因素的影响,而且不能适时地进行调整。

(3)在本模型中假设信用资产收益服从正态分布,但是在解决实际问题中,资产收益率的分布并不完全遵循正态分布,而是呈现出一定的非正态特征。同时,CreditMetrics 模型对资产收益的实际分布的形式仍有待进一步确定。

(4)模型通常假设各资产组合间信用等级的变化是相互独立的。但实际上,信用资产的信用等级变化具有一定的关联性,且同一地区、同一行业的资产信用等级变化的关联性更大。

(5)模型中假设企业资产收益率的相关度等于公司证券收益之间的相关度,并且模型的计算结果对这一假设的依赖性和敏感性很高,但该假设目前仍然缺乏充足的理论证据,有待进一步验证。

7.3.3 CPV 模型

CreditMetrics 模型是以无条件的信用等级转移矩阵为基础的,并且该模型假设信用等级转移的概率在不同借款者以及各商业周期的不同阶段之间是相对稳定的,但实际往往并非如此。因此麦肯锡公司将 CreditMetrics 模型进一步改进,提出了信用组合观点(credit portfolio view,CPV)。在 CPV 模型中,本书将根据宏观经济变化调整无条件信用等级转移矩阵,从而得到更切合实际的条件信用等级转移矩阵。该模型是在 CreditMetrics 模型基础上形成的一种新的多因素信用风险量化模型,广泛应用于信贷组合的风险分析。本质上,麦肯锡的信用组合观点是对 CreditMetrics 模型的扩展和改进。

1. CPV 模型的基本原理

CPV 模型是由麦肯锡公司开发的多因子模型,可以用于模拟既定宏观因素取值下各个信用等级对象之间的联合条件违约分布和信用转移概率矩阵。CPV 模型的基本假设是在一个组合部分中,公司的信用状况具有同质性。并且,CPV 模型认为,驱动债务人信用风险的影响因素是经济、行业等变量,除了特定因素外,公司对共同的外部条件具有不同程度上的敏感性。一旦外部宏观条件发生变化,整个市场的信用变化都会受到影响,单个公司很难独善其身,这就是系统性风险。举例而言,当经济处于衰退时期,各信用主体的信用等级和违约概率将增加;与此相反,当经济处于繁荣时期,各信用主体的信用等级和违约概率将下降,也就是说信用周期与宏观经济因素密切相关。

CPV 模型的核心就是通过建模技术清楚地体现信用风险的周期动态变化。

2. CPV 模型建模主要的三个操作步骤

(1)通过多元经济计量模型建立转移概率变动以及违约概率的变动和宏观因素、行业因素变动的关联,来模拟宏观经济状态。

(2)将经济状态与协同的条件违约概率和等级转移概率相对应。

(3)通过第二步获得的转移概率对历史的转移概率矩阵进行调整,再通过 CreditMetrics 模型方法计算风险,得到信贷组合的损失分布。

3. CPV模型的基本假设

（1）违约事件依赖于经济条件，经济条件由经济变量 y_i 表示，y_i 总结了地区行业因素 X_j 的影响（j 表示组合部分，X 表示特定因素）。

（2）CPV 模型采用组数据进行计算，并用违约频率与公司子样本数量之比代表违约概率。

（3）在模型中需要用到影响违约概率的要素预测值。

（4）CPV 模型采用 Logit 形式，须将要素预测值转换为违约概率。

4. CPV 模型及其求解过程

由上述假设可知，违约概率采用 Logit 形式，即一个逻辑函数，其中因变量是信用评级为投机级的交易对手的违约概率，自变量是一个特定部门的投机级指数，用公式表达为

$$p_{j,t} = \frac{1}{1+e^{y_{j,t}}}, \tag{7-3-17}$$

其中，$p_{j,t}$ 表示一个位于 j 个国别/产业部门、信用等级为投机级的债务人（投机级债务人是指信用评级低于投资级的债务人，其违约风险较高）在 t 时刻的条件违约概率；$y_{j,t}$ 表示由多元计量模型计算出的与特定部门对应的宏观经济条件。由于选择了 Logit 形式，计算出的违约概率总是落在 $[0,1]$。

宏观经济指数代表了一个国家或地区的宏观经济状态，它是由一系列的宏观经济变量决定的，如失业率、GDP 增长率、长期利率水平、外汇水平、政府支出水平、国民储蓄率等，可表示为以下形式：

$$y_{j,t} = \beta_{j,0} + \beta_{j,1} X_{j,1,t} + \beta_{j,2} X_{j,2,t} + \beta_{j,3} X_{j,3,t} + v_{j,t}, \tag{7-3-18}$$

其中，$y_{j,t}$ 表示第 j 个部门在时间 t 的指数值；$\beta_j = (\beta_{j,0}, \beta_{j,1}, \beta_{j,2}, \beta_{j,3})$ 表示第 j 个部门的回归参数，该参数有待估计；$\boldsymbol{X}_{j,t} = (X_{j,1,t}, X_{j,2,t}, X_{j,3,t})$ 表示第 j 个部门在时间 t 的宏观经济变量，如失业率、GDP 增长率、政府支出水平等；$v_{j,t}$ 表示独立同分布的正态随机变量。

$$v_{j,t} \sim N(0, \sigma_j^2) \text{ 或 } \boldsymbol{v}_t \sim N(\boldsymbol{0}, \boldsymbol{\Sigma}_v), \tag{7-3-19}$$

其中，$\boldsymbol{v}_t$ 表示由 $v_{j,t}$ 组成的向量；$\boldsymbol{\Sigma}_v$ 表示该指数变化的 $j \times j$ 协方差矩阵。

式（7-3-18）决定了特定部门的平均投机级违约概率，其中系统性风险包含在（加权后的）宏观经济变量中，来自特定部门的"干扰"或"噪声"包含在误差项 v 中。

为了让模型适用于特定部门的具体情况，在应用式（7-3-18）时，可以针对不同部门选择不同的解释变量，以便估计出适用于特定部门的宏观经济条件方程 $y_{j,t}$ 以及平均投机级违约概率 $p_{j,t}$，换句话说，只要数据允许，本书可以将式（7-3-17）以及式（7-3-18）校正到特定的国别/产业部门水平上。

关于宏观经济变量，可以假设其时间序列服从自回归 AR(2) 过程或其他的自回归移动平均过程：

$$X_{j,i,t} = \alpha_{j,i,0} + \alpha_{j,i,1}X_{j,i,t-1} + \alpha_{j,i,2}X_{j,i,t-2} + \varepsilon_{j,i,t}, \quad (7\text{-}3\text{-}20)$$

其中，$X_{j,i,t}$ 表示在 t 时刻第 j 个产业部门中的第 i 个宏观经济变量；$X_{j,i,t-1}$、$X_{j,i,t-2}$ 表示同一变量的滞后变量；$\alpha_{j,i,t}$，$j=0,1,2,3$ 表示需要估计的参数；$\varepsilon_{j,i,t}$ 表示误差项，假设它是独立同分布的，即

$$\varepsilon_{j,i,t} \sim N\left(0, \sigma_{e_{j,i,t}}^2\right), \quad \boldsymbol{\varepsilon}_t \sim N\left(\mathbf{0}, \boldsymbol{\Sigma}_\varepsilon\right), \quad (7\text{-}3\text{-}21)$$

其中，$\boldsymbol{\varepsilon}_t$ 表示 $j \times i$ 个 AR(2) 方程的累计误差项 $\varepsilon_{j,i,t}$ 向量；$\boldsymbol{\Sigma}_\varepsilon$ 表示误差项 $\boldsymbol{\varepsilon}_t$ 的 $j \times i$ 协方差矩阵。

将式（7-3-18）和式（7-3-20）合并起来，得到

$$y_{j,t} = \left[\beta_{j,0} + \sum_i \beta_{j,i}\left(\alpha_{i,0} + \sum_k \alpha_{i,k}X_{i,t-k}\right)\right] + \sum_i \beta_{j,i}\varepsilon_{i,t} + v_{j,t}, \quad (7\text{-}3\text{-}22)$$

或

$$y_{j,t} = U_j + V_j m_j, \quad (7\text{-}3\text{-}23)$$

其中

$$U_j = \beta_{j,0} + \sum_i \beta_{j,i}\left(\alpha_{i,0} + \sum_k \alpha_{i,k}X_{i,t-k}\right), \quad (7\text{-}3\text{-}24)$$

$$V_j = \sqrt{\operatorname{Var}(v_{j,t}) + \sum_i 2\beta_{j,i}\operatorname{Cov}(v_{j,t},\varepsilon_{i,t}) + \beta_{j,i}^2\operatorname{Var}(\varepsilon_{i,t}) + \sum_{l \neq 1}\beta_{j,i}\beta_{j,l}\operatorname{Cov}(\varepsilon_{i,t},\varepsilon_{l,t})}, \quad (7\text{-}3\text{-}25)$$

其中，$m \sim N(0,1)$。

条件违约概率可以表示为

$$p \mid m = \frac{1}{1 + e^{U + V_m}}.$$

在 CPV 模型中，不同资组合中间的违约相关性体现为各自的宏观指数之间的相关性。在函数形式上，相关性是宏观指数参数、宏观变量参数以及两者的随机变化的函数，即

$$\rho(y_{j,t}, y'_{j,t}) = \frac{E(y_{j,t}, y'_{j,t}) - E(y_{j,t})E(y'_{j,t})}{\sqrt{\operatorname{Var}(y_{j,t})\operatorname{Var}(y'_{j,t})}}$$

$$= \frac{\operatorname{Cov}(v_{j,t}, v'_{j,t}) + \sum_i \left[\beta_{j,i}\operatorname{Cov}(v_{j,t},\varepsilon_{i,t}) + \beta'_{j,i}\operatorname{Cov}(v'_{j,t},\varepsilon_{j,t})\right. }{V_j V'_j},$$
$$\left. + \sum_{i'} \beta_{j,i}\beta'_{j,i}\operatorname{Cov}(\varepsilon_{j,t},\varepsilon_{i,t})\right]$$

其中，

$$V_j = \sqrt{\operatorname{Var}(v_{j,t}) + \sum_i 2\beta_{j,i}\operatorname{Cov}(v_{j,t},\varepsilon_{i,t}) + \beta_{j,i}^2\operatorname{Var}(\varepsilon_{i,t}) + \sum_{l \neq 1}\beta_{j,i}\beta_{j,l}\operatorname{Cov}(\varepsilon_{i,t},\varepsilon_{l,t})}, \quad (7\text{-}3\text{-}26)$$

式（7-3-17）、式（7-3-18）以及式（7-3-20）决定了特定国别/产业部门的投机级违约概率的联合变化。给定不同宏观经济变化的一个特定实现以及逻辑函数的变化，通过求解上述方程，可以导出全部 j 个国别/产业部门的投机级违约概率。为方便阅读，下面将上述公式进行总结汇总：

$$p_{j,t} = \frac{1}{1+e^{y_{j,t}}}, \tag{7-3-27}$$

$$y_{j,t} = \beta_{j,0} + \beta_{j,1} X_{j,1,t} + \beta_{j,2} X_{j,2,t} + \beta_{j,3} X_{j,3,t} + v_{j,t}, \tag{7-3-28}$$

$$X_{j,i,t} = \alpha_{j,i,0} + \alpha_{j,i,1} X_{j,i,t-1} + \alpha_{j,i,2} X_{j,i,t-2} + \varepsilon_{j,i,t}, \tag{7-3-29}$$

$$\boldsymbol{\eta} = \begin{pmatrix} v \\ \varepsilon \end{pmatrix} \sim N(\boldsymbol{0}, \boldsymbol{\Sigma}), \boldsymbol{\Sigma} = \begin{pmatrix} \boldsymbol{\Sigma}_v & \boldsymbol{\Sigma}_{v,\varepsilon} \\ \boldsymbol{\Sigma}_{\varepsilon,v} & \boldsymbol{\Sigma}_\varepsilon \end{pmatrix}, \tag{7-3-30}$$

其中，$\boldsymbol{\eta}$ 表示 $(j+i) \times 1$ 误差项向量，即宏观指数和宏观变量的随机变化向量，该向量决定了上面方程组的随机变化；$\boldsymbol{\Sigma}$ 表示该随机变化向量的 $(j+i) \times (j+i)$ 协方差矩阵。

为了模拟所有这些部门在某个时间段的联合投机级违约概率，第一步是定义 $\boldsymbol{A}$ 作为 $\boldsymbol{\Sigma}$ 的 $n \times n$ Cholesky 分解，即

$$\boldsymbol{\Sigma} = \boldsymbol{A}\boldsymbol{A}^\mathrm{T}. \tag{7-3-31}$$

第二步是随机抽取一个向量 z_t，即 z_t 的一个实现序列，t 取值为 1 到 T。$z_t \sim N(\boldsymbol{0}, \boldsymbol{I})$，其中 $\boldsymbol{I}$ 是 $(j+i) \times (j+i)$ 单位矩阵。

第三步是计算 $\boldsymbol{\eta}_t$，$\boldsymbol{\eta}_t = \boldsymbol{A}^\mathrm{T} z_t$。

第四步是使用前面的方程组计算 $y_{j,t}$ 和 $p_{j,t}$。

第五步是给定计算出的子组合（或特定部门）的条件违约概率 $p_{j,t}$，通过二项式分布模拟该子组合的损失分布：

$$B(k;n,p) = \frac{n!}{k!(n-k)!} p^k (1-p)^{n-k}. \tag{7-3-32}$$

第六步是加总得出全部组合在各种经济状态下的损失分布。上一步模拟出的投机级债券的条件违约概率矩阵 $\boldsymbol{p}(t)$ 包含了一定时期内的宏观经济状态以及债券违约状况的相关信息，通过该矩阵可以继续模拟出信用评级转移概率的分布情况。该方法从历史的信用等级转移矩阵出发，通过条件违约概率矩阵 $\boldsymbol{p}(t)$ 与历史转移矩阵之间的映射关系，得出所需的、可真正用于预测的信用转移概率矩阵。

上述矩阵称为无条件的马尔可夫转移矩阵（表示为 $\boldsymbol{\Phi M}$），代表长期的平均转移概率，并没有考虑经济周期的当前状态。但是在实际的经济环境中，与信用等级一样，这些概率会随着经济周期以一种可预测的方式发生变化，因此可以被视为条件概率。

映射的主要基准是模拟投机级债券的违约概率与历史统计的投机级债券平均违约概率的比例关系。假设用 SDP_t 表示模拟出的投机级债券的违约概率，用 ΦSDP 表示无条件（历史平均）的投机级债券的违约概率，便可以分为以下三种情况。

（1）如果 $SDP_t/\varPhi SDP=1$，则条件转移矩阵等于无条件转移矩阵；

（2）如果 $SDP_t/\varPhi SDP>1$，则经济处于衰退状态，未来将会有更多的信用等级集中下移；

（3）如果 $SDP_t/\varPhi SDP<1$，则经济处于扩张阶段，未来将会有更多的信用等级集中上移。

CPV 模型使用上述模拟违约概率与平均违约概率的比值作为调整因子，通过调整历史等级转移概率矩阵，获得以经济状况为条件的新转换矩阵。由上述三种情况可知，如果该比例大于 1，则将等级集中向下调整，否则，向上调整。由于前面模拟出的违约概率可以跨越多个时期，即 $t=1,\cdots,T$，以 1 年期马尔可夫条件矩阵为基础，采用式（7-3-33），可以计算任何时间长度（年度）的累计条件转移概率：

$$M_t = \prod_{i=1,\cdots,t} M(SDP_t/\varPhi SDP), \tag{7-3-33}$$

其中，M_t 表示在给定的投机级违约概率路径下，信用评级在 t 年内的累计转移概率；$M(SDP_t/\varPhi SDP)$ 表示依赖于投机级违约概率的 1 年期条件等级转移概率矩阵；SDP_t 是在 t 时刻实现的投机级违约概率；$\varPhi SDP$ 为平均的投机级违约概率；$\prod_{i=1,\cdots,t}$ 是一个连乘算子。

5. CPV 模型的优缺点

CPV 模型是唯一一个将宏观经济状况纳入模型中来模拟信用事件的信用风险度量模型，其优点是显而易见的。但是，该模型也存在着一些局限性。

（1）该模型要求每个国家甚至是每个国家内的各个产业部门都要有完备的违约数据，这显然是很难实现的。即使能够实现，如果模型中包含的行业过多，那么关于违约事件的信息就会变得更加稀缺，这将影响条件违约概率的确定，并对模型的应用效果产生不利影响。

（2）该模型没有考虑影响违约事件发生的一系列微观因素，特别是企业的特定因素。例如，没有考虑如债务的剩余期限以及其对债务偿还情况等微观经济因素的影响，而是完全依赖于宏观经济因素来决定信用等级转移概率矩阵，过于片面。

（3）该模型在调整企业信用等级变化时，容易受到银行在信贷方面积累的经验和对信贷周期的主观认识等人为因素的影响，从而有可能降低调整后模型的客观性和有效性。

（4）该模型也可能受到调整信用等级转移矩阵的特定程序的限制，而且也无法判定在实践中是否一定比简单的贝叶斯模型表现更好。

7.3.4 不同信用风险度量模型的比较

KMV 模型、CreditMetrics 模型、CPV 模型这三个模型是当今国际上最负盛名的适用于金融机构内部的信用风险度量模型。表 7-4 对三个模型进行了基本的对比分析。

表 7-4 KMV 模型、CreditMetrics 模型、CPV 模型的对比分析

比较维度	KMV 模型	CreditMetrics 模型	CPV 模型
风险定义	违约损失	市场价值	市场价值
风险来源	资产价值	资产价值	宏观因素
信用事件	连续违约概率	信用级别变化或违约	信用级别变化或违约
概率	条件概率	无条件概率	条件概率
波动率	变量	常量	变量
相关性	来自股权	违约过程	来自宏观因素
可回收率	不变或随机	频段级内为常量	随机
求解方法	分析求解	分析或模拟求解	模拟求解

从表面上看，KMV 模型、CreditMetrics 模型、CPV 模型这三个模型具有不同的前提假设、分布特征、函数形式以及组合损失的计算方法，但实际上，这些模型除概率分布选择不同外，其基本理论结构都是相似的，它们都是国际上最具权威性的信用风险度量模型，对中国具有一定的借鉴意义。但是由于我国现阶段金融市场发展现状，这些模型在运用过程中还存在一些明显的局限。随着国内信用风险管理理论和制度的发展，有望在这些模型的基础上，建立一个更加完善、统一且符合中国国情的信用风险度量框架。

7.4 基于 FinTech 的信用风险分析

传统 IT 技术对金融行业的运转仅起到辅助作用，对信用风险的影响也是微乎其微。而 FinTech 远不同于传统 IT 技术，它正重塑着整个金融体系的发展，同时由于 FinTech 创新和实践的参与者除商业银行外，还包括互联网企业以及其他金融机构，因此 FinTech 从内外各个方面对金融机构特别是商业银行的信用风险产生着深远的影响。FinTech 对商业银行信用风险的外部影响主要表现在银行以外的 FinTech 参与者通过科技手段进行金融创新，向消费者提供新的金融产品，很大程度上减少了商业银行的客户来源。为维持利润，商业银行不得不采取高风险的行为，从而提高了商业银行自身的信用风险水平。FinTech 对商业银行的内部影响则表现为商业银行自身 FinTech 创新对其信用风险水平高低的改变。

FinTech 对商业银行信用风险的影响主要可以通过三大机制体现，分别为盈利能力机制、成本控制能力机制以及风险控制能力机制。其中盈利能力机制和成本控制能力机制分别影响商业银行的收入与成本，间接影响到商业银行的风险偏好和风控行为，最终将传导到信用风险。

第一，盈利能力机制改变业务流程和产品属性，带来营业额变动，盈利能力提升，业绩压力减少，信用风险降低，反之商业银行有动机通过放贷等业务来换取更高的利润。

第二，成本控制能力机制主要表现为 FinTech 对商业银行成本端的影响。FinTech 的产生降低了商业银行的成本开支，从而减轻了商业银行的业绩压力。在其他条件不变的情况

下，较低的业绩压力会让商业银行减少自身的风险行为。反之如果 FinTech 加大了商业银行的成本开支，则商业银行往往会采用增加自身的风险行为来寻求风险补偿，提高自己的盈利能力。

第三，风险控制能力机制主要受到两方面的影响。一方面是商业银行自身的风险偏好，如果商业银行面临着较大的业绩压力，则往往会存在道德风险，即管理层主动降低风控标准来实现利润目标。另一方面，FinTech 通过优化传统金融模型，提高了商业银行的风控能力。这些技术改进可以增强数据分析和风险预测的准确性，从而帮助商业银行更有效地控制风险。

FinTech 提高了商业银行风控系统的处理效率，商业银行能够更加有效地识别出贷款人的风险特征和风险行为，从而有效地降低了信用风险发生的概率以及损失。但是如果商业银行利用 FinTech 搭建的风控模型存在漏洞，则会大大提高商业银行的信用风险水平。

7.5 信用风险管理

识别、评估、度量和监测信用风险只不过是分析风险大小的手段而已，最终的目的在于是否采取以及采取何种手段对风险进行有效的控制，这是信用风险管理周期中最为重要的一个环节，也是唯一实际影响着风险状况的一个环节。通常在决定采用何种方式来对信用风险进行控制时，首先要考虑信用风险的性质和大小。一般控制信用风险的方法主要有信用风险缓释、信用风险转移、风险规避和组合管理法等。

7.5.1 信用风险缓释

信用风险缓释是指商业银行利用合格的抵质押品、净额结算协议、保证和信用衍生品等信用缓释工具，主动、灵活地转移或降低信用风险。信用风险缓释功能体现在违约概率、违约损失率或违约风险敞口的下降。信用风险缓释技术被全面有效地应用于授信业务，可以使银行节约资本资源。巴塞尔协议体系鼓励银行运用合理的信用风险缓释工具，并按照风险缓释程度，降低监管资本要求。此外，银行若能够合理正确地评估实施风险缓释后的结果，其也可以扩大对信用风险缓释工具的选择品种和范围。但是，由于缓释技术作用的两面性，该项技术的实施在帮助银行控制信用风险的同时也会带来新的风险，巴塞尔协议中也对信用风险缓释技术提出了最低资本要求。

如今，信用风险缓释技术已然成为银行进行信用风险管理的重要工具。尽管很早之前银行已经开始采用抵押品、担保品等信用风险缓释工具，但是业内对这些工具的使用并没有一个规范的文件说明。在巴塞尔协议 Ⅱ 发布以后，银行监管机构才将信用风险缓释工具的使用规范化和系统化，鼓励银行有效地使用缓释技术，降低信用风险。

自巴塞尔协议 Ⅱ 颁布以后，在 IRB 法下认可的信用风险缓释工具包括抵质押品、净额结算协议、保证、信用衍生品。下面就前两项做详细介绍。

1. 运用抵质押品缓释信用风险

1) 运用抵质押品缓释信用风险的基本原则

银行开展授信业务时，一般将抵质押品分为金融质押品、应收账款、商业/居住用房地产以及其他抵质押品。抵质押品通过对风险进行分散和转移来提高偿还贷款的可能性。但是贷款抵押不一定能确保贷款得到偿还，得到贷款担保也不能确保贷款如期偿还。到期时贷款无法偿还，银行则须被迫处置抵押品，如出售或转让等，但是在处置时，资产由于折旧等原因只能按清算价进行转让。

2) 合格抵质押品的认定和处理

巴塞尔协议Ⅱ不仅认可实物资产和应收账款作为抵押品，也认可金融抵押品。抵押品本身的价值容易波动，如金融担保品的价值容易受到担保人自身信用状况的影响，因此，在巴塞尔协议Ⅱ中，建议使用"估值折扣"来调整金融抵押品的价值，即将抵押品的价值在其市场价值的基础上进行扣减。估值折扣的大小主要取决于抵押品的质量、类型、交易条款等因素。

3) 商用房地产或居民住房抵押的认定和处理

商用房地产或者居民住房作为抵押品，必须符合以下监管要求。

第一，尽管宏观经济因素会对合格商用房地产或居民住房的抵押品价值产生影响，但借款者的风险本质上仍取决于其偿还借款的能力，而不是财产或项目的表现。

第二，商用房地产或者居民住房作为债权的抵押品，必须在法律上具有可实施性，必须具备使抵押品生效的抵押品协议和法律过程，必须按照当前的公平价值或低于公平价值来估值，必须对抵押品进行经常性监控和评估。

第三，合格抵押品通常被局限于贷款方对抵押品具有第一占有权。在抵押品的债权具有法律可执行性且抵押能够有效缓释风险的情况下，也可以考虑次级留置。

第四，银行关于接受抵押品贷款的政策必须清晰记录在文件中，必须采取措施保证抵押品具有足额保险，必须正确监管抵押品环境负债风险。

4) 应收账款的抵押认定和处理

对应收账款作为抵押品的认定和处理，必须满足以下监管要求。

第一，合格的金融应收账款是指初始期小于或等于1年的债权，并且这些债权通过借款者抵押资产的商品流或资金来还款。合格应收账款抵押品必须满足法律确定性及相关的风险管理要求，必须确保连续的监控过程、抵押的应收账款的分散化和非相关性等。

第二，银行必须建立确定应收账款信用风险的合理程序，过程应包括对借款者经营状况、行业情况、借款者客户类别的分析。依赖借款者确定客户信用风险的银行，必须审查借款者的信贷政策，并评估借款者的稳健性和可信度。

第三，借款数量和应收账款价值之差必须反映所有适当因素，包括清收成本、单个借款者抵押的应收账款池内的风险集中度以及银行总贷款中潜在的集中性风险。

第四，借款者抵押的应收账款应分散化。当两者相关性过高时，如应收账款的发行人依赖于左右其生存的借款者或借款人和发行人都属于同一行业，在设定抵押品整体效益时，应考虑两者的伴生风险。来自借款者分支机构的应收账款不可作为风险缓释工具。

5）对其他合格实物抵押品的处理

银行在认定其他合格抵押品来缓释信用风险时，应该考虑以下问题。

第一，抵押品应是法律规定可以接受的财产或权利，且权属清晰。

第二，必须满足抵质押品可执行的必要条件，须经国家有关主管部门批准或者登记办理的，应按照规定办理相关手续。

第三，必须存在一个能够有效处置抵质押品、具有较高流动性并能够得到合理市场价格的市场。

2. 运用净额结算协议缓释信用风险

表内净额结算是指银行使用交易对象的债权（存款）对该交易的债务（贷款）做扣减。

利用净额结算，银行可以有效地降低信用风险。例如，一家银行与其交易对手之间有三笔互换交易合约，这三笔交易合约的交易金额分别是2000万美元、-1800万美元以及600万美元；如果交易对手遇到财务困境，对该行的债务发生违约，那么对该交易对手来说，三笔合约的金额分别为-2000万美元、1800万美元、-600万美元；在没有净额结算协议结算的情况下，该交易对手只对第一笔和第三笔交易合约发生违约，而对第二笔合约没有发生违约，因此银行的损失就是2600万美元（=2000万美元+600万美元）；若与该交易对手交易前有净额结算协议，那么交易对手第一笔和第三笔合约违约，也就意味着第二笔合约违约，该交易对手给银行造成的损失就是800万美元（=2000万美元+600万美元-1800万美元）。

从上面的例子计算可以看出，具有净额结算协议的信用等值额显著低于没有净额结算协议的信用等值额，这种安排可以大大缓解银行等其他金融机构的信用风险水平。

7.5.2 信用风险转移

1. 信用风险转移的定义

信用风险转移是指金融机构，特别是商业银行，通过使用金融工具把信用风险转移到其他银行或金融机构。信用风险转移市场中的主要参与者是各类金融机构，如商业银行、各种机构投资者和证券公司。这些在市场中把信用风险转移出去的机构称为信用风险转出者（或称为保护购买者、风险出售者或被保险者），那些接受信用风险的机构称为信用风险接受者（也就是保护出售者、风险购买人或保证人）。随着金融市场的发展，非金融机构也有可能进入信用风险转移市场进行交易。

信用风险转移市场的出现使金融机构在信用风险管理中更加主动和高效。在信用风险转移市场出现以前，商业银行在发放贷款后只能被违约或到期收回，采用的信用风险管理手段主要包括贷前审查、贷后监督和降低信贷集中度，其对贷款的控制能力较弱。但是信用风险转移市场的出现使商业银行可以根据自身资产组合的管理情况来对信用风险进行调整，从而使信用风险的管理过程更为灵活。目前，我国采用的信用风险转移工具主要包括贷款销售、资产证券化以及快速发展的多种信用衍生品。

2. 信用风险转移的主要方式

信用风险的转移方式主要包括融资型信用风险转移和非融资型信用风险转移。

融资型信用风险转移是指在将信用风险转移到金融市场或金融机构的同时,也实现了资金的融通。工商企业如果想将因应收账款无法收回而带来的信用风险转移给其他的金融机构,可以通过办理保理业务或者福费庭业务来完成。保理业务主要通过赊销方式进行销售,企业通过将应收账款的票据卖给专门办理保理业务的金融机构而实现资金融通。商业银行利用外部市场转移资产业务信用风险的融资手段有贷款出售和贷款资产证券化两种。贷款出售是指商业银行将贷款视为可销售资产,打包出售给其他金融机构。贷款资产证券化是贷款出售的进一步发展,该方法将资产出售给一个特殊的金融机构,将其转化为以资产产生的现金流为担保的证券,通过证券的发售实现资产的流动变现。商业银行利用资产证券化,既可以达到融资目的,也能转移资产的信用风险。

非融资型信用风险转移的手段主要有信用担保、信用保险以及信用衍生品。信用担保即通过双边合约,将担保人作为信用风险的承担者,当第三方(债务方)不能履行其义务时,须承担相应的补偿或代为支付的义务,但金额仅限于潜在风险的损失。信用保险是指企业通过与保险公司签订合同,并支付一定的保费,当企业在指定的信用风险内蒙受损失时,保险公司承担相应的赔偿责任。信用衍生品是一种双边合约,合约双方事先通过公式以及未来一段时间内信用事件的发生确定现金流。一般地,信用事件与违约、破产登记、信用等级下降或价格出现较大的下跌等事件相联系。

3. 信用风险转移的工具

信用风险转移工具主要可以分为两类:一类是根据转移的信用风险是单笔贷款还是贷款组合来分类;另一类是根据风险的接收方是否出资来分类。以下主要从第二类角度出发,对信用风险转移工具的类型进行介绍。

1)不出资的风险转移

判断风险的接收方是否出资可以从风险出让者或者风险承受者的角度来区分,从前者看就是风险出让者是否在交易中收到资金,从后者看就是风险承受者是否在交易中提供前端资金。以下是主要的三种信用风险转移工具。

(1)担保。担保是一种双边合约,在合约下风险承担者有义务为风险出让者的利益负责,如果担保人不能履行其义务,则其承担的金额限于潜在风险敞口的损失。同时,担保是一种灵活的风险转移工具,它可以根据合同双方的需求,设计为应对特定敞口或交易的工具。

(2)保险产品(保险债券、信用保险和金融担保保险)。保险债券一般由专业的保险公司提供以支持债务受益人的权益,被广泛使用。

(3)不出资的合成证券化(组合信用违约互换)。合成证券化将证券化与信用衍生品结合,在组合信用违约互换中,通过一系列单笔担保债务凭证(collateralized debt obligation,CDO)或可供组合中所有信贷参照的单个信用违约互换,实现风险转移而不发生潜在资产合法化所有权的变化。

2) 出资的风险转移

(1) 贷款交易。在二级贷款市场中,单笔贷款被出售时,需要得到借款者的同意。出资的合成证券化信用联结票据是出资的资产负债表,它将风险嵌入信用衍生品来发行证券,该资产可以提供对参考资产的信用敞口。但是票据在市场中的表现并不与参考资产组合挂钩,且投资者需要接受零息支付,该零息支付中包括风险升水以及到期的平价赎回。随着票据发行的收入被直接交给风险出让者,风险承受者面临着风险出让者的交易对手风险,但反之不成立。

(2) 资产支持证券。在传统的证券化结构中,发起人组合中的贷款、债券或应收账款被转移到特殊目的机构,后者将这些资产作为抵押支持向投资者发行证券。在这个过程中,资产的信用风险从发起人转移到投资者,保护前端出资,证券发行人的收入则被转移到发行人处。资产支持证券的结构特征与高级 CDO 类似,但潜在的资产如抵押或信用卡应收账款是更同质的。外部信用增强一般简称增信,包括高级别银行或保险公司的信用证或担保。当潜在资产的期限与发行证券的期限不吻合时,流动性增强用于弥补现金流的不匹配,以补偿利息支付的不安全同步或抵补滚动风险。

7.5.3 信用风险转移的监管分析

1. 信用风险转移业务对金融系统的影响

信用风险转移市场的出现给商业银行等金融机构提供了新的风险管理方式和更多的收益机会,有利于降低信用风险的集中度,但也产生了许多影响金融系统稳定性的因素。

首先,信用风险转移市场增加了市场中承担信用风险金融机构的数量,会提高信用事件连锁反应的可能性。

其次,信用风险转移市场的存在降低了金融市场的透明度,导致信用风险在各金融机构中的分布更加复杂且难以统计。

最后,信用风险转移市场只是将信用风险进行了分化,并未消除市场中存在的风险,因此各金融机构仍须强化对风险的识别、评估和控制。

2. 信用风险转移业务给市场参与者带来的风险

在信用风险转移的交易中,商业银行等金融机构会不断面临新的风险,包括交易对手风险、合约不完全风险以及模型风险等。时代科技的发展带来了数学模型、金融工具和金融产品的不断创新,这在提高市场参与度的同时也带来了许多新的风险。如果对这些风险没有充分了解就进入信用风险转移市场,市场参与机构则会难以达到降低信用风险集中度或者增加收益的目的,甚至是蒙受巨大损失。此外,信用风险转移工具的复杂性也提高了对市场参与机构信用风险管理能力的要求,如果缺乏足够的交易能力或经验,则市场参与机构无法选择正确的交易时间,也就无法对风险进行合理的定价。即便像商业银行这样具有丰富的传统信用风险管理经验的机构,也会面临这些挑战。对于那些没有信用风险管理经验的市场参与机构,进入信用风险转移市场则会面临更大的挑战。

3. 信用风险转移业务对监管机构的挑战

对于那些不了解潜在风险或缺乏管理能力却进入信用风险转移市场的机构，监管机构需要在掌握信用风险流向或风险承担机构管理能力的情况下，制定恰当的资本要求和市场准入机制，这样才能保证金融机构的稳定运转。但目前多数国家在信用风险转移市场的监管机制仍不够完善，也没有专门的法律法规对信用风险转移市场进行监管。

此外，信用风险转移市场的运作增强了商业银行、证券公司和机构投资者等市场参与者之间的相互联系，这可能增加了信用风险以及金融风险在不同部门和行业间的传播风险。这种增加的关联度相应地提高了监管机构在跨部门监管中的成本和复杂性。

第8章　流动性风险度量与管理

8.1　流动性风险

　　流动性是一个模糊的概念，要定义它，需要关注其不同维度。本书确定流动性的四个维度的特征。

　　（1）紧性，是指在同一时间以相同价格交易资产的能力，这取决于交易过程中发生的交易成本。如果交易成本很高，买卖价格之间的差异就会很高，反之亦然。因此，狭义的交易成本决定了市场的紧性，紧性度量了实际交易价和市场报价之间的差距。流动性越好的资产，其紧性越高。

　　（2）即时性，是指大量买卖订单的交易速度。高即时性意味着大量买卖订单交易速度迅速，市场有较好的流动性，而低即时性指的是市场部分的失灵，流动性较差。

　　（3）深度，是指在不影响当前价格情况下可成交的交易数量，反映的是流动性数量方面的特征。当市场存在大量的买家和卖家，能够以各种价格完成大量订单，对于流动性较好的资产，其深度较好。订单数量与市场深度成正比，订单越多意味着市场越有深度，反之亦然。市场的价格稳定程度可以由深度指标衡量，在深度较大的金融市场中，资产价格的波动受一定规模交易波动的冲击相对较小，在浅度市场中，由于市场承受能力有限，同等规模的交易波动对价格冲击相对较大。

　　（4）弹性，是指资产价格受到交易冲击产生的波动的消失速度，是市场从非平衡状态反弹的能力。它可以被认为是一个价格回收过程，在这个过程中，若资产价格受到临时的订单失衡的冲击发生变化后，订单失衡很快地消失，那么该金融市场的弹性较好，若订单流量对价格变化的反应调整缓慢，则该市场缺乏弹性。两次委托价差较小，则返回时间较短，市场弹性较好；若两次委托价差较大，返回需要的时间较长，则市场弹性不好。对于流动性较好的资产，其价格波动就较为平缓，弹性较好。

8.1.1　流动性风险概述

　　在金融风险管理中，流动性风险是指金融机构无法及时获得充足资金或无法以合理成本及时获得充足资金以应对资产增长或支付到期债务的风险。流动性风险主要产生于银行无法应对因资产增加或负债下降而导致的流动性困难。一家银行缺乏流动性时，它就不能依靠负债增长或以合理的成本迅速变现资产来获得充裕的资金，因而会影响其盈利能力，极端情况下会导致银行破产。商业银行随时持有的、用于应对支付需要的流动性资产只占其负债总额很小一部分，存在天生的流动性不平衡。在极端情况下，尽管银行拥有的全部资产能够覆盖所有的债务，如果大量债权人同时要求清偿债权，如银行出现挤兑现象，那么银行可能无法将资产及时变现来满足债权人的要求，此时则会产生流动性危机。

流动性风险表现为资产流动性风险和融资流动性风险。资产流动性风险是指金融机构无法满足预期和非预期的当下与未来的现金流的风险；融资流动性风险是指由于市场中断或者市场深度不足，金融机构无法按照市场价格或接近市场的价格对所持有的资产进行交易对冲或平仓的风险。当商业银行的资产流动性匮乏但是又面临大量流动资金需求时，就面临着流动性风险，此时商业银行需要出售资产或者放弃收益性的投资（如发放贷款）来满足存款者的资金需求。如果商业银行出售的资产缺乏流动性，在售出时资产的价格往往会有折损，商业银行就要遭受损失，不仅如此，商业银行为了满足资金需求放弃的收益性投资也是其面临的损失，如果变卖资产不足以覆盖资金的需求，商业银行就要向外融资，而向外融资需要支付资金成本，假如商业银行向外融资渠道被阻断，那么就将面临破产的风险。流动性风险在金融市场中普遍存在，风险的大小与流动性的程度呈现逆向关系。

8.1.2 资产流动性风险与融资流动性风险

1. 资产流动性风险

资产流动性风险是流动性风险的一种，是指资产期满不可以按期全额收回，从而不能满足债务到期还款和新的贷款及融资需要，带来亏损的风险，由于该笔交易的规模远大于正常交易量，所以不能以当前市场价交易，从而带来损失。

从资产定价视角来看，资产流动性可以视为成本或贴水。一般而言，资产的贴水越高，其市场流动性受限越严重。对于规模较大的交易，可以用价格-数量函数来评估资产流动性，刻画资产价格如何受到交易的影响，这被称为市场冲击，有时这也被称为内生流动性。内生流动性是指由资产或证券本身的特性决定的流动性，通常是短期的、临时性的，并具有一定的不确定性。与之相反，外生流动性指的是市场中所有的现金和资产都可自由买进和卖出，从而形成的资产市场交易的流动性。在流动性较高的市场（如货币市场、国库券市场）出售一大笔资产，资产的弹性较高，大笔交易会短暂导致资产价格偏离，但是价格很快会恢复，大量交易对价格产生的影响微乎其微。在流动性较低的市场（如新兴股票市场），资产的买卖价差非常高，并且一笔交易能对价格产生非常大的影响，甚至一定量的资产售出会导致市场出清。

流动性资产的价格-数量函数如图8-1所示。最开始市场处于平稳状态，股票的卖价高于买价，存在买卖价差，交易量在市场容量（市场容量反映的是市场出清的容量）之内。随后出现一桩头寸远大于正常交易量的买卖，对市场产生冲击，买价对交易量为递减的函数，卖价则是递增的函数。

资产流动性要求金融机构能够满足借款人贷款需求与融通资金的需求。当资产流动性或市场流动性受到约束时，由于金融市场属于稀薄交易市场，金融市场的参与者或金融资产的持有者相对于深度发展市场而言会承担额外的成交成本。

资产流动性的影响因素包括：市场条件、变现时间范围、资产类型、资产可替代性。

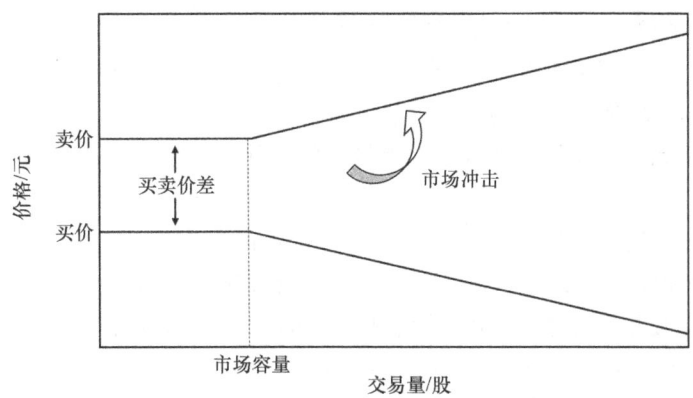

图 8-1　流动性资产价格-数量函数

市场的条件影响着资产的流动性，如市场交易量越大、参与者越多、资产的买卖价差越小，代表资产流动性越好。

资产变现的时间范围也影响资产的流动性，时间范围越长，资产变现时可以将资产分批出售，防止对市场产生较大冲击导致承担更高变现成本，那么资产的流动性越好。

不同资产类型因其特性不同而导致流动性不同。银行存款、支票和汇票期限较短，其流动性最强，可以很快转换为现金资产。对于一些非热门的证券，由于交易量较少，证券流通较慢，流动性则较差。

资产可替代性是指一种资产或证券与其他同类资产或证券互换的能力。对于期货、普通股等基于集中性交易的合约，可以较容易被出售给报价更高的买家，因此这些资产是可替代的。对于一些私募基金等私下交易的衍生品，这些资产的解约需要与合约方达成协议，因此在售出时要对资产进行折价或上交部分费用来退出头寸，这些资产是不可替代的。

2. 融资流动性风险

融资流动性风险是指商业银行以往筹集的资金尤其是存款资金，因内外因素变动而产生不规律起伏，对其造成冲击并产生损失的风险。融资流动性风险来自金融机构的杠杆，当市场条件发生不利变化时，杠杆的存在会显著增加金融机构的损失。

融资流动性要求金融机构能够随时满足债权人清偿债权和投资人收回投资的需求，目前还未有统一的定义。巴塞尔委员会将融资流动性界定为银行满足其负债或对到期债务进行清偿的能力；国际货币基金组织将融资流动性界定为需要偿付的机构进行及时支付的能力；从投资者或交易者的视角来看，融资流动性一般体现为企业或机构短期内融到资金的能力。

以债券市场为例，融资流动性风险对债券市场的影响包括以下三点。

第一，当债券主体在金融市场中面临融资约束时，债券主体的信用风险会显著增加，进而增加债券的信用价差。由于融资流动性的影响具有系统性，故而融资流动性风险会普遍影响市场上每一个债券主体的信用风险。

第二，融资流动性风险不仅作用于债券主体，还会作用于债券市场外，以市场信息的传播为媒介对债券市场产生负面影响。例如，当融资流动性枯竭或者融资流动性显著降低事件出现在金融市场中时，相应负面信号会在金融市场中传播，从而导致金融市场上资产打折售出，增加债券市场风险。

第三，融资流动性风险会影响债券市场外的其他金融市场，相反地，这些金融市场同样会通过资产互持和信息传递等路径反作用于债券市场。

英国一家按揭贷款商北岩银行的破产充分体现了融资流动性风险的危害。北岩银行是英国前五大按揭提供商之一，其服务范围涉及储蓄账户、存款账户、贷款和住房保险及财产保险，主要依靠出售短期债券来融资。2007 年英国金融服务管理局（Financial Service Authority，FSA）断定北岩银行具有偿付能力，但是由于次贷危机过后机构投资者不愿向贷款商出借资金，北岩银行无法筹得资金，只能通过外部融资向第三方监管部门借款，但是消息一经披露，引发了挤兑潮。据估计，从 2007 年 9 月 12 日到 2017 年 9 月 17 日，客户提取资金的总量达 20 亿英镑。2007 年 9 月 17 日，英国财务大臣宣布英国政府和英格兰银行将保证北岩银行客户所有存款的安全。截至 2017 年末，该银行无法滚动 80 亿英镑的短期债务进行融资，并造成客户账户上 150 英镑的损失。在经历两次出售失败后，北岩银行最终被国有化。

8.2　流动性风险度量

8.2.1　流动性度量

根据前文的例子，可知流动性的作用毋庸置疑，这使理解和发展流动性度量变得更加重要，本节主要介绍以下几种流动性度量指标。

1. 加权平均天数

衡量投资组合流动性最简单、最广泛使用的指标之一是加权平均天数，通常称为单一证券的平均天数。对于单一证券，平均天数简单地说就是公司拥有的证券（股票、期货合约等）数量除以该证券的平均每日交易量。

例如，如果拥有 XYZ 股票 1000 万股，而 XYZ 的平均每日交易量为 200 万股，则拥有 XYZ 5 天的交易天数。如果持有空头头寸，则需要使用单位数量的绝对值。如果做空 20 000 单位债券期货，该债券期货的平均每日交易量为 40 000 个合约，那么就有 0.5 天的交易天数。

对于证券的平均每日交易量，在实际应用中，操作人员通常使用证券交易量的平均值或中位数。一方面，如果交易量常受到一些新闻事件的影响而激增，产生高度扭曲的分布，选择中位数更稳定和保守；另一方面，如果这些交易量峰值相当普遍，或者交易期限足够长，平均值可能会更好地表明平仓的难易程度。

对于证券投资组合的加权平均天数，可以根据每个头寸的绝对市场价值计算加权平均值。如果一个投资组合含有 n 个证券，其中第 i 个证券的总市值为 v_i，平均日交易量为 $\bar{d}_i$，拥有的数量 x_i，市场的价值是 p_i，那么证券组合的加权平均天数 $\bar{d}_{\text{portfolio}}$ 如下：

$$\bar{d}_{\text{portfolio}} = \frac{\sum_{i=1}^{n}|v_i|\bar{d}_i}{\sum_{i=1}^{n}|v_i|} = \frac{\sum_{i=1}^{n}|x_i p_i|\bar{d}_i}{\sum_{i=1}^{n}|x_i p_i|},$$

对于加权平均天数的意义，如果拥有一种证券的数量为 5 天平均日成交量之和，在 5 天内每天交易该证券的当前平均日成交量，则需要 5 天时间来清算持有该证券的头寸。然而，特定证券的日平均交易量是所有市场参与者的日平均交易量。在任何一段长度的时间内，一家公司不太可能在不显著影响证券价格的情况下交易整个市场的日均交易量。如果将交易量限制在平均每日交易量的 20%，那么需要 25 天的时间来交易 5 天的证券交易量（25=5/20%），一般用 100%的平均日成交量来计算加权平均日交易量。

使用加权平均天数来总结流动性的优点是易于计算和理解，但正因如此，加权平均天数的计算过于简单，忽略了流动性风险的许多方面。当投资组合由具有相似风险特征和相似交易量的同类型证券组成时，加权平均天数效果最佳。如果一个投资组合混合了高流动性和低流动性证券，或者混合了高波动性和低波动性证券，那么需要使用其他方法来更加准确地衡量流动性风险。

2. 流动性时间表

流动性时间表展示了一个投资组合的清算速度。流动性时间表如表 8-1 所示，投资组合的 30%可以在 1 天内清算，整个投资组合可以在 4 天内清算。

表 8-1 流动性时间表

天数	清算比例
1	30%
2	50%
3	70%
4	100%

为了创建流动性时间表，需要假设能以多快的速度清算个别头寸。在实践中，风险管理者可能会考虑多个场景，如快速清算场景和慢速清算场景。一旦确定了清算率，就能计算每天可以清算多少头寸。

对于一个投资组合来说，流动性时间表的计算比加权平均天数的交易量稍显复杂。当投资组合中头寸的流动性变化很大时，流动性时间表可以更准确地反映流动性的具体情况。例如，考虑两个投资组合，每个投资组合包含两个相同大小的头寸，在第一个投资组合中，两个头寸都有 10 天的交易天数，在第二个投资组合中，第一个头寸有 1 天的交易天数，第二个头寸 19 天的交易天数。在这两种情况下，加权平均天数都是 10 天，但流动性时间表会大不相同，哪个投资组合更好？这取决于预期的流动性要求。如果需要尽快清算整个投资组合，那么第一个投资组合会更好，第一个投资组合清算时流动性均匀分布；如果需要快速清算超过一半的投资组合，那么第二个更好，可以 1 天清算掉一半的头寸。

流动性时间表比加权平均天数计算得更精细，但标准的流动性时间表仍然省略了许多细节。流动性时间表方法忽略了市场风险。假设有两个投资组合，投资组合 A 和投资组合 B，每个投资组合包含两个大小相等的头寸。在投资组合 A 中，第一个头寸是非流动的并具有的市场风险较高，而第二个头寸是流动的并且具有的市场风险较低。在投资组合 B 中，也有一个流动头寸和一个非流动头寸，但非流动头寸的市场风险较低，而流动头寸的市场风险较高。尽管这两个投资组合的流动性时间表非常相似，但如果需要快速降低市场风险，那么投资组合 B 会更好。

8.2.2 资产流动性风险度量与融资流动性风险度量

1. 资产流动性风险度量

1）买卖价差效应

为了对流动性风险进行度量，首先描述资产交易的市场条件。对于正常市场容量下的交易成本，采用买卖价差进行度量。假设 P_a 是买入价，P_b 是卖出价格，则中间价为 $P_m = \frac{1}{2}(P_a + P_b)$，买卖价差的定义如下：

$$S = \frac{P_b - P_a}{P_m}.$$

价差反映了三种不同类型的成本：交易指令处理成本是指提供流动性服务的成本，并反映交易成本、交易量、技术状态和竞争；不对称的信息成本是指某些订单可能来源于拥有内部信息的交易员，这使做市商利润受损，即便通过增加买卖价差的方式，也难以完全避免损失；仓位持有成本是指维持未平仓合约的成本，随着价格波动性的增加、利率持有成本的增加以及交易活动或营业额的降低，未平仓合约成本也会增加。一般而言，对于流动性较好的证券，如货币、国库券等，买卖价差较小，而对于流动性较差的证券，如一些公司债券等，买卖价差较大。

假设价差是固定的，在传统 VaR 上加上一项修正因子 L_1，即可成为流动性调整 VaR（LVaR）：

$$LVaR = VaR + L_1 = W\alpha\sigma + \frac{1}{2}WS,$$

其中，W 表示进行投资的资产的价值；α 表示相关置信水平对应的分位数；σ 表示其日波动率。

假设用 100 万美元投资一只股票，该股票的日波动率为 1%，价差 $S=0.05$，95% 置信水平下所对应的分位数为 1.645，在 95% 的置信水平下 LVaR 为

LVaR=(100×1.645×1%)+(0.5×100×0.05%)=1.67（万美元），

对于流动性极强的证券，在正常市场条件下，买卖价差可能相对稳定。对于流动性较低的证券，或者在不稳定的市场中，买卖价差可能会大幅波动。与其使用固定的买卖价差，不如将价差定义为随机变量，其均值为 $\bar{S}$，方差为 σ_S。在一定的置信水平 α 下，考虑价差的最坏增长：

$$\text{LVaR} = \text{VaR} + L_2 = W\alpha\sigma + \frac{1}{2}W(\bar{S} + \alpha\sigma_S),$$

在对市场风险分布进行价差调整时,需要考虑价差与市场回报之间的相关性。上述式子假定最大的亏损与价差的扩大是同时发生的。根据交易方向做多还是做空,与没有相关性的假设相比,这种相关性可能会使 LVaR 模型变得更准确或更不准确,价差也可能随着市场波动性的增加而增加。

2)价格影响效应

虽然上述方法考虑了交易成本,但是只考虑了交易成本的买卖价差部分,这仅适用于小型的投资组合,对于会影响到市场价格的大型交易,这个方法就不再适用,还需要考虑市场价格的影响因素。

假定价格变化是由三个因素引起的——偏移、波动和市场影响。其中,漂移和波动是与投资者自己的交易无关的整体市场的波动因素,如有关股票基本面的新闻影响等;而市场影响是投资者自身的交易对价格产生的影响。市场影响对资产价格的影响分为两种,临时影响是指交易导致价格暂时偏离均衡而产生的暂时供需失衡;永久影响是指交易而导致的"均衡"价格的变化,这种变化至少在资产的清算期内保持不变。

假设市场价格的函数如下:

$$P_k = P_{k-1} + \sigma\tau^{\frac{1}{2}}\xi_k + \mu\tau - \gamma n_k - \varepsilon - \eta v_k,$$

其中,μ 表示指价格偏移;σ 表示指价格波动;τ 表示指时间间隔,将时间 T 分为 N 段,每一段的时间间隔 $\tau = T/N$;n_k 表示总共持有的股票数为 X,第 k 个时间段所清算的股票数;γ 表示永久影响系数;常数 ε 表示市场交易的买卖价差;η 表示临时影响系数;ξ_k 表示一个独立的随机变量,服从标准正态分布;$v_k = n_k/\tau$ 表示第 $k-1$ 到第 k 阶段的平均清算速度。

如果采取均衡清盘的方式,在时间 T 内分 K 次出售股票,那么出售行为对价格的影响分布在多个交易日,交易成本的期望值为

$$E(C) = -\mu\sum_{k=1}^{N}n_k\tau + \frac{1}{2}\gamma X^2 P_{k-1} + \varepsilon X + \left(\frac{1}{2}\gamma\tau + \eta\right)\sum_{k=1}^{N}\tau v_k^2.$$

为了评估均衡清盘策略的风险状况,假设每天的收益率相互独立,N 天的总方差是每一天方差的加总,即

$$V(C) = \sigma^2\sum_{k=1}^{N}\tau v_k^2,$$

本书假设最优执行策略是通过最小化清算投资者头寸的成本来确定的。该成本被视为交易成本的平均值和承担市场风险的成本(标准偏差)的总和,用于确定最佳执行策略的目标函数(L)如下:

$$L = E(C) + rZ_\alpha\sqrt{V(C)},$$

其中,r 表示资产的收益率;Z_α 表示标准正态分布的分位数;等式右侧的第一项表示交

易成本 C 的平均值，成本包含买卖价差和市场影响导致的价格下降；等式右侧的第二项将交易成本 C 的标准差乘以资本成本和标准正态分布的 α 分位数 Z_α，这在价值上表示了清算头寸时引发的市场风险产生的总成本。由于初始头寸的市场价值是确定的，因此交易成本的标准差 $\sqrt{V(C)}$ 相当于总销售价值的标准差，从而表明从销售开始到销售结束期间投资者头寸的市场风险。因此将 $\sqrt{V(C)}$ 乘以标准正态分布的 α 分位数 Z_α 为 VaR 提供了置信区间。当资本成本为 r 时，将 VaR 乘以资本成本表示市场风险产生的成本。

根据执行策略所得成本，最终 LVaR 为

$$\text{LVaR} = Z_\alpha \sqrt{V(C)}.$$

2. 融资流动性风险度量

1）流动性充足要求指标法

存贷款比例（deposit loan ratio，LD）是传统衡量流动性的指标，用来反映银行总体流动性状况和存贷款的匹配情况。巴塞尔协议Ⅲ在原来的基础上引入两个新的比率确定最低流动性标准——LCR 和 NSFR。LCR 旨在加强银行抵御短期流动性冲击的能力，而 NSFR 旨在促进银行抵御长期流动性冲击的韧性。

LD 的计算公式如下：

$$\text{LD} = 各项贷款余额/各项存款余额,$$

其中，各项存款表示填报机构吸收的单位和居民个人的存款，主要包括企业存款、私营及个体存款、居民储蓄存款、保险公司存放等；各项贷款表示填报机构对借款人融出货币资金形成的资产，主要包括贷款、贸易融资、票据融资等。LD 的监管要求为不高于 75%。

LD 计算简单，便于高频度监测，利于内部管理，但是无法覆盖表外业务，也无法考虑不同类别的贷款和存款，不能给银行流动性管理提供细致的指导。

LCR 的计算公式如下：

$$\text{LCR} = 高质量流动性资产存量/未来 30 天内净现金支出,$$

根据巴塞尔协议Ⅲ规定，LCR 比例必须高于 100%。在上式中，高质量流动性资产分为三类——1 级、2A 级和 2B 级。1 级资产是高流动性资产，它的特征包括：①向中央银行借款时有资格用作抵押品；②易于转换为现金。2 级资产的流动性相对较低。为了说明流动性的降低，在计算 LCR 时 2A 级和 2B 级资产分别有 15% 和 25%～50% 的折扣。

LCR 是指银行必须持有一定数量的高质量流动性资产，足够为 30 天的净现金流出提供资金。LCR 的缺点是，它要求银行持有更多现金，这可能导致向消费者和企业发放的贷款减少，如果银行发放的贷款数量减少，可能会导致经济增长放缓，因为需要获得债务来为其运营和扩张提供资金的公司将无法获得资本。此外，LCR 只提供了短期的财务缓冲，因为它是根据未来 30 天的净现金流出计算的。如果在此窗口之外发生意外事件，银行可能无法履行其义务。

根据巴塞尔协议Ⅲ规定，NSFR 比例必须高于 100%。与本书 3.2 节相似，NSFR 计算公式如下：

$$NSFR = \frac{ASF}{RSF},$$

其中，ASF 表示其资本和负债将在该机构留存一年以上的部分，机构资金来源的广泛特征及其稳定性是确定 ASF 的基础，每个资金要素的账面价值会分配 ASF 系数，ASF 系数从 100%（这意味着资金预计在一年多后仍可用）到 0（说明来自该来源的资金不可靠）变化，ASF 总额是各类负债的 ASF 金额之和；RSF 表示考虑到其资产的流动性特征和剩余到期日以及表外风险产生的或有流动性风险，银行需要持有的稳定资金量，对于每个项目，RSF 金额的计算是通过将 RSF 系数分配给敞口的账面价值来确定的，RSF 系数分配的账面价值的范围从 100% 到 0 变化，100% 的 RSF 系数意味着资产或风险需要完全由稳定的资金来源提供资金，因为它是非流动的，如向金融机构发放的所有剩余期限为 12 个月或以上的贷款，RSF 系数 0 适用于完全流动和未支配资产，RSF 总额是每个类别的 RSF 金额之和。

NSFR 的计算对于系统的要求更高，银行要实现系统自动产生计算结果更加困难，且 NSFR 蕴含较多假设和判断，银行操纵的空间更大，导致准确度及可比性不高，加大了监管机构的监督检查难度与成本。

2）财务比率指标法

财务比率指标法是商业银行根据资产负债表的有关数据，计算流动性指标，用以衡量商业银行流动性状况的方法。流动性指标分为资产流动性指标和负债流动性指标。

（1）资产流动性指标。①现金状况比率。现金状况比率是商业银行的现金项目与总资产的比率，即现金状况比率=现金项目/总资产。现金项目包括法定准备金、超额准备金和应收现金等。现金项目盈利性很低，但是其流动性最强。现金状况比率越高，表明银行流动性状况就越好。②流动性证券比率。流动性证券比率是指银行持有的 1 年以内的政府债券（包括政府机构债券）与总资产的比率，即流动性证券比率=政府债券总额/总资产。短期政府债券信誉高、流动性强，任何时候都可以最小的交易成本出售。该比率越高，表明银行的流动性越强，当银行出现流动性缺口时，可出售短期政府债券来弥补缺口。③净同业拆借比率。净同业拆借比率是指商业银行同业之间资金拆出和资金借入净额与资产总额之间的比率，即净同业拆借比率=(资金同业拆出-资金同业拆入)/资产总额。商业银行调节现金头寸的重要渠道之一是同业之间的资金拆借。该比率越高，表明银行的资金越充裕，资金流动性越强。④能力比率。能力比率指净贷款和租赁资产与总资产的比率，即能力比率=(净贷款+租赁资产)/总资产。净贷款和租赁资产是银行获利的主要资产，一般流动性比较低。能力比率越高，说明银行贷款和租赁资产越多，银行的流动性越差。⑤抵押证券比率。抵押证券比率是银行持有的抵押证券与证券总额的比率，即抵押证券比率=抵押证券/证券总额。抵押证券是银行借款时用作抵押品的证券。银行在回购协议借款和向中央银行借款时，往往需要以证券作抵押，在债务偿还之前抵押证券是不能出售的。因此，作为抵押的证券不包含在流动性资产内。该比率越高，说明能够满足银行流动性需求的证券比率越小，银行证券资产的流动性越差。

（2）负债流动性指标。①货币资产负债比率。货币资产负债比率是指银行的货币市场资产与货币市场负债的比率，即货币资产负债比率=货币市场资产/货币市场负债，其中，货币市场资产表示银行流动性极强的短期资产，包括现金、短期政府债券、中央银行超额准备金拆出、中央银行短期票据及逆回购协议等；货币市场负债表示银行流动性极强的负债，包括大额存单、中央银行超额准备金头寸的拆入及回购协议借款等。该指标可以反映银行平衡货币市场资金头寸的能力，指标值越大，表明银行资产的流动性越高。②短期资产比率。短期资产比率是指银行的短期资产与敏感性负债的比率，即短期资产比率=短期资产/敏感性负债，其中，短期资产是指短期内能够迅速变现的资产，主要包括在其他银行的短期存款、中央银行超额准备金的拆出和银行持有的短期证券；敏感性负债是指对利率变化反应敏感的负债，主要包括大额存款、外国官方存款、回购协议中的证券出售、政府的即期票据和其他票据等，这些负债对市场利率变化的敏感性很强，容易从银行中流出。该比率越高，表明银行的流动性越强。③经纪人存款比率。经纪人存款比率是指经纪人存款与存款总额的比率，即经纪人存款比率=经纪人存款/存款总额，其中，经纪人存款是指证券经纪人代客户存入银行的资金，其特点是数额大、期限短，并以获取高利息收入为目的。银行为了吸收经纪人存款，通常需要提供相对较高的利率，因此经纪人存款对利率变化的敏感性很强。该比率越高，银行陷入流动性危机的可能性越大。④核心存款比率。核心存款比率是指核心存款与总资产的比率，即核心存款比率=核心存款/总资产，其中，核心存款是商业银行存款中最稳定的部分，其特点在于对利率敏感性不强，且不随经济条件和周期性因素的变化而变化。由于核心存款到期前被提取的可能性很小，所以该比率越高则表明银行的流动性压力越小。⑤存款结构比率。存款结构比率是指银行活期存款与定期存款的比率，存款结构比率用来度量银行资金基础的稳定性，即存款结构比率=活期存款/定期存款，该比率上升，意味着银行存款的稳定性减弱，流动性增加。

上述指标的优点是简单实用，有助于理解商业银行过去和当前的流动性状况，但是属于静态评估，容易受到季节性和周期性因素的影响，无法对未来特定时段内的流动性状况进行评估和预测。如果一些条件发生变化，仅依靠单一指标衡量可能产生较大的偏差，所以在实际应用中，往往结合多种指标来判断银行的流动性状况。

3）缺口分析法

缺口分析法是巴塞尔委员会认为评估商业银行流动性较好的方法，在各国商业银行中得到广泛应用。缺口分析法针对特定时间段，计算到期资产（现金流入）和到期负债（现金流出）之间的差额，用以判断商业银行在未来特定时间段内的流动性是否充足。

计算商业银行的流动性缺口需要对资产、负债和表外项目的未来现金流进行分析。经验表明，虽然活期存款的持有者可随时提取存款，但是大多数活期存款都在银行存放两年以上。在美国，商业银行通常将包括活期存款在内的平均存款作为核心资金，为贷款提供融资来源。融资缺口是商业银行贷款平均额和核心存款平均额之间的差异，即融资缺口=贷款平均额-核心存款平均额。

当核心存款平均额大于贷款平均额时，融资缺口为负，说明银行流动性过剩；当核心存款平均额小于贷款平均额时，融资缺口为正，说明银行存在流动性风险，若要维持现有的资产规模，必须从外部去寻求新的资金来源。

如果融资缺口为正，那么商业银行必须动用现金和流动性资产，或者进入货币市场进行融资，以公式表示为融资缺口=-流动性资产+借入资产，也可以改写为融资需求（借入资产）=融资缺口+流动性资产。

这个式子意味着商业银行流动性需求是由一定水平的核心存款和贷款以及流动性资产的规模来确定的。换言之，如果商业银行的融资缺口和流动性资产的持有量越大，商业银行需要从货币市场上借入的资金越多，其流动性风险越大。流动性缺口受到资金需求与资金供给的基本趋势及季节性、周期性、随机性等因素影响。例如，当房地产发展过热时，居民买房需求上升导致居民大量提取银行存款用于购买住房，同时长期住房抵押贷款也显著增加，从供给端，房地产企业为了扩张而增加企业贷款。一旦大量房地产企业和住房贷款的申请人由于内外部因素变化的影响而无法按期偿还本金和利息，商业银行将面临严重的流动性风险。如果商业银行不减少手中持有的流动性资产，则必须转向货币市场借入资金，商业银行借入资金成本会随着其借入资金的增加而上升，并且会导致信贷额度趋严，直至引发流动性危机导致银行倒闭。

由于银行的资产与负债是不断变化的，为了更加有效反映资金需求量和资金供给量的变化对流动性的影响，故应引入边际流动性缺口概念。所谓边际流动性缺口，是指未来预测期内银行预计的资金需求量与资金供给量变化额之间的差值。当边际流动性缺口为正数时，表示流动性过剩；当边际流动性缺口为负数时，表示存在流动性风险。如果流动性缺口产生于目前的资产与负债，称为静态流动性缺口；如果流动性缺口产生于新增的资产与负债，称为动态流动性缺口。

流动性缺口分析法虽然对银行流动性的现状有一个大致的描述，但它仍有诸多缺陷。在对有些资产负债进行期限划分时，往往靠主观判断。例如，活期存款虽然没有名义上的到期日，但有时它们在银行会存放很长时间；又如，资产提前偿还现象的发生；再如，股本虽然在理论上期限无穷大，但当银行根据需要不断增加股本时，也会影响流动性缺口。银行资产负债的期限结构既不能完全反映资产负债质量的差异，也不能把那些以或有负债形式出现的表外业务纳入缺口分析，它不能对银行的借款能力进行评估。对于有些银行而言，其流动性主要靠从市场筹集新资金来满足，而这一能力直接取决于该银行在市场中的地位，而非其资产负债的期限结构。

为了修正流动性缺口分析法忽略不同资金来源渠道和不同资金运用方式之间的流动性差异，人们提出一种修正的流动性缺口分析法——加权流动性缺口分析法，即采用一个流动性排序程序将资金来源和运用按照流动性程度进行加权，然后计算加权流动性缺口，具体操作步骤如下。

首先，将资金按照来源稳定性程度进行排序，对资金运用也按照同样方式进行排序，如表8-2所示。

表 8-2　资金来源与资金运用

公开市场业务	直接融资	非传统方式	核心存款	资本市场资金
不稳定 ←				→ 稳定
经纪人或交易商（可转让CD）	批发性融资（联邦基金和大额CD回购等）	定期型融资（如5年期CD）	DDA MMA 储蓄存单	普通权益 优先权益 长期票据 长期债券

注：CD 的全称为 certificates of deposit（存单）；DDA 的全称为 demand deposit account（活期存款账户）；MMA 的全称为 money market account（货币市场账户）

其次，对每一个稳定性级别打分。打分的标准为：根据稳定性程度为每个稳定性级别赋予相应的正的分值，稳定性程度越高，得分越高，反之亦然。该标准同时适用于流动性供给方和流动性运用方。例如，根据表 8-2，可以从流动性供给的角度对公开市场业务到资本市场资金的五个稳定性级别依次打分为+1、+2、+3、+4、+5；同样，从流动性运用角度可转让 CD 到普通权益等票据的五个稳定性级别依次打分为+1、+2、+3、+4、+5。

最后，对流动性的供给方和运用方分别以所得分数为权重进行加总后即可得到流动性供给方和运用方的加权值，或依次称为资金供给加权值和资金需求加权值。将资金需求加权值减去资金供给加权值即为加权流动性缺口。

4）现金流分析法

通过对商业银行短期内（如未来 30 天）的现金流入（资金来源）和现金流出（资金使用）的预测和分析，可以评估商业银行短期内的流动性状况。商业银行现金流入和现金流出的差异可以用"剩余"或"赤字"来表示：当资金来源大于资金使用时，出现资金"剩余"，表明商业银行拥有一个"流动性缓冲器"，即流动性相对充足，此时商业银行应当考虑到这种流动性剩余头寸的机会成本，因为过量的剩余资金完全可以转变为其他盈利资产赚取更高收益；当资金来源小于资金使用时，出现流动性"赤字"，此时必须考虑这种资金匮乏可能造成的支付困难以及由此产生的流动性风险。

根据历史数据，当资金剩余额与总资产之比小于 3%～5%，甚至为负数时，商业银行应当高度重视其流动性状况。为合理预测商业银行在未来不同时段内的流动性需求，商业银行应当尽可能准确预测未来特定时段内（如未来 7 天、15 天、30 天）的新贷款净增值（新贷款额-到期贷款-贷款出售）、存款净流量（流入量-流出量）以及其他资产和负债的净流量，加总上述各项资金净流量，再与期初的"剩余"或"赤字"相加，即可获得未来特定时段内的流动性头寸。

在实际业务中，除了实际现金流量，还存在大量潜在现金流量，表 8-3 大致反映了一家金融机构实际现金流量和潜在现金流量。

表 8-3　现金流量

现金流量	现金流入量	现金流出量
实际的现金流量	即将到期的资产	即将到期的批发性负债及固定的贷款承诺
	尚未到期的资产产生的利息	尚未到期的负债支付的利息和零售存款的季节性变动
潜在的现金流量	可变现的未到期资产	无固定期限的零售存款
	已经建立的信贷额度	不固定的贷款承诺和其他表外活动

通过分析实际和潜在的现金流量,可以对银行流动性大小进行评估,并寻找出流动性风险的来源,以进行有效的管理。在实践操作中,现金流分析法通常与缺口分析法一起使用,互为补充。

5)期限结构分析法

商业银行的经营性质导致其存在期限结构不匹配的问题,期限结构分析法是商业银行用于分析其资产负债到期期限之间的差异、差异的主要来源以及差异随时间变化的趋势的方法,也就是对1年内到期的各种资产和负债的期限结构进行分析,从中发现流动性缺口的时间变化情况,以便采取应对措施。如果银行的期限结构不匹配,如短期过度负债用于投资长期资产,容易导致资金周转不灵,无法及时偿付到期债务,从而引发流动性风险。相反,如果银行能够很好地匹配期限结构,将资产与负债按照期限进行搭配,遵循偿还期对称原理,流动性风险发生的可能性就较小。期限结构分析法包含久期分析法和资金结构法。

(1)久期分析法。利率的变动通常直接影响商业银行资产与负债的价值,导致流动性状况产生变化,因此久期分析经常被用来评估利率变化对商业银行流动性状况的影响。

用 D_A 表示总资产的加权平均久期;D_L 表示总负债的加权平均久期;V_A 表示总资产的初始值;V_L 表示总负债的初始值;R 表示市场利率,当市场利率变动时,资产和负债的变化可表示为

$$\Delta V_A = -\left(V_A \times D_A \times \frac{\Delta R}{1+R}\right),$$

$$\Delta V_L = -\left(V_L \times D_L \times \frac{\Delta R}{1+R}\right).$$

久期缺口的计算公式如下:

$$久期缺口 = D_A - D_L \times \left(\frac{V_L}{V_A}\right).$$

当久期缺口为正值时,如果市场利率下降,则资产价值增加的幅度比负债价值增加的幅度大,流动性也随之加强;如果市场利率上升,则资产价值减少的幅度比负债价值减少的幅度大,流动性减弱。当久期缺口为负值时,如果市场利率下降,流动性随之减弱,如果市场利率上升,流动性随之增强。当久期缺口为0时,利率变动对商业银行的流动性没有影响。

(2)资金结构法。该方法根据商业银行资金来源稳定性的高低,相对应地提取不同比例的流动性准备,同时根据银企关系,确定新增合理贷款数额,这两项合计构成一定时期内商业银行总的流动性需求。商业银行的存款和其他资金来源可以分为以下三类:游资负债、易变负债和稳定资金。

根据上述三类负债的稳定性程度,相应提取不同比例的流动性准备。例如,对游资负债提取95%的流动性准备,对易变负债提取30%的流动性准备,对于稳定资金提取不超过15%的流动性准备。这些比例的确定大多根据经验确定,并非千篇一律。在上述假定条件下,则负债流动性准备公式如下:

负债流动性准备=95%×(游资负债−法定准备)+30%×(易变负债−法定准备)
+15%×(稳定资金−法定准备).

在贷款方面,根据保持客户关系原则,商业银行应尽量满足客户的合理贷款需求,以达到建立与客户的长期合作关系的目标。因此,商业银行必须估计可能的新增贷款额度,并保持100%的流动性准备。商业银行的总流动性需求公式如下:

流动性总需求=负债流动性需求+贷款流动性需求=95%×(游资负债−法定准备)+30%×(易变负债−法定准备)+15%×(稳定资金−法定准备)+100%×预计新增贷款.

8.3 基于FinTech的流动性风险分析

8.3.1 FinTech的影响

FinTech在一定程度上加速了利率市场化进程并改善了金融的生态环境,由科技公司率先主导的FinTech依托其普惠性和可参与性等优势,对银行的传统经营模式与其经营的稳健性形成了冲击,进一步影响银行风险承担水平。FinTech的影响主要有三个方面:改变金融风险特征、引发价格和流动性风险与增大风险管理压力。

1. 改变金融风险特征

FinTech对风险特征的影响有三方面。一是信任基础发生变化,传统的信任基础是基于人的行为,包括主权行为产生的人类普遍信任,FinTech基于数据和算法形成非人性信任(程序性信任),即去中心化信任体系;二是尾部客户开始进入金融服务群体,这类群体的行为特征与金融世界服务的主要客户群体有较大的不同,金融风险开始与社会风险相互交织,更趋复杂;三是风险特征发生变化,实体经济的价格波动、金融世界的资产泡沫转变为生态特征,风险特征变化影响人的行为,从经济约束拓展到目标选择、信息获取和判断、制度性约束。风险承担表面上看是个体自我认知、自我判断和自我承担的过程,但事实上,随着FinTech的发展,有越来越多因素影响个体的自我认知(目标选择)、外部环境认知、判断和约束,金融风险特征因此被改变。

2. 引发价格和流动性风险

FinTech的发展可能会带来价格风险和流动性风险。在实体经济中,价格主要由供需曲线决定,供需平衡下的价格曲线通常呈现出连续、光滑且可预期的特点。然而,在金融市场中,尽管供需曲线仍然对价格产生影响,但预期因素往往扮演着更为重要的角色。金融市场更多地反映了信息的变化,使价格的波动性和不确定性增加。一般来说,资产价格中的趋势由未知、不可交易的因素主导,因为已知和可交易的因素将完全进入现有价格。因而资产价格虽然仍有一定趋势,但短期波动大且可预期性下降。随着FinTech发展,信息的收集、处理、分析和在不同群体中的扩散能力与速度极高,已知和可交易区域扩大,资产价格的趋势逐步消失,价格可能会快速地逼近真正的随机游走模型。因此,理论上FinTech中的价格信号将以台阶式波动,反映新信息对价格的所有影响。

货币和价格在本质上是通过不断细分商品及服务的品质与特征,使其成为不同的细分市场，从而将不同商品和服务之间的比较降维成单一的价格比较，使交易成为可能，降低交易成本。从 FinTech 的发展趋势看，FinTech 无须通过货币和价格将交易的商品及服务降维比较，其技术具备多维度直接匹配的可能。因此，FinTech 的发展会不断降低价格的必要性。

流动性风险的核心是信任。国债比银行债券流动性高，本质上是因为投资者对国债的信任程度更高。机构特别是市场出现流动性风险，一定是社会的信任度发生变化。美国 2008 年和中国 2013 年金融市场上出现流动性枯竭，根本原因是信任的消失。FinTech 使信任基础发生了变化。在传统金融业务领域，尾部客群使 FinTech 的风险不再是正态分布，而是有较强的偏度，这会改变对传统金融机构依风险分布测算的偿付能力要求。资本的一个主要功能是吸收非预期的风险损失，在肥尾分布中，常态化的准备金要求可能降低，但考虑到羊群效应和社会风险，可能需要增加逆周期的风险准备。FinTech 的运用，在指导投资决策、提升定价能力的同时，也扩大了资金体量，加快了信息的传递和产品交付的频率，提升了终端供需向金融市场反馈的速度，从而放大资产流动性的波动，带来流动性风险。

3. 增大风险管理压力

FinTech 的深度应用会提高商业银行数据整合分析能力，降低人工操作出现失误的概率，同时优化业务创新的技术条件并丰富商业银行风险管控的手段与工具。从全局来说，随着技术手段的发展，商业银行会快速提升自身风险管理能力，在这种情况下，商业银行在发展负债、资产及中间业务时，风险承担意愿与风险承担行为都会加大，这就使商业银行风险管理面临着更加复杂的风险防控局面。

从风险类型上来说，FinTech 的应用与发展会进一步放大商业银行的各类风险。例如，在 FinTech 的应用下，得益于大数据的整合与云计算的分析，商业银行会快速地扩大个人信用贷款的规模，以期获得更好的收益。但是由于目前 FinTech 仍存在不足，叠加宏微观经济环境对客户个人信用水平的影响，商业银行面临着更大的信用风险和流动性风险，风险管理压力增大。

随着 FinTech 与商业银行各项业务深度融合，商业银行的业务创新步伐加快，各类新的业务模式开始出现。毫无疑问，这些创新的产品必然会对商业银行的当期收入形成正向作用，但是随之而来的风险防控压力将会增大。以各类商业银行的信用贷款为例，商业银行利用 FinTech 评估客户风险数据，给予客户信用贷款额度，这从客观上放大了商业银行的信用风险，而商业银行对客户的信用分析来源于客户数据的多维度采集，在这个过程中存在数据谬误、客户信用水平变化等因素。故而 FinTech 的创新发展虽然提高了商业银行的业务收入，但同时伴随着更大的经营风险敞口，提升了风险管理压力。

8.3.2　FinTech 在流动性风险管理中的应用

FinTech 的四大技术是大数据、AI、云计算和区块链，这四大技术在风险管理、资源配置、业务自动化等方面具有优势，为商业银行开展数字化业务提供支持，推动银行转型升级。FinTech 核心技术如表 8-4 所示。

表 8-4　FinTech 核心技术

核心技术	技术+金融	应用领域
人工智能	基于生物识别的人脸识别	远程开户、业务约答
	语音识别与处理	营业网点机器人服务、智能客服
	基于 OCR 自动化视觉	单据、合同、发票的处理
	机器学习	智能化资产配置和投资
大数据	金融知识图谱	风险预警、反欺诈
	客户画像	精准营销与获客
	大数据征信	贷中预警、授信评估、信用报告
云计算	云+大数据	海量数据云端储存
	拓展系统处理能力	满足系统高性能、容量备份要求
区块链	支付结算	支付收单机构基于联盟链和智能合约实时自动对账
	物联网	确保底层资产交易真实可靠

注：OCR 的全称为 optical character recognition（光学字符识别）

　　大数据在金融行业的应用已经较成熟，其次是 AI 和云计算，区块链技术理论虽然较成熟，但是应用场景相对较少。大数据分析技术可以帮助金融机构实时监控市场动态，预测潜在的流动性风险。区块链技术的应用可以提高交易的透明度和效率，降低交易成本，从而改善市场流动性。例如，一些银行利用大数据分析技术优化其流动性管理策略，通过实时监控和预测现金流需求，更加精准地进行资金配置。

　　FinTech 技术的应用可以实时监测、评估和管理流动性风险，提供更精确、高效和灵活的解决方案。通过 FinTech 的自动化和智能化应用，可以优化流动性风险管理过程，提高风险控制能力。

　　1. 大数据技术的应用

　　风险控制是金融业的重要任务之一。金融机构需要对客户信用、市场波动、经济形势等风险因素进行精准评估，以避免或控制潜在的风险。在传统的风险控制模式下，金融机构主要依靠外部数据、内部数据和专业人员的经验进行分析和预测。然而，这种手动分析方式不仅效率较低，而且容易受到人为因素的影响，难以及时发现和应对市场风险。

　　目前商业银行采用的流动性风险管理指标多为静态指标，这就导致了使用历史数据计算出的指标只反映出银行过去一段时间的流动性状况，而非动态的、实时的、全面的监测，这种"事后诸葛"式的监测，很容易出现指标良好但隐含风险较大的现象。此外，银行的金融场景是一种长链条计算的场景，这对技术有更复杂的要求，因为会涉及各种回溯与归因，而且数据的计算量相比其他场景下的计算量更大，同时也更注重时效性。只有实现这种实时、全面、深度穿透、逐笔追溯、精准计量的监测和预警，才能避免金融风险管理中出现诸如"蝴蝶效应"式的风险。

　　大数据技术具有三个主要特点：数据量大、数据处理速度快、数据类型多样。这些特点使大数据技术能够实现对流动性风险实时、全面的监测。大数据技术在流动性风险管理的应用有如下几个方面。

1）流动性风险监测

大数据技术可以利用金融市场的实时交易数据和相关信息，对机构的流动性风险进行实时监测。通过分析大量数据，计算对应的流动性风险指标，可以识别出潜在的流动性风险事件，并及时采取相应的措施。金融机构还可以通过大数据技术分析自身的现金流状况，及时发现资产负债表的资金缺口，避免资金短缺引发的流动性风险。

2）流动性风险预测

大数据技术在流动性风险预测方面发挥着关键作用。通过对历史数据的分析，可以建立流动性风险模型，通过数据挖掘、机器学习等方法，预测未来可能出现的流动性风险，提前制定管理策略。大数据技术还能发掘数据的内在关联和规律，发现潜在的风险，并采取针对性的措施。

3）流动性风险度量

大数据技术可以处理复杂的金融数据，提供更准确和全面的流动性风险度量指标。通过分析大量数据，可以综合考虑市场因素、风险敞口、交易成本等多种因素，对流动性风险进行全面的评估和量化。同时，大数据技术可以进行压力测试，通过模拟和分析历史数据，对不同市场条件下的流动性风险进行压力测试。通过引入多种情景模拟和灵活的数据分析技术，可以更全面地评估机构在不同市场环境下的流动性风险敞口。

4）流动性风险管理策略制定

大数据技术可以对大量历史数据进行挖掘，分析不同市场环境下的流动性风险管理策略的有效性。通过数据的分析和学习，可以优化流动性风险管理策略，并制定更为科学和有效的策略。同时，大数据技术可以根据客户的流动性偏好和投资需求自动调整投资组合，确保资本充足、流动性合理。

5）流动性风险应急计划

大数据技术可以建立流动性风险应急计划，并通过实时监测市场数据和预测模型，提前做好应急准备。当出现异常情况时，大数据技术可以及时预警，并触发相应的流动性风险管理措施。

大数据技术在流动性风险管理中的应用非常广泛，通过充分利用大数据技术对数据进行处理和分析，能够提供更全面、准确和及时的流动性风险监测、预测和管理，它为金融机构提供了更为科学和智能的流动性风险管理解决方案。然而，大数据技术的应用也存在挑战，如数据安全性、技术复杂性等问题，需要进一步研究和解决。随着技术的不断发展，大数据技术在流动性风险管理中的应用前景仍然广阔，大数据技术与如机器学习等其他技术的结合也能够发挥更多作用，有望为金融机构带来更好的流动性风险管理效果。

2. AI 技术的应用

AI 技术在金融机构的流动性风险管理中有着广泛的应用。AI 技术可以为流动性风险管理提供强大的分析能力和智能决策支持，帮助金融机构更好地管理流动性风险、优化资产负债管理以及防范潜在的流动性危机。

AI技术可以用于流动性风险的监测和预测。通过对大数据的挖掘和分析，AI可以识别潜在的流动性风险因素和变化趋势，包括市场流动性和机构内部流动性因素，如资产负债表的结构、现金流预测等。AI技术可以运用多种算法模型进行建模和预测，帮助金融机构更准确地评估流动性风险水平，预警潜在的流动性风险事件。同时，它能够自动学习和调整模型，提高风险预测的准确性。在金融市场的高频交易中，AI可以根据实时数据动态调整决策策略，降低交易的风险。

AI能够应用自然语言处理和情感分析技术帮助金融机构管理流动性风险。通过自然语言处理，AI可以自动筛选、整理和归纳大量的新闻报道、社交媒体内容等，快速识别出市场情绪波动、热点事件的影响等信息，帮助金融机构及时发现流动性危机的前兆。AI还可以通过情感分析技术，判断市场参与者的情绪和行为。例如，分析投资者的社交媒体评论和新闻报道，AI能预测是否存在过度乐观或悲观的情绪。通过识别这些情绪变化，AI可以帮助金融机构及时调整流动性策略，降低潜在的市场流动性风险。

AI技术可以用于流动性风险的压力测试和情景分析。金融机构可以利用AI技术模拟不同的风险情景和压力测试，以评估其对不同市场条件和流动性冲击的弹性与抵御能力。在进行压力测试之前，需要对不同场景进行模拟测试，如模拟市场风险、违约风险、信用风险等各种风险情况，可以利用AI技术进行测试。

AI技术可以根据历史数据和市场动态生成多种情景下的流动性风险指标和指标分布，帮助机构了解可能面临的不同风险情景，采取相应的风险管理策略，并且能够评估对应的策略在相应场景下的风险抵御效果，从而帮助金融机构优化风险管理措施，提升风险抵御能力。

AI技术可以用于流动性风险的监控和预警。通过实时监控和分析市场数据、交易数据和机构内部数据，AI技术可以帮助金融机构更及时地发现潜在的流动性风险暴露和异常变动，预测流动性缺口出现的可能，提供实时的预警和风险提示。金融机构可以利用AI技术开发智能监控系统，自动化地识别和报警流动性风险事件，提高机构对流动性风险的监控和管理效率。

AI技术可利用深度学习监控流动性风险。深度学习通过建立多层次的神经网络，提取数据中的复杂特征，并进行模式识别和预测。深度学习在金融领域有着广泛的应用，如信用评估、欺诈检测等。通过分析客户的信用历史、消费习惯等大量数据，AI技术可以预测客户的违约风险。此外，深度学习还可以通过对大量交易数据的学习，识别出异常交易行为并提供警告。通过监测交易数据中的模式和规律，AI技术可以及时发现潜在的欺诈行为，帮助金融机构降低损失。

AI技术可以用于流动性风险的应急响应和决策支持。当出现流动性危机或风险事件时，金融机构可以借助AI技术进行快速应急响应和决策支持。AI技术可以帮助机构评估和选择不同的风险管理工具和策略，如借款、抵押质押等，以提供所需的流动性支持。通过实时分析大规模数据以及建立决策模型，AI技术能够基于这些大数据精准地判断客户的风险、偏好和需求等因素，进而描绘出细致的客户画像。这为机构提供了个性化的流动性管理建议，有助于优化整体的资产负债配置并加强流动性风险控制。

AI 技术可以用于流动性风险的监管和合规管理。随着金融监管要求的不断升级和加强，金融机构需要建立合规的监管风险管理体系来应对监管压力。AI 技术可以用于监管数据的自动化收集、处理和报告，帮助机构实现对流动性风险管理的全面监管和合规要求。同时，AI 技术还可以进行智能化的监管风险评估，帮助机构主动发现和解决潜在的流动性风险问题，并确保机构符合相关的监管政策和标准。

总之，AI 技术在金融机构的流动性风险管理中具有广泛的应用前景。通过利用 AI 技术的分析能力、智能化决策支持和自动化处理能力，金融机构可以更好地识别和评估潜在的流动性风险，提前预警和应对流动性风险事件，从而保持机构的稳定运行和金融安全。同时，AI 技术还有助于提高金融机构的监管合规能力，帮助机构有效应对监管压力和要求。

3. 云计算技术的应用

随着金融市场的不断发展和金融机构规模的扩大，流动性风险管理变得日益复杂和具有挑战性。在这种情况下，云计算技术的广泛应用为金融机构提供了更加灵活和高效的流动性风险管理解决方案。

1）数据存储与处理

云计算技术可以为金融机构提供强大的数据存储与处理能力。传统的流动性风险管理需要大量的数据分析和计算，以评估和监控机构的流动性风险水平。使用云计算技术，金融机构可以将海量的数据存储在云端，通过云服务提供商提供的强大计算力和分布式处理能力，快速提取、分析和计算所需的数据，大大加快了处理速度和精度。例如，许多银行在采用云服务后，成功实现了业务的敏捷化和灵活性提升，并且数据的流动性也更加顺畅。同时，云服务的集群技术和虚拟化技术，可以杜绝因单点故障导致的数据损失、数据泄露等危险的发生。

2）实时监控与预警

云计算技术使实时监控与预警成为可能。传统的流动性风险管理通常依赖于离线数据处理和定期报告，无法实现对流动性风险的及时监控和快速响应。云计算技术支持实时数据采集、处理和分析，通过建立流动性风险监控模型和指标体系，使金融机构可以实时监控业务活动、市场波动和流动性风险水平，一旦发生异常情况，系统会自动发出预警信号，帮助金融机构及时采取相应的风险控制措施。

此外，云计算可以推动风险预警与防范模型的发展。风险控制使用的模型种类繁多，需要根据不同的业务环节，使用不同的数学模型来预测未来的趋势以及风险隐藏的位置。云计算技术的基础是数据多元化以及对数学和大数据知识的掌握。未来大规模和复杂的风险防范模型的源码也将逐步成为公开的、可以汇聚和共享的技术，这会让风险的协同防范变得更加迅速和准确。

3）场景模拟与压力测试

云计算技术支持流动性风险的场景模拟和压力测试。金融机构需要通过场景模拟和压力测试来评估其流动性风险的承受能力，并制定相应的风险管理策略。云计算技术提供了强大的计算和存储能力，可以快速构建大规模的流动性风险模型和模拟环境，在不同的市场情景和压力条件下进行模拟和测试，为金融机构提供科学有效的风险管理决策支持。

4）在线协作与共享

云计算技术使金融机构能够实现在线协作与共享。流动性风险管理涉及多个部门和岗位之间的合作与协调，传统的方式通常需要面对面的会议和文件传递，效率较低且容易出现信息丢失或错误。而云计算技术提供了协同办公和文件共享的平台，各个部门和岗位可以通过云端系统实时协作、共享信息和文件，提升工作效率和准确性，这样大大提高了处理数据的速度与准确性，有助于金融机构更好地把握市场信息。

5）安全与稳定性

云计算技术在安全与稳定性方面也具有优势。金融机构需要保证其流动性风险管理系统的数据安全和运行稳定，以防止发生数据泄露和系统崩溃等问题。云计算服务提供商通常具备高水平的数据保护措施和强大的系统备份能力，能够有效保障金融机构流动性风险管理系统的安全性和稳定性。

云计算技术可以提供更加安全的数据处理环境。传统的数据处理方式往往需要在金融机构内部进行，而这些内部网络环境往往存在漏洞和风险。金融机构利用云计算技术，可以把数据存储在云端，从而避免了内部网络的漏洞和风险。云端存储还可以更好地保护机密数据，提供更高的数据安全级别，实现更加全面、可靠的数据保护。

总结起来，云计算技术在金融机构流动性风险管理领域的应用为金融机构提供了更加灵活、高效和安全的流动性风险管理解决方案。通过云计算技术，金融机构可以实现数据存储与处理能力的提升、实时监控与预警的加强、场景模拟与压力测试的精细化、在线协作与共享的便利化以及稳定性和安全性的保障，从而有效降低流动性风险对金融机构的影响，提高其整体运营效率和风险管理水平。

4. 区块链技术的应用

区块链技术作为一种去中心化、安全可信的分布式账本技术，可以在金融机构流动性风险管理中发挥重要作用。它的优点包括去除了中间商、信息透明、数据共享和防篡改等，使其在流动性风险管理中具有许多潜力和创新性。

第一，区块链技术能够提供更高效的结算和清算功能，从而加快交易结算速度，并降低金融机构的流动性风险。商业银行最主要的业务集中在存贷款上，而放贷业务的评审与管理更是一项浩大的工程。在放款之前，对借款人的信用进行评定至关重要，然而，目前我国在信用管理方面尚未建立起一个完善的系统。传统的金融结算和清算过程通常需要很长时间，而区块链技术通过消除中间商，实现点对点的交易结算，可以大大缩短结算周期，提高资金的使用效率。区块链技术点对点实时共享的特性，可以帮助银行挖掘客户更多的真实信息，降低贷款业务的信用风险和银行的流动性风险，在贷后管理上，便于银行随时跟踪监测借款主体的经济活动和信用状态变化，帮助银行规避道德风险等冒险活动带来的损失。

第二，区块链技术可以提供更好的资产证明和溯源能力，有助于预防、发现和解决金融机构流动性风险。所有交易数据及相关资产信息均被记录在区块链上，确保数据不可篡改。每个新生成的区块均严格依照时间顺序进行推进，且时间不可逆。任何试图篡改区块链数据的行为都能被迅速追溯，这极大地增强了交易的透明度和可追溯性。通过这种方式，可以有效减少欺诈行为的发生，并强化金融机构的合规性管理。

第三，区块链技术还可以改进金融机构的供应链融资和信贷风险管理。通过将供应链上的相关方信息存储在区块链上，实现信息的共享和验证，金融机构可以更加准确地评估和监测供应链上的流动性风险，并提供相应的融资服务。同时，区块链技术能通过自动执行智能合约功能对贷款合同进行条件管理，降低非支付风险和信用风险。

第四，区块链技术还可以为金融机构提供更好的流动性管理工具和方法。通过建立基于区块链的数字资产和代币化交易所，金融机构可以更灵活地进行资产配置和流动性管理。利用智能合约等技术，金融机构可以实现资金的快速调动和流动性的高效配置，降低流动性风险并提高资金利用效率。

第五，区块链技术还有助于金融机构间的合作与联盟。金融机构可以建立联盟链，通过共享区块链上的数据和交易信息，实现更高效的合作和风险管理。通过区块链技术，金融机构可以建立更加开放和便捷的合作模式，提高市场整体的流动性和风险管理能力。

总而言之，区块链技术在金融机构流动性风险管理中具有巨大的潜力和创新性。它能够加快交易结算速度，提供更好的资产证明和溯源能力，改善供应链融资和信贷风险管理，提供更好的流动性管理工具和方法，促进金融机构间的合作与联盟。尽管区块链技术还存在一些挑战和障碍，如扩展性、隐私性和合规性等问题，但随着技术的不断发展和应用的深入，它将为金融机构流动性风险管理带来更多的创新和变革。

8.3.3 基于 FinTech 进行流动性风险管理实例

FinTech 在流动性风险管理中存在多个成功的案例，以下是几个具有代表性的案例。

（1）Aladdin（阿拉丁）是由全球最大的资产管理公司之一 BlackRock（贝莱德）开发的 FinTech 平台，用于综合资产管理和风险管理。Aladdin 平台有强大的数据基础，其大型数据管理中心 24 小时运行，整合了大量市场数据、交易数据和宏观经济数据，不间断进行数十亿个经济场景的预测，并根据这些预测检查投资组合中的每一项资产，对投资组合进行诊断。这些机器日复一日地记录和存储着历史事件，包括利率和汇率的变动、恶劣的天气灾难、政治丑闻等，再通过蒙特卡罗模拟建立统计模型，计算它们对投资组合产生的潜在影响，为使用该系统的投资者提供风险评估报告。该平台能够帮助投资者监测和管理流动性风险，在市场波动时提供及时的预警和决策支持。

（2）LiquidityEdge 是一个为债券市场提供流动性和交易解决方案的平台，利用 FinTech 技术改进了传统债券市场中的交易流程，通过提供高效的交易执行、实时定价和流动性预测等功能，帮助投资者更好地管理流动性风险。LiquidityEdge 作为美国国债市场的一个新交易场所，提供了一种基于关系的执行模式选择。LiquidityEdge 将 FinTech 应用于流动性风险管理的作用主要有以下几个方面。

第一，流动性聚合。LiquidityEdge 平台通过聚合多个债券交易商的流动性，提供了更深入和广泛的债券买卖报价与交易机会。投资者可以在该平台上获取更多的流动性来源,并获得更好的交易执行价格,从而降低交易成本和流动性风险。

第二,实时定价和分析。LiquidityEdge 利用数据分析和算法模型,对债券市场的实时交易数据进行处理和分析。投资者可以通过该平台获取准确的实时市场定价以及流动性指标,从而更好地评估流动性风险和市场变动。这使投资者能够做出更明智的投资决策,并及时应对市场波动。

第三,流动性预测和智能交易。LiquidityEdge 利用人工智能和机器学习算法来预测债券市场中的流动性情况。通过对历史交易数据和市场变量的分析,该平台可以提供准确的流动性预测结果,并针对不同情境提供智能化的交易建议。这帮助投资者更好地管理流动性风险,并优化投资组合的配置。

第四,数据透明和监控。LiquidityEdge 平台提供实时流动性监控和交易回放功能,使投资者能够跟踪和审计其交易活动。通过透明的交易记录和报告,投资者可以更好地了解自身的流动性风险暴露,并针对风险敞口制定相应的风险管理策略。

LiquidityEdge 的成功体现了 FinTech 在流动性风险管理方面的潜力。通过利用创新的技术和数据分析能力,该平台有效地改进了债券市场的流动性和交易执行效率,为投资者提供更好的流动性管理工具。这一案例证明了 FinTech 在金融领域中对流动性风险管理的积极影响。

(3)某银行通过引入 FinTech 技术来改进其流动性风险管理策略。银行开始与第三方 FinTech 平台合作,以获取更广泛的数据来源并实时监测流动性状况。银行整合了多类数据源,这些数据源包括银行内部的交易清算系统、流动性指标数据库、金融市场实时信息以及外部数据供应商提供的丰富数据。所有这些数据都被导入到一个智能化的流动性分析和监测工具中。借助先进的 FinTech 技术,这个工具能够自动高效地分析庞大的数据量,并实时生成流动性报告和深入的分析结果,为银行提供有力的决策支持。例如,银行能够迅速了解特定产品或业务线的现金流动情况、客户资金需求以及市场事件对流动性的影响。

此外,FinTech 技术还帮助银行进行流动性风险的预测和模拟。银行可以建立机器学习和人工智能模型,基于历史数据和市场趋势来预测未来可能发生的流动性危机。通过模拟不同的风险情景,银行可以评估其资金缓冲和应急资源可用性,以制定更科学的流动性管理策略。

在流动性风险管理过程中,FinTech 技术还能改进流动性的监测和报告机制。银行可以利用自动化的流动性报告系统,集成不同风险指标和监管要求,并实时生成报告。这样,银行内部的风险管理团队和监管机构可以更准确地了解银行的流动性状况并做出相应的决策。此外,该银行还通过 FinTech 技术实施了一套智能化的流动性预警系统。当某些关键指标或风险信号出现异常时,系统会立即发出警报,使银行能够及早采取行动来应对潜在的流动性问题。

综上所述,金融机构使用 FinTech 进行流动性风险管理能够提升金融机构对流动性风险的感知和控制能力,使其能够更加灵活地应对市场波动和流动性压力,并保持良好的资金状况,以确保业务的平稳运营。通过利用数据分析、算法模型和人工智能等技术,金融机构和交易者能够更好地监测、预测和管理流动性风险，从而降低风险并增加投资回报。这些成功案例证明了 FinTech 在流动性风险管理方面的价值，也反映了 FinTech 在金融行业的创新能力和影响力。

8.4 流动性风险管理

8.4.1 资产流动性风险管理

资产流动性风险管理是通过合理的资产配置和负债管理来降低流动性风险的策略。常见的管理方法包括资产负债匹配策略和流动性储备的建立。资产负债匹配策略要求金融机构在期限结构上匹配其资产和负债，以减少因期限错配导致的流动性风险。此外，建立适当的流动性储备，如持有高质量流动性资产，可以确保金融机构在紧急情况下有足够的资金应对现金流需求。然而，随着银行业经营环境、业务模式和资金来源的变化，一些银行出现了资金来源稳定性下降、资产流动性降低、资产负债期限错配加大和流动性风险隐患增加等问题。流动性风险管理和监管面临的挑战不断增加，银行业要将资金在现金资产、证券资产和贷款这几类资产中进行合理地分配，保持合理的流动性。

具体来说，资产流动性风险管理策略是一种存量调整的策略，要求商业银行将流动性资产作为一种储备储存起来，在突然发生计划外流动性需求时，可以将这些储存起来的资产迅速在二级市场上以合理价格出卖，以达到迅速变现的目标，应对银行突发性的流动性需求。对于商业银行经营管理本身来说，这种策略有利于维护保持客户的信心，安全性较好。但是，该策略过分限制了银行业务范围，囤积大量流动性资产具有较高的机会成本，因为银行会放弃高收益资产，导致风险收益较小，并且将政府债券等流动性资产以出卖的方式变现获得流动性的做法往往会损害商业银行的信誉。因此，商业银行在储存流动性时应当兼顾资产的流动性与盈利性，商业银行保持资产流动性的方法有以下几种。

1）保持足够的准备资产

准备资产是指银行持有的现金资产和短期有价证券。银行的准备资产按照其变现能力分为一级准备和二级准备。一级准备主要包括库存现金、同业存款和在中央银行的存款，它们都有十足的流动性，具备随时变现的能力。二级准备主要是流动性稍差，但收益率较高的流动资产，包括股票、短期债券等，主要是指中期债券。这类准备的收益高于一级准备，但流动性比一级准备资产差，风险也比一级准备的风险大。由于一级准备额度有限，同时为了充分利用负债盈利，一级准备不会预留太多，因而二级准备的建立更加重要，在建立二级准备时应充分考虑其规模、期限、工具种类、收益及变现能力，建立合理的资产组合。商业银行准备资产的数量主要取决于银行监管当局的有关规定和银行面临的主观及客观环境，即一家商业银行要保持多少的准备资产，是这家银行在遵守银行监管当局有关规定的前提下，根据自己面临的主观及客观环境进行决策的结果。这种决策是否正确取决于银行的经营管理水平以及银行经营管理者的素质。

2）合理安排资产组合

商业银行应合理配置其资产，即对现金、证券和贷款等资产进行最佳组合，以此改善商业银行资产负债期限结构错配的情况。我国商业银行的资产负债期限结构一般都是"长存短贷"模式，承受着资产负债期限结构错配带来的流动性风险。商业银行的资产有四种——现金、证券、贷款与固定资产，这四种资产的流动性不同，期限结构也不相同，流动性程度越高，其流动性期限越短。因此，为了优化资产结构，商业银行需要对这四种资产进行合理配置，调整其整体的流动性期限，以确保与负债的期限结构相契合。同时，商业银行还须努力提高盈利资产的变现能力，以增加整体的资金流动性。在安排资产组合的期限时，不仅要考虑各种资产期限的比例关系与负债的协调，还应关注同一资产内部在其期限内的最佳组合与负债的匹配。通过这样的策略，商业银行能够更好地平衡资产与负债的结构，提高资金使用的效率与安全性。

3）增加资产流动性

商业银行可以通过多种方式增加资产的流动性。前述的保持足够的准备资产，合理安排资产组合的期限结构等方式，是传统的增加流动性的方法。商业银行可通过资产证券化，将期限较长、流动性较差的资产出售，将出售所得资金用于投资高流动性的金融资产；商业银行也可通过将长期贷款的短期资金来源置换为通过发行债券获得的长期资金来源，从而加强资产的流动性。内部资金转移是商业银行另一个有利于提升流动性的手段，主要包括账户划转、资产转移、信用转移等。账户划转是指商业银行之间、商业银行与中央银行之间以及商业银行内部进行的账户调拨；资产转移则是商业银行之间、商业银行与中央银行之间以及商业银行内部进行的资产交换或者调整，可以通过调整资产结构来增加流动性资产，提升流动性水平；信用转移则是指商业银行之间、商业银行与中央银行之间以及商业银行内部进行的信贷资产转移，可以通过信贷资产的转移达到优化资源配置的目的。

8.4.2 负债流动性风险管理

根据负债管理理论，解决流动性问题不仅可以通过持有现金资产或流动性资产变现的途径来实现，商业银行还可以通过主动负债的形式在货币和资金市场上获得所需流动性。这样商业银行一方面可以达到营利性的目的，另一方面可以用较低的资金成本从资金市场上借入资金。金融机构的负债管理方法主要有以下几种。

1）开拓和保持主动型负债

主动负债是商业银行获取流动性最常用的方式之一，主要包括同业拆借、中央银行窗口指导贷款、债券发行等。同业拆借不仅可以增强流动性，还可以加强不同银行之间的资金流动联系。中央银行窗口指导贷款和债券发行是政府对商业银行流动性管理的一种手段，能够帮助商业银行解决短期资金缺口。然而，主动负债也有风险，如同业拆借存在对手风险，债券发行存在违约风险等。商业银行在选择主动负债时，需要考虑流动性和风险的平衡。同时，商业银行还需要遵守相关监管要求，如中央银行对外部融资的限制、中国人民银行对同业存单的规定等。

2）对传统存款类型进行创新

对传统类型的存款账户进行创新，可以增强负债的流动性、盈利性和安全性。传统的存款账户分为定期存款、活期存款和储蓄存款，在这三类账户的基础上，商业银行不断进行创新，开发出多种既兼顾流动性又兼顾盈利性的存款类型，如可转让支付命令账户、自动转账服务账户、货币市场存款账户、个人退休金账户、股金汇票账户和定活两便存款账户等，这些创新型的存款账户比传统的存款账户灵活性更强，能够吸纳更多资金，大大提升了商业银行负债的流动性。

3）加强存款经营水平

增加客户的存款，有利于提升负债的流动性，因此除了对存款账户进行创新外，商业银行理应加强存款经营水平。主要措施有：建立完善的客户信息管理系统，更好地把握客户需求，并积极推出合理的存款产品；完善存款营销管理机制，及时发现存款营销机会，积极开展存款营销活动，提高客户满意度；加强存款定价管理，根据市场变化及时调整存款利率，吸引客户存款；加强存款推广活动，利用网络、电视、报纸、广播等媒介，广泛宣传存款产品，拓展存款市场；建立完善的存款风险管理机制，定期对存款客户进行风险评估，有效管控存款风险；提高存款服务水平，实施一站式存款服务，对存款服务进行创新，提高服务质量，提升客户满意度。

8.4.3 金融机构的流动性风险管理

1. 现金流分析

金融机构要建立现金流测算与分析框架，从而有效计量、检测和控制正常及压力情景下未来不同时间段的现金流缺口。现金流分析不仅要分析资产和负债的未来现金流，也要涵盖或有资产和或有负债的潜在现金流，并充分考虑支付结算、代理和托管等业务对现金流的影响。

金融机构可将资金头寸划分为基础头寸（如超额准备金）、可控头寸（如具有确定到期日的债券）和不可控头寸（如存款、贷款和理财资金），再针对不同头寸的现金流入和流出情况进行预测分析。

现金流分析一般包含四个维度——正常状态、压力状态、静态计量和动态计量。例如，在正常状态下，静态计量从资产负债项目传统指标、静态现金流缺口、传统指标与静态现金流缺口结合的指标方面进行现金流分析；动态计量则更多基于资金头寸、客户行为调整、资产负债传统指标和经客户行为调整后的现金流指标进行现金流分析。

目前在实践中较常使用的现金流预测分析方法有：基于合同现金流计算未来现金流、基于预测现金流估计未来现金流、在合同现金流基础上基于一定的预测和判断估计未来现金流。因此，无论如何都需要使用假设模型对合同现金流进行动态调整，其中最常使用的是客户行为调整模型和业务增量模型。在客户行为调整模型中，使用较多的是活期存款沉淀率模型、定期存款提前支取模型、定期存款滚存模型、贷款提前偿还模型、保证金调整模型、无到期期限金融产品现金流分布分析等。行为调整方法主要有专家假设调整法、历史模拟法、统计模型法。业务增量模型往往基于对未来某个时间段内各时点资产负债规模的增长假设或者目标值假设,且主要涉及完全新增的业务假设。该操作的处理过程主要是在客户行为调整模型基础上,进一步对现金流进行业务增量调整。

2. 流动性风险评估

分析资产和负债的流动性特征,包括现金流量、到期日程和市场可变性。商业银行使用历史数据和模型进行流动性压力测试,以评估在不同市场环境下的流动性冲击情况。在评估过程中,需要考虑各种可能的资金流出情况,以及机构可用资金和可实现流动性的资金数量。常见的流动性风险评估方法如下。

(1)应急流动性指标法。该方法通过测算金融机构应对突发资金流出的应急储备能力来评估其流动性风险。例如,使用 8.2.2 节提到的 LCR 进行评估,即计算机构在极端压力情况下至少可覆盖多少天的流动性需求。例如,某商业银行计算得出其 LCR 为 120%,即该银行在面临极端流动性压力时有能力覆盖至少 120 天的流动性需求。

(2)资产负债表结构分析法。该方法通过分析金融机构的资产负债表结构,评估其面临流动性风险时可能产生的影响。评估过程中需要考虑金融机构的可变现性资产和债务期限匹配情况。例如,某证券公司通过分析其资产负债表结构发现,其大部分债务的到期期限相对较短,而资产的流动性较低,这可能导致其在面临流动性压力时无法及时偿还债务。

(3)压力测试法。该方法通过模拟不同的市场冲击和流动性脉冲情景,评估金融机构在不同压力下的流动性风险。通常会对多个因素进行压力测试,如市场流动性恶化、债务违约风险上升等。例如,某保险公司进行了一轮压力测试,结果发现在市场流动性恶化的情况下,其流动性缺口会显著扩大,可能导致无法满足投保人的赔付需求。

(4)短期偿债能力分析法。该方法通过分析金融机构的短期偿债能力,评估其在需求突然增加或资金来源收紧时的流动性风险。通常会计算金融机构的快速流动性比率或现金流量覆盖比率等指标。例如,某信托公司计算得出其快速流动性比率为 1.5,即该公司的可快速变现资产能够覆盖至少 1.5 倍的短期债务。

以上仅是几种常见的金融机构流动性风险评估方法。在实际应用中,金融机构会根据自身情况采用不同的方法或结合多种方法进行综合评估,以确保其在面对流动性风险时具备足够的应对能力。

3. 流动性风险策略制定

制定流动性风险策略需要设定明确的流动性目标,如最低现金储备要求和流动性缺口限制。例如,假如商业银行最低现金储备要求定为 10%,一旦发现其现金储备已降到 10%,那它们就必须减少贷款,或者增加存款,以保证符合流动性的要求。

制定流动性风险管理策略还需要制定资金来源和使用的策略,如优化现金流管理、多元化资金来源和建立备用信贷渠道等。商业银行的资金来源可以包括存款、债券发行以及股权融资等途径。资金使用方面,商业银行应制定有效的贷款政策和投资策略,确保资金的合理配置和风险控制。商业银行与其他金融机构建立合作关系,如国际银行、债券市场、私募基金等，以获得额外的资金来源。商业银行也可与其他商业银行组成信贷联盟，共享信贷风险，增加备用信贷的可用性。同时，商业银行可以与中央银行合作，开展再贷款业务，获得紧急资金支持。商业银行还需要关注资本充足性、流动性和融资成本等方面，以优化资金运营。此外，商业银行要基于流动性评估的结果定期更新流动性策略，这可能需要调整资金成本、优化资产负债表结构、改进流动性管理工具等。

4. 流动性风险应急计划

仔细观察流动性风险管理就会发现，流动性风险管理者大多数时候都在耗费时间与精力进行日常的融资、风险计量和控制，但是真正的危险来自那些低频率、高损失事件，因此需要制定流动性风险应急计划。流动性风险应急计划对于确保应急行动的顺利进行至关重要，并且在程序行动方面应与常规流动性管理不同。理想情况下，应急计划可分为两种——资产负债表干预和内部应急程序（内部政策）。然而，市场杠杆在很大程度上是由银行的风险承受能力和盈利目标驱动的，在这些目标中，高质量的证券（通常报酬较低）或现金被囤积以应对流动性危机。此外，在处理安全缓冲水平时，需要考虑的一个重要因素是压力测试和应急资金规划之间的联系。应急计划的触发事件应与压力测试结果保持一致。相反，压力测试的经验可以纳入应急指南。

应急计划是在紧急情况下管理现金流短缺的一套内部程序。它包含了对资产和缓冲资产的流动性价值以及负债、客户和监管机构行为的假设。应急计划包括管理流动性压力事件的政策、程序和行动计划。该计划的目标是为金融机构应对流动性危机提供及时明确的指导，确保金融机构在流动性压力事件期间可以获得替代流动性来源，并提供应采取的步骤，以确保流动性来源足以为其运营成本提供资金并履行其承诺，同时最大限度地减少额外成本和中断。

应急计划通常在整体层面制定，并辅以具体的应急计划。通常是根据可能影响个体流动性状况的情况量身定制的，如特殊冲击或市场中断。虽然应急行动可以根据具体情况量身定制，但它们通常有一些共同的目标，即减少现金消耗活动或保持特许经营价值，向市场表明该机构的财务状况良好稳定。应急计划为金融机构制定和实施财务与运营战略提供了一种结构化方法，以便在严重的市场压力和金融压力期间有效管理或有流动性事件。

第 9 章　操作风险度量与管理

9.1　操作风险的定义

9.1.1　典型案例

1995 年在巴林银行任职外汇交易员的尼克·利森违规买进大量期货合约，并且其身兼交易员和主管两个职位，长期设置虚假账户隐藏损失，导致该银行损失 14 亿美元，百年银行由此被彻底击垮。同年 9 月，日本大和银行驻纽约分行的交易员在账外买卖美国债券，导致该银行蒙受 11 亿美元的巨额损失，且大和银行在美国的 17 家分行以及大和信托投资公司必须在 3 个月内结束在美国的一切业务，大和银行 3 年内不得在美国重新开展金融业务。在此之后，国际金融机构对操作风险的控制意识稍有提升，但操作风险事件仍有发生，如 2008 年 1 月法国兴业银行的交易员热罗姆·凯维埃尔违规投资金融衍生品，使法国兴业银行蒙受了 71 亿美元的巨额亏损；2011 年瑞士银行一名交易员进行未授权交易的违规操作，丑闻揭露当天瑞士银行股价大幅下跌 11%。以上世界闻名的银行巨额损失事件多归因于内部人员违规操作以及内部程序、监管制度设置不当。随着这类损失事件发生的频率不断增加，社会各界开始关注起这类风险，尤其是在巴林银行倒闭之后，国际金融机构着重研究了操作风险。

9.1.2　定义

操作风险的定义方式有两大类——广义操作风险和狭义操作风险。广义操作风险认为除了市场风险和信用风险以外的所有风险均为操作风险；狭义操作风险认为只有与业务运营部门有关的风险才是操作风险。英国银行家协会最早给出了操作风险的定义，他们认为，操作风险与人为失误、不完备的程序控制、欺诈和犯罪活动相联系，是由技术缺陷和系统崩溃引起的。花旗银行认为，操作风险是内部流程、人员或系统不完善或失败以及外部事件而造成损失的风险，包括业务操作和市场行为相关联的声誉与特许经营权。摩根大通将操作风险定义为各公司业务和支持活动中内生的一种风险因素，这种风险表现为各种形式的错误、中断或停滞，可能导致财物损失或者给公司带来其他方面的损失。迄今为止，虽然各类金融机构根据自身经营特点对操作风险的定义稍有不同，但监管部门对其定义基本一致。

1998 年 5 月，IBM 公司（International Business Machines Corporation，国际商业机器公司）发起设立了第一个行业先进思想管理论坛——操作风险论坛，这个论坛对操作风险的定义为：操作风险是指因客户、设计不当的控制体系、控制系统失灵以及不可控事件导致的各类风险，是遭受潜在损失的可能。损失可能来自内部或外部事件、宏观趋势以及不能为公司决策机构和内部控制体系、信息系统、行政机构组织、道德准则或其他主要控制手段和标准所洞悉并组织的变动。它不包括已经存在的其他风险种类如市场风险、信用风险以及决策风险。上述定义开始为大多数银行所接受。巴塞尔委员会关于操作风险的定义也是建立在这个基础之上的。巴塞尔新资本协议定义操作风险是由不完善或失灵的内部程序、人员及系统或外部事件所造成损失的风险，包括法律风险，但不包括策略风险和声誉风险。

我国的金融机构以银行为主体，因此本书关于我国操作风险的分析以银行业为主体。近年来，随着金融管制放松、业务全球化、金融创新步伐加快以及信息技术的发展，我国商业银行的操作风险有增大的趋势。2023年12月27日国家金融监督管理总局发布《银行保险机构操作风险管理办法》，其中定义操作风险是指由于内部程序、员工、信息科技系统存在问题以及外部事件造成损失的风险，包括法律风险，但不包括战略风险和声誉风险。

现今，操作风险与信用风险、市场风险并列为金融机构面临的三大风险。操作风险的危害主要在于会使金融机构内部控制以及公司治理机制的失效，这种失效状态可能因为失误、欺诈，未能及时做出反应而导致银行财物损失，或使金融机构的利益在其他方面受到损失。操作风险的其他方面还包括信息技术系统的重大失效或灾难事件。我国商业银行操作风险的表现主要在员工、内部流程、系统和外部事件四个方面，员工方面表现为内部欺诈、失职违规、违反用工法律等；内部流程方面表现为内部流程不健全、流程执行失败、控制和报告不力、文件或合同缺陷、担保品管理不当、产品服务缺陷、泄密、与客户纠纷等；系统方面表现为信息科技系统和一般配套设备不完善；外部事件方面表现为外部欺诈、自然灾害、交通事故、外包商不履责等。

9.1.3 特点

从上述不同机构关于操作风险的定义中不难发现，相比市场风险和信用风险，操作风险有以下特点。

一是风险的内生性。除了自然灾害等外部事件引起操作风险外，其他大部分操作风险都是金融机构的内部风险，而信用风险和市场风险更多的是一种外生风险。

二是风险和收益的对应关系不同。信用风险和市场风险一般是高风险高收益、低风险低收益，风险和收益存在对应关系，但在操作风险方面，金融机构不能保证承担了操作风险而获得收益，并且往往其风险和收益没有固定的对应关系。

三是操作风险具有多样性。操作风险可以来源于内部程序、员工、科技信息系统和外部事件，涵盖所有部门以及所有业务环节。

四是操作风险的损失数据总体呈现厚尾特征。操作风险导致损失事件呈现出的总体特征是大多数属于高频率/低损失，极少数属于低频率/高损失，因此损失的总体分布呈现出厚尾现象。

9.2 操作风险的分类

巴塞尔委员会从两个维度对操作风险进行了分类界定，首先将操作风险导致损失的事件分为七种类型,并详细地将这七大类划分为 2 级目录和 3 级目录,操作风险损失事件分类如表 9-1 所示,这七种类型事件简单介绍如下。

表 9-1 操作风险损失事件分类

事件类型	2 级目录	3 级目录
内部欺诈	未经授权的活动	交易部报告(故意)
		交易品种未经授权(存在资金损失)
		头寸计价错误(故意)
	盗窃和欺诈	欺诈/信贷欺诈/假存款
		盗窃/勒索/挪用公款/抢劫
		盗用资产
		恶意损毁资产
		伪造
		多户头支票欺诈
		走私
		窃取账户资金/假冒开户人等
		违规纳税/逃税(故意)
		贿赂/回扣
		内幕交易(不用企业的账户)
外部欺诈	盗窃和欺诈	盗窃/抢劫
		伪造
		多户头支票欺诈
	系统安全	黑客攻击损失
		盗窃信息(存在资金损失)
就业政策和工作场所安全性风险	劳资关系	薪酬、福利、雇佣合同终止后的安排
		有组织的劳工行动
	环境安全性	一般责任(滑倒和坠落等)
		违反员工健康及安全规定的事件
		工人的劳保开支
	性别及种族歧视事件	所有涉及歧视的事件
客户、产品及业务操作风险	适当性、披露和信托责任	违背信托责任/违反规章制度
		适当性/披露问题(了解你的客户等)
		违规披露零售客户信息
	适当性、披露和信托责任	泄露私密信息
		冒险销售
		为多收手续费反复操作客户账户
		保密信息使用不当
		贷款人责任
	不良的业务或市场行为	反垄断
		不良交易/市场行为
		操纵市场
		内幕交易(不用企业的账户)
		未经当局批准的业务活动
		洗钱
	产品瑕疵	产品缺陷(未经授权等)
		模型误差
	客户选择、业务提起和风险暴露咨询业务	未按规定审查客户
		超过客户的风险限额
		咨询业务产生的纠纷

续表

事件类型	2级目录	3级目录
实体资产损坏	灾害和其他事件	自然灾害损失 外部原因（恐怖袭击、故意破坏）造成的人员伤亡
业务中断和系统失败	系统	硬件 软件 电信 动力输送损耗/中断
执行、交割及流程管理风险	交易认定、执行和维持	错误传达信息 数据录入、维护或登载错误 超过最后期限或未履行义务 模型/系统误操作 会计错误/交易方认定记录错误 其他任务履行失误 交割失败 担保品管理失败 交易相关数据维护
	监控和报告	未履行强制报告职责外部报告失准（导致损失）
	招揽客户和文件记录	客户许可/免责声明缺失 法律文件缺失/不完备
	个人/企业客户账户管理	未经批准登录账户 客户记录错误
	交易对手方	非客户对手方的失误与非客户对手方的纠纷
	外部销售商和供应商	外包 与外部销售商的纠纷

（1）内部欺诈——故意骗取、盗用财产或违反监管规章、法律或公司政策导致的损失，此类事件至少涉及内部一方，但不包括性别/种族歧视事件。

（2）外部欺诈——第三方故意骗取、盗用财产或逃避法律导致的损失。

（3）就业政策和工作场所安全性风险——违反就业、健康或安全方面的法律或协议，个人工伤赔付或者因性别/种族歧视事件导致的损失。

（4）客户、产品及业务操作风险——因客户违约、产品缺陷或业务操作失误导致的法律责任、财务损失或运营中断。

（5）实体资产损坏——实体资产因自然灾害或其他事件丢失或毁坏导致的损失业务中断和系统失败。

（6）业务中断和系统失败——业务中断或系统失败造成的损失。

（7）执行、交割及流程管理风险——因流程管理不当、交易对手或外部销售商关系问题导致的损失，或因流程管理失败而引发的风险。

巴塞尔委员会根据商业银行的业务流程将业务分为八种类型，即公司金融、交易和销售、零售银行业务、商业银行业务、支付和清算、代理服务、资产管理和零售经纪。并且对这些业务类型做了2级目录详细划分（表9-2）。

表 9-2 商业银行业务流程分类

业务类型	2级目录	业务群组
公司金融	公司金融	兼并与收购，承销，私有化，证券化，研究，债务（政府、高收益），股本，银团，首次公开发行上市，配股
	市政/政府金融	
	商人银行	
	咨询服务	
交易和销售	销售	固定收入，股权，外汇，商品，信贷，融资，自营证券头寸，贷款和回购，经纪，债务，经纪人业务
	做市	
	自营头寸	
	资金业务	
零售银行业务	零售银行业务	零售贷款和存款，银行服务，信托和不动产
	私人银行业务	零售贷款和存款，银行服务，信托和不动产，投资咨询
	银行卡服务	商户/商业/公司卡，零售店品牌和零售业务
商业银行业务	商业银行业务	项目融资，不动产，出口与贸易融资，保理，租赁，贷款，担保，汇票
支付和清算	外部客户	支付和托收，资金转账，清算和结算
代理服务	托管	第三方账户托管，存托凭证，证券贷出，公司行为
	公司代理	发行和支付代理
	公司信托	
资产管理	可支配基金管理	集合，分散，零售，封闭式，开放式，私募基金
	非可支配基金管理	集合，分散，零售，封闭式，开放式
零售经纪	零售经纪业务	执行指令等全套服务

巴塞尔委员会将两种分类结合构成了操作风险的 7×8 矩阵，每一种因操作风险导致损失发生的事件都可以在矩阵中找到对应位置。

英国银行家协会对操作风险的界定则是将操作风险分为人力风险、流程风险、系统风险和外部风险（表 9-3）。

表 9-3 操作风险分类

风险类型	内容
人力风险	雇员冲突、欺诈
	越权行为、欺诈交易、操作失误
	违反用工法
	劳动力中断、关键人员流失或缺乏
流程风险	支付清算、传输风险
	文件、合同风险
	股价、定价风险
	内部、外部报告风险
	执行规章、流程
	策略风险、管理变动
	出售风险

续表

风险类型	内容
系统风险	科技投资风险
	系统开发和执行
	系统功能
	系统失败
	系统安全
外部风险	法律、公共责任
	犯罪
	外部采购、供应商风险
	外部开发风险灾难、基础设施
	政策调整、政治政府风险

资料来源：英国银行家协会官网

在我国国内，著名学者巴曙松（2003）将操作性失误风险划分为以下 6 种。

（1）执行风险，即执行人员不能正确理解管理人员的意图或者有意错误操作等而导致的风险；

（2）信息风险，即信息在机构内部或者机构内外之间的产生、接收、处理、储存、转移等环节出现故障而导致的风险；

（3）关系风险，即因为产品和服务、管理等方面的问题影响到客户与金融机构的关系而导致的风险；

（4）法律风险，即金融机构的经营管理活动不符合所在地的法律和监管要求导致的风险；

（5）人员风险，即缺乏足够合格的员工、缺乏对员工表现的恰当评估等导致的风险；

（6）系统事件风险，即电脑系统等出现故障可能导致的风险。

除了以上分类方式之外，还有一种常见的划分方式，该方式按照操作风险发生的频率和损失的程度进行划分。操作风险发生的频率是指一定时间内操作风险损失事件发生的数目；操作风险的损失程度指操作风险事件发生时产生的影响大小。按照这种方式，可以把操作风险分为低频率/低损失、低频率/高损失、高频率/低损失、高频率/高损失四种类型。同样，频率还可以分为低频率、中频率、高频率三类，损失也可以分为低损失、中损失、高损失三类，此种情形下操作风险可分为九种类型。这种分类方法从风险损失事件发生的频率和损失程度两个方面反映了不同类型操作风险的性质，在分析操作风险时比较常用。

9.3 操作风险的度量

在界定和识别了操作风险后，运用正确的模型和方式对操作风险进行度量就成了关键性的问题。本书着重介绍了巴塞尔协议Ⅲ框架下对操作风险的计量方法以及国家金融监督管理总局框架下的计量方法。

9.3.1 巴塞尔协议Ⅲ的操作风险计量框架

巴塞尔委员会规定，不同金融机构可以按照其主体业务的复杂程度以及对风险的敏感性，由简单到复杂分别使用基本指标法（basic indicator approach，BIA）、标准法（the standard approach，TSA）或高级计量法（advanced measurement approach，AMA）对操作风险进行计量。

首先介绍基本指标法，在采用基本指标法时，银行应持有的风险资本等于前三年总收入的平均值乘上一个固定比例（用 α 表示）。若其中某年的总收入为负值或零，则在计算平均值时，分子和分母中都不包含这项数据①。资本计算公式如下：

$$K_{\text{BIA}} = \alpha \times \frac{\sum_{j=1}^{n} \text{GI}_j}{n},$$

其中，K_{BIA} 表示基本指标法下银行应该持有的风险资本；GI 表示前三年各年为正的总收入；n 表示前三年中总收入为正数的年数；$\alpha = 15\%$，由巴塞尔委员会设定，目的是将行业范围的监管资本要求与行业范围的指标联系起来。

总收入的计算方式为净利息收入加上非利息收入。这种计算方式能反映所有准备（如未付利息的准备）的总额，且不涵盖银行账户上出售证券实现的盈利（或损失）、特殊项目和保险收入。

鉴于计算基本指标法的资本比较简单，巴塞尔新资本协议中未对该方法的使用提出具体标准，但是，巴塞尔委员会鼓励采用此法的银行遵循委员会于 2003 年 2 月发布的指引《操作风险管理和监管的稳健做法》。

其次介绍标准法，在标准法中，银行的业务被分为 8 个业务线：公司金融、交易和销售、零售银行业务、商业银行业务、支付和清算、代理服务、资产管理和零售经纪。对于这 8 个业务线的分类介绍，可以见表 9-2。在各业务线中，总收入是广义指标，代表业务经营规模，因此也大致代表各业务线的操作风险暴露。计算各业务线资本要求的方法是：用银行的总收入乘以该业务线适用的系数（用 β 值表示）。β 值代表行业在特定业务线的操作风险损失经验值与该业务线总收入之间的关系。应该注意到，标准法是按照各业务线计算总收入，而不是在整个机构层面计算。例如，公司金融指标采用的是公司金融业务产生的总收入。总资本要求是各业务线监管资本按年简单加总后取三年的平均值。在任何一年，任何业务线负的资本要求（由负的总收入造成）可在不加限制的情况下，用以抵销其他业务线正的资本要求。但若在给定年份，各业务线加总的资本要求为负值，则当年分子项为零。以下是总资本要求的计算公式：

$$K_{\text{TSA}} = \frac{\sum_{j=1}^{3} \max\left(\sum_{k=1}^{8} \text{GI}_{jk} \times \beta_k, 0\right)}{3},$$

---

① 巴塞尔协议Ⅱ规定：如果总收入为负值，扭曲了银行按照第一支柱提取的资本，监管当局将根据第二支柱的要求采取适当的监管措施。

其中，K_{TSA} 表示用标准法计算的资本要求；GI_{jk} 按照标准法的定义，表示 8 个业务线中各业务线各年的总收入；β_k 表示由巴塞尔委员会设定的固定比率。β 值如表 9-4 所示。

表 9-4 β 系数

业务线	β 值
公司金融 β_1	18%
交易和销售 β_2	18%
零售银行业务 β_3	12%
商业银行业务 β_4	15%
支付和清算 β_5	18%
代理服务 β_6	15%
资产管理 β_7	12%
零售经纪 β_8	12%

资料来源：巴塞尔协议 II

值得一提的是，各国监管当局可以根据本国的基本情况决定是否需要采取另一种形式的标准法——替代标准法（alternative standardized approach，ASA），除了零售银行业务（retail banking，RB）和商业银行业务（commercial banking，CB）外，用 ASA 计算操作风险资本的方法与标准法基本相同，对于零售银行业务和商业银行业务，用贷款和垫款乘以一个固定系数"m"代替总收入作为风险指标。零售银行业务和商业银行业务的 β 值与标准法一样。用 ASA 计算零售银行业务和商业银行业务的操作风险资本公式为

$$K_{RB} = \beta_{RB} \times m \times LA_{RB},$$
$$K_{CB} = \beta_{CB} \times m \times LA_{CB},$$

其中，K_{RB} 表示零售银行业务的资本；β_{RB} 表示零售银行业务的 β 值；LA_{RB} 表示零售贷款和垫款之和的前三年年均余额（未进行风险加权，准备之和）；K_{CB} 表示商业银行业务的资本；β_{CB} 表示商业银行业务的 β 值；LA_{CB} 表示商业贷款和垫款之和的前三年年均余额（未进行风险加权，准备之和）；m 等于 0.035。

最后，高级计量法即银行根据定量和定性标准，采用内部操作风险计量系统来计量风险，从而得到对应的资本监管要求。使用高级计量法应获得监管部门的批准。目前一般将操作风险高级计量法分成三类，即内部计量法、损失分布法和极值理论法。此类方法对操作风险损失分布的"厚尾"部分尤为关注，下面对这三种方法逐一展开介绍。

（1）内部计量法。银行业务线以及损失类型之间互相搭配，构成了 56 个业务线/损失类型组合，银行可以用内部的历史损失数据来计算每一个组合的期望损失（expected loss，EL），风险资本是由期望损失和非预期损失（unexpected loss，UL）的关系来确认的。当这两者呈线性关系时，风险资本为

$$K_{IMA} = \sum_i \sum_j \gamma_{ij} EL_{ij},$$

其中，i 表示业务线数量；j 表示损失的类型；γ_{ij} 表示计算第 i 类产品中第 j 种期望损失

EL_{ij} 所需要的风险资本的参数。

若期望损失和非预期损失不具备线性关系时,风险资本为

$$K_{\text{IMA}} = \sum_i \sum_j \gamma_{ij} \text{EL}_{ij} \text{RPI}_{ij},$$

其中, RPI_{ij} 表示风险特征指数。

（2）损失分布法。损失分布法在度量操作风险的高级计量法中应用较为广泛。根据巴塞尔委员会的定义,损失分布法是指在对操作损失事件的损失频率和损失程度进行假设的基础之上,对业务线/损失类型矩阵中的每一类操作损失的复合分布分别进行估计,进而得到某一时期一定置信度下该类型操作风险价值的方法。损失分布法主要通过 VaR 来计算非预期损失,而不是通过期望损失和非预期损失之间的关系得到,因此损失分布法的风险敏感性更强。假定 $(X_1, X_2, \cdots, X_n)$ 表示操作风险损失的随机变量,当操作风险损失的分布函数为 $F(x) = P(X_i \leqslant x) = q$ 时（q 为置信水平）,给定 q 的情况下,对于分布函数 $F(x)$,可以通过求反函数得到

$$\text{VaR}_q = F^{-1}(q),$$

其中, $F^{-1}(q)$ 表示分布函数的反函数。整个银行的操作风险则为每种业务线/损失类型 VaR 的加总。

损失分布法的准确性与假设的损失频率分布形式和损失程度分布形式的准确性挂钩,且必须假设两种分布之间相互独立。

（3）极值理论法。在日常操作风险事件中,较危险的是低频率但高损失的极端事件,正是由于这些极端事件,使操作风险的损失分布呈现"厚尾"特征。极值理论法的优势在于它直接处理损失分布的尾部,没有对损失数据预先假设任何的分布,而是利用数据本身说话,而且对可能超过 VaR 的操作风险损失给出了预测,因此它适合对低频率高损失类型的操作风险事件进行防范。但用极值理论法计量操作风险的同时必须面对一系列的不确定性,包括参数不确定性、模型不确定性以及数据不确定性。参数不确定性是指即使有充足的、高质量的数据以及很好的模型,参数估计仍存在标准误差；模型不确定性是指可能存在很好的数据,但是模型很差；最后是数据不确定性,从某种意义上讲,在极值分析中永远不会有充足的数据,因为只有少数观测数据进入尾部区域（陆静,2021）。

这三种方法的适用范围往往存在差异。使用基本指标法的银行大多是规模比较小,业务范围相对简单的银行,它将银行视为一个整体来衡量操作风险,只分析银行整体的操作风险水平,而不对其构成进行分析,因此它的问题在于对操作风险的衡量缺乏敏感性,难以将银行自身的操作风险与其他银行和整个银行业的操作风险进行比较,没有办法对银行各个业务领域的操作风险进行准确衡量,因此巴塞尔委员会建议国际活跃银行和具有较高操作风险的银行使用更加精确的衡量方法。使用标准法的银行是数据收集能力和分析能力有限的银行,这种方法虽然比基本指标法对操作风险的衡量详细一点,但是它只是基本指标法的简单延伸,依然无法充分反映各业务的实际风险程度和操作风险资本之间的关系。鉴于一些国际活跃银行希望采用标准法,巴塞尔委员会规定采用标准

法的银行，除了符合一般性规定外，还必须符合其他标准，如银行的操作风险管理体系必须对操作风险管理部门进行明确的职责划分，银行必须系统地跟踪相关的操作风险数据，必须定期地向业务条线管理部门、高级管理层和董事会报告操作风险的暴露情况，银行的操作风险管理流程和评估体系必须接受验证与定期的独立检查等。对于高级计量法来说，该方法依赖过去的损失数据计量资本，使银行致力于将操作风险管理带来的效益直接反映在资本计提上。使用该方法的都是规模很大、业务非常复杂的银行。银行在采用高级计量法计算操作风险资本之前，必须符合巴塞尔委员会订立的质量标准，主要为：银行必须建立独立的操作风险管理部门，负责操作风险管理架构的规划与落实，拟定政策与施行程序，规划和实施操作风险计量方法与风险通报机制，制定识别、衡量、监督与控制操作风险的战略。对于操作风险计量系统部分，不论是内外部数据的使用，还是情景分析和内控系统方面，都必须达到相应的监管标准（陆静，2021）。

9.3.2 国家金融监督管理总局的计量框架

国家金融监督管理总局监管框架主要针对银行保险机构，各规定条例中的银行保险机构是指在中华人民共和国境内依法设立的商业银行、农村合作银行、农村信用合作社等吸收公众存款的金融机构以及开发性金融机构、政策性银行、保险公司。我国银行业的操作风险监管诞生于20世纪90年代金融业改革开放之初，起步于2002年至2006年。在这一阶段中国人民银行和中国银行业监督管理委员会发布的《商业银行内部控制指引》与《关于加大防范操作风险工作力度的通知》中，操作风险概念才正式被提出。

为加强商业银行的操作风险管理，推动商业银行进一步完善公司治理结构，提升风险管理能力，中国银行业监督管理委员会于2007年5月制定了《商业银行操作风险管理指引》，在该指引中明确说明：商业银行应当按照本指引要求，建立与本行的业务性质、规模和复杂程度相适应的操作风险管理体系，有效地识别、评估、监测和控制/缓释操作风险。操作风险管理体系的具体形式不要求统一，但至少应包括以下基本要素：董事会的监督控制，高级管理层的职责，适当的组织架构，操作风险管理政策、方法和程序，计提操作风险所需资本的规定。

2008年中国银行业监督管理委员会印发的《商业银行操作风险监管资本计量指引》指出，商业银行应选择下列方法之一计量操作风险监管资本：标准法、替代标准法和高级计量法。该指引明确了商业银行业务条线划分、收入归集和分配原则及方法，以增强可操作性，规定了商业银行采用标准法应达到的定性要求，包括操作风险管理组织框架、操作风险管理信息系统、操作风险报告等，以推动商业银行提升操作风险管理能力。为鼓励商业银行提高操作风险计量能力，指引允许商业银行采用高级计量法计算操作风险监管资本要求，规定了采用高级计量法的原则性要求和稳健性标准，明确了操作风险损失事件和数据收集的原则。并且中国银行业监督管理委员会可以依据审慎监管的规则，一旦认定商业银行内部控制不健全、操作风险管理薄弱，可以要求商业银行按照本指引方法，在计量结果的基础上提高操作风险监管资本。

在巴塞尔协议Ⅲ的操作风险计量框架之下，2012年6月中国银行业监督管理委员会公布了《商业银行资本管理办法（试行）》，自2013年1月1日起施行。该办法规定商业银行可采用基本指标法、标准法或高级计量法计量操作风险资本要求。2023年6月20日经国家金融监督管理总局审核通过了《银行保险机构操作风险管理办法》，该办法自2024年7月1日起施行。2023年9月8日，国家金融监督管理总局修订形成《商业银行资本管理办法》，自2024年1月1日起施行。

1. 基本指标法

商业银行采用基本指标法，应当以总收入为基础计量操作风险资本要求。商业银行应当按照此办法的规定确认总收入，即净利息收入与净非利息收入之和（表9-5），应当按照以下公式计量操作风险资本要求：

$$K_{\mathrm{BIA}} = \frac{\sum_{i=1}^{n}(\mathrm{GI}_i \times \alpha)}{n},$$

其中，K_{BIA}表示商业银行按照基本指标法计量的操作风险资本要求；GI表示过去三年中每年正的总收入；n表示过去三年中总收入为正的年数；α为15%。

表9-5 总收入构成说明

序号	项目	内容
①	利息收入	金融机构往来利息收入，贷款、投资利息收入，其他利息收入等
②	利息支出	金融机构往来利息支出、客户存款利息支出、其他借入资金利息支出等
③	净利息收入	①－②
④	手续费和佣金净收入	手续费及佣金收入－手续费及佣金支出
⑤	净交易损益	汇兑与汇率产品损益、贵金属与其他商品交易损益、利率产品交易损益、权益衍生品交易损益等
⑥	证券投资净收益	证券投资净损益等，但不包括银行账簿"以摊余成本计量"和"以公允价值计量且其变动计入其他综合收益"两类证券出售实现的损益
⑦	其他营业收入	股利收入、投资性房地产公允价值变动等
⑧	净非利息收入	④＋⑤＋⑥＋⑦
⑨	总收入	③＋⑧

资料来源：国家金融监督管理总局．商业银行资本管理办法，2023-10-26

2. 标准法

商业银行采用标准法，应按照以下公式计量操作风险资本要求：

$$K_{\mathrm{TSA}} = \mathrm{BIC} \times \mathrm{ILM}$$

其中，K_{TSA}表示按标准法计量的操作风险资本要求；BIC表示业务指标部分；ILM表示内部损失乘数。

BIC等于商业银行的业务指标（BI）乘以对应的边际资本系数α，商业银行采用标准法，应根据业务指标规模使用累进边际资本系数。业务指标80亿元人民币（含）以下的部分，边际资本系数为12%；80亿元人民币以上，2400亿元人民币（含）以下的部分，边际资本系数为15%；2400亿元人民币以上的部分，边际资本系数为18%。业务指标为利息、租赁和股利部分（ILDC），服务部分（SC）及金融部分（FC）之和，即 BI = ILDC + SC + FC。其中：

$$ILDC = \min\left[\overline{abs(利息收入-利息支出)}, \overline{2.25\% \times 生息资产}\right] + \overline{股利收入},$$

$$SC = \max\left(\overline{其他经营性收入}, \overline{其他经营性支出}\right) + \max\left(\overline{手续费和佣金收入}, \overline{手续费和佣金支出}\right),$$

$$FC = \overline{abs(交易账簿净损益)} + \overline{abs(银行账簿净损益)}.$$

每个项目上方的横线表示近三年的算术平均值，业务指标构成说明如表 9-6 所示。

表 9-6 业务指标构成说明

组成部分	项目	定义	典型的子项目
利息、租赁和股利	利息收入	所有金融资产的利息收入和其他利息收入（包括融资租赁的利息收入和经营租赁的租金收入，租赁资产的收益）	• 以下项目获得的利息收入：贷款和垫款、金融投资–债权投资、金融投资–其他债权投资、交易性金融资产、融资租赁 • 套期保值衍生品的利息收入 • 其他利息收入 • 经营租赁的租金收入 • 租赁资产的收益
	利息支出	所有金融负债的利息支出和其他利息支出（包括租赁业务的利息支出，租赁资产的损失、折旧和减值）	• 以下项目的利息支出：存款、已发行债券、租赁业务 • 套期保值衍生品的利息支出 • 其他利息支出 • 租赁资产的损失 • 租赁资产的折旧和减值
	生息资产	未偿还贷款和垫款、生息债券（包括政府债券）以及租赁资产年末价值的总额	
	股利收入	未纳入商业银行合并财务报表的股权、基金等投资的股息、红利收入，包括未并表子公司、联营公司和合营公司	
服务	手续费和佣金收入	提供咨询和服务的收入，包括商业银行作为金融服务外包商的收入	费用及佣金收入： • 证券（发行、创设、交易、执行客户指令等） • 代销类（基金、保险、债券等） • 清算与结算；资产管理；托管；信托交易；支付服务；结构性融资；资产证券化服务；贷款承诺和担保；外汇交易
	手续费和佣金支出	获得咨询和服务的支出，包括商业银行金融服务外包的支出，但不包括非金融服务项目（如物流、IT、人力资源）	费用及佣金支出： • 清算与结算；托管；资产证券化服务；贷款承诺和担保；外汇交易
	其他经营性收入	未被前序项目所包含的一般银行类服务收入（不包括经营租赁收入）	• 投资性房地产的租金收入 • 分类为持有待售且不符合终止经营条件的非流动资产及处置组的收益 • 其他一般银行类服务收入
	其他经营性支出	未被前序项目所包含的一般银行类服务支出，以及由操作风险损失事件造成的费用和损失（不包括经营租赁支出）	• 分类为持有待售且不符合终止经营条件的非流动资产及处置组的损失 • 由操作风险损失事件造成的损失（如罚款、处罚、结算、损坏资产的重置成本），且未在以前年度计提准备金 • 为操作风险损失事件计提的准备金 • 其他一般银行类服务支出

续表

组成部分	项目	定义	典型的子项目
金融	交易账簿净损益	•以交易性目的持有的金融资产和承担的金融负债（衍生品、债券、权益证券、贷款和垫款、卖空头寸、其他资产和负债）的净损益 •套期保值会计的净损益 •汇兑差额的净损益	
	银行账簿净损益	•以公允价值计量且其变动计入当期损益金融资产和负债的净损益 •不属于以公允价值计量且其变动计入当期损益金融资产和负债的已实现收益或损失（贷款和垫款、金融投资−债权投资、金融投资−其他债权投资、以摊余成本计量的金融负债） •套期保值会计的净损益 •汇兑差额的净损益	

资料来源：国家金融监督管理总局. 商业银行资本管理办法, 2023-10-26

以下损益项目不纳入业务指标项目。

（1）保险或再保险业务的收入和支出。

（2）从保险或再保险保单中获得的保费和偿付/支付。

（3）管理费用，包括员工支出、非金融服务的外包支出（如物流、IT、人力资源）和其他管理费用（如IT、公用事业、通信、差旅、办公用品、邮资）。

（4）管理费用的收回，包括代表客户收回的付款（如向客户征税）。

（5）房产及固定资产的支出（因操作风险损失事件造成的支出除外）。

（6）有形资产和无形资产的折旧/摊销（租赁资产的折旧除外）。

（7）与操作风险损失事件无关的准备金/准备金转回（如为养老金、承诺和保证计提的准备金/准备金转回）。

（8）按合同规定偿还股本的支出。

（9）减值/减值转回（如金融资产，非金融资产，对子公司、联营公司、合营公司的投资）。

（10）在利润表确认的商誉变动。

（11）企业所得税（基于利润的税收，包括当期税收和递延所得税）。

（12）业务活动终止，并经国家金融监督管理总局或其派出机构认可的项目。

内部损失乘数（ILM）是基于商业银行操作风险平均历史损失数据与业务指标部分的调整因子，计算公式为

$$\text{ILM} = \ln\left(\exp(1) - 1 + \left(\frac{\text{LC}}{\text{BIC}}\right)^{0.8}\right),$$

其中，损失部分 LC 表示近十年操作风险损失金额的算术平均值的 15 倍。损失数据识别、收集和处理要求如下。商业银行应将损失数据纳入操作风险资本要求计量。收集的数据应是高质量、准确并完整的，以确保计算得出的操作风险资本要求与商业银行操作风险损失相匹配。商业银行损失数据的识别、收集和处理应满足一般要求和具体要求。

1）一般要求

（1）商业银行应具备 10 年观察期的高质量损失数据。初次使用内部损失数据的商业银行，如果没有 10 年期的高质量损失数据，应使用 5 年期（含）以上的所有高质量损

失数据。

（2）损失数据应全面覆盖所有子系统和地区的业务活动和风险暴露。商业银行应将净损失金额 15 万元以上的操作风险损失事件纳入内部损失乘数的计算。

（3）商业银行应书面规定识别、收集和处理损失数据的程序和流程。自行计算内部损失乘数的商业银行，在使用损失数据前，应对相关程序和流程进行验证，并定期进行内外部审计，将审计中发现的重大问题及时报告国家金融监督管理总局或其派出机构。

（4）商业银行应至少将损失数据与操作风险损失事件的事件类型（表 9-1）建立对应关系，并书面规定映射规则。国家金融监督管理总局及其派出机构有权要求商业银行提供映射后的损失数据。

（5）商业银行除收集损失金额信息外，还应收集操作风险损失事件发生的日期、被发现的日期和在利润表中记账的日期。此外，商业银行应收集损失金额发生回收的信息，以及操作风险损失事件发生原因等描述性信息，描述性信息的详尽程度应与损失金额的大小相匹配。

（6）经国家金融监督管理总局或其派出机构认可，商业银行在计量操作风险资本要求时，可剔除特定的操作风险损失事件，但需提供充足理由证明剔除的操作风险损失事件不会发生在其他存续业务中，并按照第三支柱信息披露相关要求进行披露。商业银行申请剔除的操作风险损失事件的金额应大于 10 年平均损失净额的 5%。被剔除的操作风险损失事件应在数据库中至少保留 3 年，已终止的业务活动相关操作风险损失事件不受 3 年保留期的限制。

（7）与信用风险有关的操作风险损失事件，如果在信用风险加权资产的计量范围中已经覆盖，可不纳入操作风险资本要求计量范围。

（8）与市场风险有关的操作风险损失事件，应纳入操作风险资本要求计量范围。

（9）商业银行应定期进行内外部审计，独立审查损失数据的全面性和准确性。

2）具体要求

（1）商业银行应建立损失数据库，并制定完善的政策和程序，明确总损失定义、损失事件相关日期和损失分类等要素。

（2）总损失是指计算各类回收之前的损失。净损失是指剔除回收之后的损失。回收是与原始损失事件有关但不是同时发生、从外部获得资金或经济利益流入的事件，包括保险回收和非保险回收，但不包括应收账款和税收影响。

（3）商业银行应识别所有操作风险损失事件的总损失金额、保险回收金额和非保险回收金额，并使用净损失金额计算内部损失乘数。国家金融监督管理总局及其派出机构有权要求商业银行提供能够减少总损失金额的付款证明。

（4）下列项目应纳入操作风险损失事件的总损失：①由操作风险损失事件引起的直接费用，包括商业银行利润表中的减值；②操作风险损失事件所产生的其他费用，包括与其相关的外部费用，如直接相关的法律费用和支付给顾问、律师或供应商的费用，以及用于恢复到操作风险损失事件发生之前状态的修理或更换费用；③为应对潜在操作风险事件损失计提或确认的，影响利润表的准备金或预计负债；④操作风险损失事件造成的具有明确财务影响但尚未反映在利润表中，暂时簿记过渡账户或暂记账户的损失，记账日为簿记过渡账户或暂记账户的日期;⑤之前财务会计年度发生的操作风险事件,对现金流或财务报表造成负面影响。

(5) 下列项目不纳入操作风险损失事件的总损失:①财产、厂房或设备的一般性维护成本;②操作风险损失后,为加强业务管理的内外部支出,包括升级、改进、风险评估和强化措施;③保险费。

(6) 商业银行应使用会计记账日作为损失数据的统计日期。对于法律事件损失,会计记账日是指合理评估该法律事件造成的利润损失而计提准备金或确认预计负债的日期。

(7) 由常见的操作风险损失事件或相关的跨年度操作风险损失事件造成的损失,应按会计记账日处理到相应年份。

商业银行采用标准法,经国家金融监督管理总局或其派出机构验收通过后,可采用自身损失数据自行计算内部损失乘数;未经国家金融监督管理总局或其派出机构验收通过的,国家金融监督管理总局或其派出机构可根据商业银行的实际损失情况,要求其使用大于规定计算公式得出的内部损失乘数。

9.4 基于 FinTech 的操作风险分析

随着 FinTech 在商业银行中的广泛应用,商业银行在提升自身服务效率以及丰富其金融产品的同时,也在迎接新的风险挑战,如洗钱、金融诈骗、数据泄露、操作失误等,这些多数属于操作风险事件。

9.4.1 FinTech 下操作风险来源

在当前 FinTech 的背景下,操作风险有以下几个主要来源。

(1) 数据安全难以得到保障。随着 FinTech 的发展,数据隐私问题日益突出,科技公司过度收集客户的数据侵犯客户的隐私。例如,中国在 2016~2017 年现金贷高速增长时期,出现了借款人信息买卖的情况。监管当局现今着重对商业银行的客户信息管理进行监管,忽视甚至无视对 FinTech 的监管,当金融机构通过 FinTech 在客户信息数据领域占据了主导和垄断地位后,就可以对客户进行信息评估,甚至进行价格歧视,扰乱市场公平性。

(2) 技术安全无法得到保证。FinTech 虽然发展快速,但安全技术还没有完全跟上。新技术的快速迭代为 FinTech 的发展提供了条件,但是同时移动通信技术的发展与普及又使各种诈骗、伪造银行信息事件频发。目前 FinTech 在安全技术上仍未取得有效突破,因此 FinTech 在安全性能上仍存在发生操作风险事件的可能。当代新技术虽然被广泛运用,但有部分机构并未对其新技术进行严密的测试和风险评估,导致技术选错、资源浪费、操作风险事件频发。特别是对于某些仍处于刚刚起步发展的新兴技术,如果舆论和资本过度炒作,就会使其沦为市场操纵、投机、诈骗的工具。

(3) 运营风险较大。金融服务全天化可能会增加金融机构受到外部冲击的时间和概率,对工作人员实时监测和应对突发事件管理的能力形成挑战。FinTech 会加深金融业与科技业以及市场基础设施运营企业的融合，增加了金融行业的复杂性，从而增加操作风险事件发生的可能性。当 FinTech 公司进入市场并且成为系统重要性机构后，在云服务高度集中的情况下，一旦受到攻击，可能对整个市场造成影响。

9.4.2　FinTech 背景下商业银行操作风险特征

FinTech 本身仍然属于金融范畴，当商业银行的服务效率和利润空间提升之后，商业银行的风险暴露也相应增加，同时操作风险表现出了新的特征。世界银行副行长兼集团首席风险官拉克茜米·希亚姆-桑德指出，当前 FinTech 容易触发以下主要风险：第一是 FinTech 技术增加了金融诈骗的风险；第二是金融市场上的参与者由于对 FinTech 缺乏了解，容易因为操作失误引发资金流失，造成操作风险事件；第三是客户隐私数据泄露的风险。当前诸多研究认为，在当今日益靠技术主导的金融世界中，操作风险在所有风险中占的份额越来越大，甚至目前已经明显超越了市场风险和信用风险。

9.4.3　对 FinTech 行业监管与发展的建议

首先，在金融发展的历史进程中，出现过很多次技术性的创新，但金融业尚未受到颠覆性、根本性的影响。当前 FinTech 创新展现出一些新的特点，它是否会对现有的金融体系造成不同以往的影响，是否会颠覆金融业务模式，目前不得而知，所以要密切关注 FinTech 的发展，为将来完善监管奠定基础。其次，监管部门应该坚持按照金融业本质公平监管，技术即使发生了创新，FinTech 仍具备金融的本质功能、风险的本质特征、监管的本质要求。因此不管是传统金融行业还是新兴科技公司，只要从事了同类的金融业务，监管部门都应该在现行的监管框架下对其进行监管，要求他们遵循同样的规章制度行事。对 FinTech 监管需要注意的是：①使用 FinTech 的公司是否依法获得了相应的金融牌照，或者是否开展了超牌照的金融业务，是否遵循了相应的监管规则；②使用 FinTech 的公司是否实施了与承担风险性质和水平相匹配的风险管控措施；③需要确认新技术的使用是否带来了新的金融风险和问题。最后，金融行业对现代科技的应用呈现出加速趋势，监管机构应当密切追踪各种 FinTech 发展对商业银行业务模式、风险特征和银行监管的影响，加强与 FinTech 企业的沟通交流和政策辅导。同时积极参加金融稳定理事会、巴塞尔委员会等国际组织关于 FinTech 的发展演进、对金融稳定的影响和监管应对等问题的研究，共同探索完善、改进监管方式。

9.5　操作风险管理

操作风险管理是全面风险管理体系的重要组成部分，其目的是有效防范操作风险，降低损失，提升内外部事件冲击的应对能力，为业务稳健运营提供保障。

为了加强商业银行的操作风险管理，推动商业银行进一步完善公司治理结构，提升风险管理能力，中国银行业监督管理委员会在 2007 年制定了《商业银行操作风险管理指引》。该指引中规定商业银行应当根据本身的业务性质、规模和复杂程度建立相应的操作风险管理体系,这个体系的具体形式不作统一要求,但至少应包括以下基本要素:董事会的监督控制,高级管理层的职责,适当的组织架构,操作风险管理政策、方法和程序,集体操作风险所需资本的规定。2024 年 7 月正式实施的《银行保险机构操作风险管理办法》(以下简称《办法》)充分吸收了巴塞尔委员会在 2014 年发布的新一版《操作风险稳健管理原则》(以下简称《原则》)的核心内容,提出的运营韧性和控制监测与保证框架、基准比较分析等新工具均源自《原则》的相关内容,体现了国际监管的领先理念及国际金融同业的良好做法,对于提升我国金融机构的操作风险管理水平具有重要参考借鉴价值。

我国操作风险管理框架可简单划分为治理架构、制度规范、管理流程与方法、监督管理四大层面。

9.5.1 治理架构

《办法》充分体现了公司治理的领先概念,为银行保险金融机构的操作风险明确了顶层风险治理架构并厘清了不同部门的管理责任,并且首次提出了建立操作风险管理三道防线的机制。

银行保险机构应当建立操作风险管理的三道防线。第一道防线包括各级业务和管理部门,是操作风险的直接承担者和管理者,负责各自领域内的操作风险管理工作;第二道防线包括负责各级操作风险管理和计量的牵头部门,指导、监督第一道防线的操作风险管理工作;第三道防线是各级内部审计部门,对第一道和第二道防线履职情况及有效性进行监督评价。其中需要注意的是,第二道防线部门应当保持独立性,持续提升操作风险管理的一致性和有效性;三道防线之间及各防线内部应当建立完善风险数据和信息共享机制,以提高风险管理效率;内部审计部门应当至少每三年开展一次操作风险管理专项审计,覆盖第一道防线、第二道防线操作风险管理情况,检查评估操作风险管理体系运行情况,并向董事会报告。

《办法》对专业部门的职责也进行了规定,要求法律、合规、信息科技、数据管理、消费者权益保护、安全保卫、财务会计、人力资源、精算等部门在承担本部门操作风险管理职责的同时,应当在职责范围内为其他部门操作风险管理提供充足资源和支持。

银行保险机构境内分支机构、直接经营业务的部门应当承担操作风险管理主体责任,并履行以下职责。

(1) 为本级、本条线操作风险管理部门配备充足资源。

(2) 严格执行操作风险管理制度、风险偏好以及管理流程等要求。

(3) 按照内外部审计结果和监管要求改进操作风险管理。

(4) 其他相关职责。

境外分支机构除满足前款要求外,还应当符合所在地监管要求。

银行保险机构应当要求其并表管理范围内的境内金融附属机构、金融科技类附属机构建立符合集团风险偏好,与其业务范围、风险特征、经营规模、监管要求相适应的操作风险管理体系,建立健全三道防线,制定操作风险管理制度。境外附属机构除满足前款要求外，还应当符合所在地监管要求。

9.5.2 制度规范

《办法》明确了操作风险管理制度的基本内容，至少包含操作风险定义；操作风险管理组织架构、权限和责任；操作风险识别、评估、计量、监测、控制、缓释程序；操作风险报告机制，包括报告主体、责任、路径、频率、时限等。操作风险管理基本制度应当与业务性质、规模、复杂程度和风险特征相适应，银行保险机构应当在操作风险管理基本制度制定或者修订后 15 个工作日内，按照监管职责归属报送国家金融监督管理总局或其派出机构。银行保险机构应当在整体风险偏好下制定定性、定量指标并重的操作风险偏好，通过风险偏好、风险限额和风险传导机制，对操作风险进行持续监测和及时预警。

9.5.3 管理流程与方法

风险管理流程是指商业银行或保险机构在日常工作中开展操作风险管理的程序和环节。根据《办法》规定，银行保险机构应当结合风险识别、评估结果、实施控制和缓释措施，将操作风险控制在风险偏好内。银行保险机构应当根据风险等级，对业务、产品、流程以及相关管理活动的风险采取控制、缓释措施，持续监督执行情况，建立良好的内部控制环境。银行保险机构通过购买保险、业务外包等措施缓释操作风险的，应当确保缓释措施实质有效。

银行保险机构应当将加强内部控制作为操作风险管理的有效手段。内部控制措施至少包括以下内容。

（1）明确部门间职责分工，避免利益冲突。

（2）密切监测风险偏好及其传导机制的执行情况。

（3）加强各类业务授权和信息系统权限管理。

（4）建立重要财产的记录和保管、定期盘点、账实核对等日常管理和定期检查机制。

（5）加强不相容岗位管理，有效隔离重要业务部门和关键岗位，建立履职回避以及关键岗位轮岗、强制休假、离岗审计制度。

（6）加强员工行为管理，重点关注关键岗位员工行为。

（7）对交易和账户进行定期对账。

（8）建立内部员工揭发检举的奖励和保护机制。

（9）配置适当的员工并进行有效培训。

（10）建立操作风险管理的激励约束机制。

（11）其他内部控制措施。

规范管理操作风险，银行保险机构应当采取如下措施。

（1）制定与其业务规模和复杂性相适应的业务连续性计划，有效应对导致业务中断的突发事件，最大限度减少业务中断影响。

（2）定期开展业务连续性应急预案演练评估，验证应急预案及备用资源的可用性，提高员工应急意识及处置能力，测试关键服务供应商的持续运营能力，确保业务连续性计划满足业务恢复目标，有效应对内外部威胁及风险。

（3）制定网络安全管理制度，履行网络安全保护义务，执行网络安全等级保护制度要求，采取必要的管理和技术措施，监测、防御、处置网络安全风险和威胁，有效应对网络安全事件，保障网络安全、稳定运行，防范网络违法犯罪活动。

（4）制定数据安全管理制度，对数据进行分类分级管理，采取保护措施，保护数据免遭篡改、破坏、泄露、丢失或者被非法获取、非法利用，重点加强个人信息保护，规范数据处理活动，依法合理利用数据。

（5）制定与业务外包有关的风险管理制度，确保有严谨的业务外包合同和服务协议，明确各方责任义务，加强对外包方的监督管理。

（6）定期监测操作风险状况和重大损失情况，对风险持续扩大的情形建立预警机制，及时采取措施控制、缓释风险。

（7）建立操作风险内部定期报告机制。第一道防线应当向上级对口管理部门和本级操作风险管理部门报告，各级操作风险管理部门汇总本级及所辖机构的情况向上级操作风险管理部门报告；在每年四月底前按照监管职责归属向国家金融监督管理总局或其派出机构报送前一年度操作风险管理情况。

（8）建立重大操作风险事件报告机制，及时向董事会、高级管理层、监事会和其他内部部门报告重大操作风险事件；运用操作风险损失数据库、操作风险自评估、关键风险指标等基础管理工具管理操作风险，可以选择运用事件管理、控制监测和保证框架、情景分析、基准比较分析等管理工具，或者开发其他管理工具；运用各项风险管理工具进行交叉校验，定期重检、优化操作风险管理工具。

（9）建立操作风险压力测试机制，定期开展操作风险压力测试，在开展其他压力测试过程中应当充分考虑操作风险的影响，针对压力测试中识别的潜在风险点和薄弱环节，及时采取应对措施；按照国家金融监督管理总局关于资本监管的要求，对承担的操作风险计提充足资本。

银行保险机构存在以下重大变更情形的，应当强化操作风险的事前识别、评估等工作。

（1）开发新业务、新产品。
（2）新设境内外分支机构、附属机构。
（3）拓展新业务范围、形成新商业模式。
（4）业务流程、信息科技系统等发生重大变更。
（5）其他重大变更情形。

9.5.4 监督管理

按照《办法》规定，国家金融监督管理总局及其派出机构应当：将对银行保险机构操作风险的监督管理纳入集团和法人监管体系，检查评估操作风险管理体系的健全性和有效性；加强与相关部门的监管协作和信息共享，共同防范金融风险跨机构、跨行业、跨区域传染；通过监管评级、风险提示、监管通报、监管会谈、与外部审计师会谈等非现场监管和现场检查方式，实施对操作风险管理的持续监管。国家金融监督管理总局及其派出机构认为必要时，可以要求银行保险机构提供第三方机构就其操作风险管理出具的审计或者评价报告。国家金融监督管理总局及其派出机构发现银行保险机构操作风险管理存在缺陷和问题时，应当要求其及时整改，并上报整改落实情况。

银行保险机构应当在知悉或者应当知悉以下重大操作风险事件 5 个工作日内，按照监管职责归属向国家金融监督管理总局或其派出机构报告。

（1）形成预计损失 5000 万元（含）以上或者超过上年度末资本净额 5%（含）以上的事件。

（2）形成损失金额 1000 万元（含）以上或者超过上年度末资本净额 1%（含）以上的事件。

（3）造成重要数据、重要账册、重要空白凭证、重要资料严重损毁、丢失或者泄漏，已经或者可能造成重大损失和严重影响的事件。

（4）重要信息系统出现故障、受到网络攻击，导致在同一省份的营业网点、电子渠道业务中断 3 小时以上；或者在两个及以上省份的营业网点、电子渠道业务中断 30 分钟以上。

（5）因网络欺诈及其他信息安全事件，导致本机构或客户资金损失 1000 万元以上，或者造成重大社会影响。

（6）董事、高级管理人员、监事及分支机构负责人被采取监察调查措施、刑事强制措施或者承担刑事法律责任的事件。

（7）严重侵犯公民个人信息安全和合法权益的事件。

（8）员工涉嫌发起、主导或者组织实施非法集资类违法犯罪被立案的事件。

（9）其他需要报告的重大操作风险事件。

对于第一条规定的重大操作风险事件，国家金融监督管理总局在案件管理、突发事件管理等监管规定中另有报告要求的，应当按照有关要求报告，并在报告时注明该事件属于重大操作风险事件。国家金融监督管理总局可以根据监管工作需要，调整第一条规定的重大操作风险事件报告标准。

银行保险机构存在以下情形的，国家金融监督管理总局及其派出机构应当责令改正，并视情形依法采取监管措施。

（1）未按照规定制定或者执行操作风险管理制度。

（2）未按照规定设置或者履行操作风险管理职责。

（3）未按照规定设置操作风险偏好及其传导机制。

（4）未建立或者落实操作风险管理文化、考核评价机制、培训。

（5）未建立操作风险管理流程、管理工具和信息系统，或者其设计、应用存在缺陷；

（6）其他违反监管规定的情形。

银行保险机构存在以下情形的，国家金融监督管理总局及其派出机构应当责令改正，并依法实施行政处罚；法律、行政法规没有规定的，由国家金融监督管理总局及其派出机构责令改正，予以警告、通报批评，或者处以二十万元以下罚款；涉嫌犯罪的，应当依法移送司法机关。

（1）严重违反《办法》相关规定，导致发生《办法》规定的重大操作风险事件。

（2）未按照监管要求整改。

（3）瞒报、漏报、故意迟报《办法》规定的重大操作风险事件，情节严重的。

（4）其他严重违反监管规定的情形。

中国银行业协会、中国保险行业协会等行业协会应当通过组织宣传、培训、自律、协调、服务等方式，协助引导会员单位提高操作风险管理水平。国家金融监督管理总局鼓励行业协会、学术机构、中介机构等建立相关领域的操作风险事件和损失数据库。

第 10 章 市场风险度量与管理

10.1 市场风险的概念

10.1.1 市场风险的定义

随着金融机构广泛活跃于各大交易市场，识别和防范金融风险成为各个金融机构不可避免的挑战。市场风险是金融风险的主要类别之一，存在于每一个可交易的市场。1997年亚洲金融风暴席卷泰国，泰铢贬值，不久，这场风暴扫过了马来西亚、新加坡、日本、韩国、中国等地，打破了亚洲经济急速发展的景象，各国股市大幅下跌，银行倒闭，社会经济萧条。这场金融危机可以追溯到 20 世纪 80 年代。1984～1995 年，随着美元持续贬值，泰国制造业出口快速增长，大量外资涌入，有力推动了泰国经济发展，房地产价格上涨了近 400%，SET 指数（stock exchange of Thailand index，泰国证券交易所指数）也在 1996 年 1 月最高冲到 1410.33，达到历史高位。1995 年起美元进入升值通道，泰国决定提高利率以维持盯住美元的固定汇率制度，泰铢升值，从而对泰国的出口和经济发展带来巨大的冲击。1997 年 7 月 2 日，泰国宣布放弃已经坚持 14 年的泰铢盯住美元的汇率制度，实行有管理的浮动汇率制度，并将利率从 10.5%提高到 12.5%，东南亚金融危机就此爆发，对各国经济造成了巨大冲击。此外，市场风险还会诱发其他类型的金融风险，导致更加不利的后果。

虽然市场风险非常重要，但是在相当长的一段时间内，各国金融机构和金融监管机构却更加重视信用风险的防范与管理，忽视了市场风险。例如，1998 年巴塞尔《统一国际银行资本计量和资本标准的国际协议》中，在计算资本充足率时主要考虑的是信用风险，并没有考虑市场风险。这是由于当时商业银行表外业务并不突出，金融机构面临的汇率风险、利率风险等市场风险较小。

但是，自 20 世纪 70 年代起，金融自由化、金融全球化、资产证券化等发展趋势使各个金融机构对各类新兴金融业务的涉足越发广泛和深入，金融机构面临的市场风险大幅增加。因此，2004 年，巴塞尔委员会发布的《统一资本计量和资本标准的国际协议：修订框架》首次将资金覆盖风险的种类扩大到市场风险和操作风险。自此，市场风险成为对金融机构乃至整个金融领域都至关重要的金融风险之一。

市场风险有广义和狭义之分。广义的市场风险是指金融机构在金融市场的交易头寸由于市场价格因素的变动而可能带来的收益或遭受的损失；狭义的市场风险则是指金融机构在金融市场的交易头寸由于市场价格因素的不利变动而可能遭受的损失。

在此基础上，结合具体实践所需，不同金融部门对市场风险的定义略有不同。国际清算银行定义的市场风险是资产负债表内和表外的资产价格由于股票、利率、汇率、商品价格的变动而发生变化的风险。摩根大通对市场风险的定义是由于市场条件的改变而引起的金融机构收入的不确定性，其中市场条件指的是资产价格、市场波动、利率、市场流动性等。在保险领域的风险管理中，损失指非故意、非预期、非计划的经济价值的减少，因此《人身保险公司全面风险管理实施指引》将市场风险定义为由于利率、汇率、权益价格和商品价格等不利变动而使公司遭受非预期损失的风险。

2004年中国银行业监督管理委员会在《商业银行市场风险管理指引》中对市场风险给出了较为全面和完整的定义，市场风险是指"因市场价格（利率、汇率、股票价格和商品价格）的不利变动而使银行表内和表外业务发生损失的风险"。该定义更接近于狭义的市场风险，且包含预期损失和非预期损失。市场风险存在于商业银行交易和非交易业务中。

10.1.2 市场风险的分类

1. 利率风险

巴塞尔委员会在1997年发布的《利率风险管理原则》中将利率风险定义为：利率变化使商业银行的实际收益与预期收益或实际成本与预期成本发生背离，使其实际收益低于预期收益，或实际成本高于预期成本，从而使商业银行遭受损失的可能性。

金融机构面临的利率风险主要有两种：一是利率不匹配的组合利率风险，如贷出资金使用固定利率，而借入资金使用浮动利率时，若浮动利率不断上升，那么金融机构的利差收入将会减少，甚至出现利率倒挂的现象；二是期限不匹配的组合利率风险，如商业银行的资产和负债通常存在期限错配的现象，存款期限短而负债期限长，利率变动将会影响商业银行的收益。

按照利率风险的来源，巴塞尔委员会将利率风险分为重新定价风险、基差风险、收益率曲线风险和期权风险四类。

1）重新定价风险

重新定价风险是最主要的利率风险，它产生于银行资产、负债和表外项目头寸重新定价时间（对浮动利率而言）和到期日（对固定利率而言）的不匹配。一方面，新的存贷款必须按照市场利率重新签合约，此时利率变化会产生必须重定价风险，利率上升时，新签存款的利息支出增加，利率下降时，新签贷款的利息收入减少；另一方面，未到期的存贷款无法按照市场利率重新签合约，此时利率变化会产生无法重定价风险，利率上升时未到期贷款的资产价值下降，利率下降时未到期存款的负债价值增加。

必须重定价风险会影响商业银行新签存款和贷款的利息，因此，商业银行有必要对这类风险进行管理，称为利率敏感性缺口管理。利率敏感性缺口=利率敏感性资产-利率敏感性负债。利率敏感性资产（负债）指的是短期内到期，很快必须被再定价的资产（负债）。当利率敏感性资产大于利率敏感性负债，即银行经营处于"正缺口"状态时，随着利率上浮，银行收益将增加，随着利率下调，银行收益将减少；反之，利率敏感性资产小于利率敏感性负债，即银行存在"负缺口"状态时，银行收益随利率上浮而减少，随利率下调而增加。针对无法重定价风险，利率变化不影响无法重定价资产和负债的净利息,但是会影响资产和负债的价值,因此银行有必要进行久期缺口管理。

2)基差风险

当利率水平的变化引起不同种类金融工具的利率发生程度不等的变动时,银行就会面临基差风险,也称为基准风险。即使银行资产和负债的重新定价时间相同,但是只要存款利率与贷款利率的调整幅度不完全一致,银行现金流和收益的利差就会发生变化,从而影响银行的收益和内在经济价值。

3)收益率曲线风险

收益率曲线是各种期限不同,风险、流动性、税收水平相同的债券收益率连接而成的曲线,用于描述到期期限与收益率之间的关系。当银行的存贷款利率都以国库券收益率为基准来制定时,由于收益率曲线的意外位移或斜率的突然变化而对银行净利差收入和资产内在价值造成的不利影响就是收益率曲线风险。随着经济在整个商业周期的不断运动,收益率曲线的斜率会呈现显著变化。一般情况下,金融产品的期限越长,收益率越高,但是由于商业银行的重新定价存在着不对称性,收益率曲线斜率、形态可能会发生变化,即收益率曲线出现非平行移动,对银行的净利差收入和资产的内在价值产生不利影响,从而形成了收益率曲线风险。

4)期权风险

期权风险来源于利率变化时金融机构资产、负债和表外业务中隐含的期权给金融机构带来损失的可能性。期权赋予买方买入或卖出一定数量的某种特定产品的权利,而期权的卖方则有根据买方要求被动履约的义务,因为买卖双方的权利和义务不对等,所以卖方需要承担更大的风险。一般而言,商业银行资产的隐含期权主要是指可提前赎回期权,它带来的利率风险是借款人的提前偿付风险,如银行允许贷款持有者在贷款期到期日之前以某一价格提前偿还贷款,银行实际上向借款人出售了一个美式买入期权。负债方面主要的隐含期权是可提前回售期权,即客户可以随时取款,如允许大额的存单或定期存款的所有者可以在存款到期日之前以某一价格提前收回现金,实际上相当于银行向存款人出售了一个美式卖出期权。

自1996年以来中国人民银行多次下调存贷款利率,许多企业纷纷"借新还旧",提前偿还未到期贷款转借较低利率的贷款,以降低融资成本,同时个人客户的利率风险意识也不断增强,再加上中国对客户提前还款的违约行为还缺乏政策性限制,因此,期权风险在中国金融市场日益突出,金融机构有必要认识和管理期权风险。

2. 汇率风险

汇率风险又称外汇风险或者外汇暴露,是指以外币计价的资产(或债权)与负债(或债务),由于汇率波动而引起其价值波动的可能性。

根据外汇风险的作用对象和表现形式,目前学术界一般把汇率风险分为三类:交易风险、折算风险和经济风险。

1)交易风险

交易风险也称交易结算风险,是指运用外币进行计价收付的交易中,经济主体因为汇率变动而遭受损失的可能性，交易风险是一种流量风险。

交易风险主要表现在以下三方面。

（1）在商品和劳务的进出口贸易中，从签订合约到货款结算的过程中，汇率变动所产生的风险。

（2）在以外币计价的国际信贷中，债权债务未清偿前汇率变动所产生的风险。

（3）外汇银行在外汇买卖中持有外汇多头或者空头，因为汇率变动遭受损失的风险。

例如，英国某公司向中国某公司出口产品，双方于6月1日签订合同，约定于6月30日一次性结清所有货款，合同以人民币计价，金额为1000万元。6月1日的即期汇率为1英镑兑8.8845元人民币，合同价值折合约112.56万英镑，而6月30日的即期汇率为1英镑兑9.2047元人民币，合同价值折合约108.64万英镑，该英国公司将损失约3.92万英镑。

2）折算风险

折算风险又称会计风险，是指经济主体在对资产负债表进行会计处理的过程中，因汇率变动引起海外资产和负债价值的变化而产生的风险，折算风险是一种存量风险。

与一般的企业相比，跨国公司的海外分公司或者子公司的折算风险更加复杂。一方面，当公司以东道国的货币入账和编制财务报表时，需要将使用的外币转化为东道国的货币，面临折算风险；另一方面，海外分公司或子公司的财务报表与母公司合并时，需要将东道国货币转化为总公司或者母公司所在国家的货币，也要面临折算风险。

例如，英国某公司在中国的子公司M于10月1日收到一笔货款以1000万元人民币入账，即期汇率为1英镑兑7.8365元人民币，因此当时该笔资产在母公司资产负债表上的价值约127.61万英镑，然而当年末（12月31日）进行合并报表时，即期汇率达到1英镑兑8.7365元人民币，因此这笔资产在母公司的资产负债表上只值约114.46万英镑。由于汇率的波动，母公司的账面资产损失了约13.15万英镑。

3）经济风险

经济风险又称经营风险，是指意料之外的汇率波动引起公司或企业未来一定期间的收益或现金流量变化的一种潜在风险。

经济风险包括真实资产风险、金融资产风险和营业收入风险三方面，风险大小取决于汇率变动对销售价格、成本、产销数量的影响。例如，一国货币贬值可能导致出口产品以外币计算的价格降低，从而促进产品的出口，同时也可能导致进口原材料以本币计算的成本增加，从而减少产品的供给。此外，汇率对成本、销售价格、产销数量的影响并不会马上体现，这些因素都会影响企业未来一段时间内的收益和现金流量情况。

虽然交易风险、折算风险和经济风险都是指汇率变动对企业或个人外汇资产和负债价值的影响，但是这三者的侧重点各有不同。

（1）从损益结果的计算来看，交易风险可以在会计程序中进行计算，体现为具体的金额，可以从单独的交易、子公司或母公司经营的角度来测量损益情况，具有客观性和动态性的特点；而经济风险可能导致的损益情况则受到多方面因素的影响，需要进行经济分析，损益结果的测量存在较高的主观性和不确定性。

（2）从测量时长来看，交易风险和折算风险体现了企业或个人在未来某一时间点的外汇风险，而经济风险体现的是未来一段时间内的外汇风险，具有明显的动态性特征。

3. 股票价格风险

股票价格风险是指金融机构持有的股票等有价证券的价值在一段时间内发生变动，给金融机构带来经济损失的风险。影响股票价格的因素非常多，包括政治、经济等宏观因素以及技术和人为因素等个别或综合因素，因此，一般来说，股票价格风险的管理更难。

股票价格风险从投资者角度可以分为非系统性风险和系统性风险。非系统性风险是由经济体系之内的内在非确定性引起的，它是发生于个别公司的特有事件带来的，如新产品开发失败、没有争取到重要合同等，具有明显的个体性特征，可以通过分散化投资降低该类风险；而系统性风险则是由来自经济体系之外的外在非确定性引起的，对所有的公司都会产生影响，表现为整个股市平均报酬率的波动，无法通过分散投资降低该类风险。

4. 商品价格风险

商品价格风险是指金融机构持有的各类商品及其衍生头寸由于商品价格发生不利变动而给金融机构造成经济损失的风险。商品主要是指可以在场内自由交易的农产品、矿产品（包括石油）和贵金属等，尤其以商品期货的形式为主。商品价格波动取决于国家的经济形势、商品市场的供求状况和国际炒家的投机行为等。

上述商品的范畴不包括黄金，因为黄金曾长期发挥国际货币的职能，是各国重要的外汇资产，虽然布雷顿森林体系瓦解后，黄金与美元脱钩，不再充当法定国际货币，但是黄金依旧是各国重要的外汇储备资产，因此，黄金价格的波动一般被纳入汇率风险的范畴。

10.2 市场风险测度

10.2.1 风险因子与损失算子

考虑一个给定的投资组合，可以是股票、债券等有价证券的组合，也可以是金融衍生品组合。将该投资组合在 t 时刻的价值表示为 V_t，假定在 t 时刻，投资组合的价值 V_t 是已知的或者可以从已知信息中得到。

给定风险管理的时间范围 t 到 $t+\Delta t$，对于典型的市场风险管理来说，Δt 可能是一天，可能是十天，取决于具体情况。为了简化投资组合的价值、损失、风险因子形成的研究模型，本文做出以下两个简化的假设。

（1）在一定的时间范围内，投资组合的成分保持不变。

（2）在一定的时间范围内，没有中间收入。

因为市场风险管理通常不是建立在连续时间框架上的，所以本章引入金融时间序列，通过式（10-2-1）将一般的连续时间过程 $Y(t)$ 转化为时间序列 $\{Y_t\}_{t\in\mathbb{Z}}$：

$$Y_t := Y(\tau_t), \tau_t := t(\Delta t), \quad (10\text{-}2\text{-}1)$$

在 τ_t 到 τ_{t+1} 的时间段内，投资组合期末的价值就记为 V_{t+1}，投资组合价值的变动 $\Delta V_{t+1} = V_{t+1} - V_t$，为了更清晰明了地表示投资组合价值的损失，本书将其记为 L_{t+1}，$L_{t+1} = -\Delta V_{t+1} = V_t - V_{t+1}$。当时间段较长时，考虑到货币的时间价值，本书将损失记为 $L_{t+1} = V_t - \dfrac{V_{t+1}}{1 + r_{t,t+1}}$，其中 $r_{t,t+1}$ 为 τ_t 到 τ_{t+1} 时间段内的简单的无风险利率。如上所述，随机变量 L_{t+1} 用来描述投资组合的价值损失，它的分布被称为损失分布，也是本节主要研究的对象。

一般来说，投资组合的价值是时间函数和风险因子的 d 维随机向量 $\boldsymbol{Z}_t = (Z_{t,1}, \cdots, Z_{t,d})^{\mathrm{T}}$ 的函数，对于可测函数 $g: \mathbb{R}_+ \times \mathbb{R}^d \to \mathbb{R}$，使用规范的时间单位（通常是年份）进行估值模型映射，便可以得到

$$V_t = g(\tau_t, \boldsymbol{Z}_t), \quad (10\text{-}2\text{-}2)$$

其中，τ_t 表示时间序列；$\boldsymbol{Z}_t$ 表示风险因子的 d 维随机向量，表示有 d 个风险因子。风险因子和 g 的选择取决于投资组合、可用的数据和所需的精度水平等因素。

风险因子的变化会影响投资组合的价值，将风险因子的变化定义为随机向量 $\boldsymbol{X}_{t+1} := \boldsymbol{Z}_{t+1} - \boldsymbol{Z}_t$，那么投资组合的损失就可以表示为

$$L_{t+1} = -\left[g(\tau_{t+1}, \boldsymbol{Z}_t + \boldsymbol{X}_{t+1}) - g(\tau_t, \boldsymbol{Z}_t) \right]. \quad (10\text{-}2\text{-}3)$$

由于 $\boldsymbol{Z}_t$ 在 t 时刻是已知的，所以投资组合的损失分布由风险因子的变动 $\boldsymbol{X}_{t+1}$ 决定。本节引入损失算子 $l_{[t]}: \mathbb{R}^d \to \mathbb{R}$，他把风险因子的变化映射到投资组合价值损失。损失算子被定义为

$$l_{[t]}(\boldsymbol{x}) = -\left[g(\tau_{t+1}, \boldsymbol{z}_t + \boldsymbol{x}) - g(\tau_t, \boldsymbol{z}_t) \right], \quad \boldsymbol{x} \in \mathbb{R}^d, \quad (10\text{-}2\text{-}4)$$

其中，$\boldsymbol{z}_t$ 表示 $\boldsymbol{Z}_t$ 在 t 时刻的已实现价值。之后本节将借助损失算子度量市场风险。

进一步地，如果映射函数 g 可导，并且从 τ_t 到 τ_{t+1} 的区间长度 Δt 很短，本节可以用一阶泰勒展开来近似地表示投资组合价值 g：

$$g(\tau_t + \Delta t, \boldsymbol{z}_t + \boldsymbol{x}) \approx g(\tau_t, \boldsymbol{z}_t) + g_\tau(\tau_t, \boldsymbol{z}_t) \Delta t + \sum_{i=1}^{d} \left[g_{z_i}(\tau_t, \boldsymbol{z}_t) x_i \right], \quad (10\text{-}2\text{-}5)$$

其中，g_τ 表示对时间变量的偏导；g_{z_i} 表示对风险因子 x_i 的偏导。那么就可以通过式（10-2-5）对式（10-2-4）进行近似处理，即

$$l_{[t]}^{\Delta}(\boldsymbol{x}) := -\left\{ g_\tau(\tau_t, \boldsymbol{z}_t) \Delta t + \sum_{i=1}^{d} \left[g_{z_i}(\tau_t, \boldsymbol{z}_t) x_i \right] \right\}. \quad (10\text{-}2\text{-}6)$$

通过一阶近似，可以将损失函数表示为风险因子变化的线性函数，如果风险因子变化很小（即在很短的时间范围内测量风险），并且投资组合的价值与风险因子接近线性相关（即投资组合价值对风险因子的二阶导数很小），那么一阶近似效果就会非常好。当 Δt

非常小的时候，$g_\tau(\tau_t, z_t)\Delta t$ 也非常小，在实践中有时甚至可以忽略不计。

接下来，考虑两个典型的市场风险案例，研究这两种情形下的风险因子与损失算子。

例 10-1（股票投资组合） 假设投资者拥有一个固定的股票投资组合，该投资组合包含 d 只股票，在 τ_t 时股票 i 所占的份额为 λ_i，股票 i 的价格过程记为 $(S_{t,i})_{t\in N}$。每只股票的价格变化都会影响该投资组合的价值，以自然对数价格作为风险因子，即 $Z_{t,i} := \ln S_{t,i}$，其中 $1 \leq i \leq d$，风险因子的变化也就是股票对数收益率，即 $X_{t+1,i} = \ln S_{t+1,i} - \ln S_{t,i}$。$\tau_t$ 时投资组合的价值 $V_t = \sum_{i=1}^{d} \lambda_i \exp(Z_{t,i})$。从 τ_t 到 τ_{t+1} 时间段，投资组合的损失为

$$L_{t+1} = -(V_{t+1} - V_t) = -\sum_{i=1}^{d} \lambda_i S_{t,i} \left(e^{x_{t+1,i}} - 1\right). \tag{10-2-7}$$

由于在 τ_t 时，股票 i 的价格 $S_{t,i}$ 是已知的，因此从 τ_t 到 τ_{t+1} 时间段内投资组合价值的损失就取决于风险因子——股票 i 的对数收益率。

根据式（10-2-6）得到损失算子如下：

$$l_{[t]}^{\Delta}(x_{t+1}) = -\sum_{i=1}^{d} \lambda_i S_{t,i} x_{t+1,i} = -V_t \sum_{i=1}^{d} \omega_{t,i} x_{t+1,i}, \tag{10-2-8}$$

其中，$x_{t+1,i} = Z_{t+1,i} - Z_{t,i}$ 表示股票 i 的对数收益率；$\omega_{t,i} = \dfrac{\lambda_i S_{t,i}}{V_t}$ 表示 τ_t 时投资于股票 i 的投资组合价值的比例。式（10-2-8）表明股票投资组合价值的损失等于组合内股票的加权对数收益率之和乘以投资组合初始总价值。

例 10-2（欧式看涨期权） 假设有一个建立在零股息股票上的到期日为 T、行权价为 K 的欧式看涨期权，根据 Black-Scholes-Merton（布莱克-舒尔斯-默顿）期权定价模型，在 t 时刻，价格为 S 的股票的看涨期权价值为

$$C^{BS}(t, S; r, \sigma, K, T) := SN(d_1) - Ke^{-r(T-t)}N(d_2), \tag{10-2-9}$$

其中，r 表示连续复利的年度无风险利率；σ 表示标的股票的波动率；$N(d_1)$ 和 $N(d_2)$ 分别表示标准正态分布中离差小于 d_1 和 d_2 的概率，$d_1 = \dfrac{\ln\left(\dfrac{S}{K}\right) + \left(r + \dfrac{1}{2}\sigma^2\right)(T-t)}{\sigma\sqrt{T-t}}$，$d_2 = d_1 - \sigma\sqrt{T-t}$。

以年为单位，并采用年化利率和波动率。假设在 t 时刻，标的股票的价格为 S_t，从业者选择的利率和波动率分别为 r_t 和 σ_t，看涨期权在 t 时刻的价值为 $C^{BS}(t, S_t; r_t, \sigma_t, K, T)$，虽然在 Black-Scholes-Merton 期权定价模型中，利率和波动率为常数，但是实际上利率是不断变化的，波动率也多使用隐含波动率，因此认为股票价格、利率、波动率都是风险因子，风险因子向量 $\mathbf{Z}_t = (\ln S_t, r_t, \sigma_t)^T$，$t$ 到 $t+1$ 时间段内风险因子的变动为

$$\mathbf{X}_{t+1} = (\ln S_{t+1} - \ln S_t, r_{t+1} - r_t, \sigma_{t+1} - \sigma_t)^T, \tag{10-2-10}$$

根据式（10-2-6）可以得到损失算子为

$$l^{\Delta}_{[t]}(\boldsymbol{x}_{t+1}) = -\left(C^{BS}_t + C^{BS}_S S_t x_{t+1,1} + C^{BS}_r x_{t+1,2} + C^{BS}_\sigma x_{t+1,3}\right), \quad (10\text{-}2\text{-}11)$$

其中，C^{BS}_t、C^{BS}_S、C^{BS}_r、C^{BS}_σ 分别表示期权价值对时间、标的股票价格、利率、波动率的偏导。第二项中 S_t 的出现是因为对标的股票价格求导而不是直接对第一个风险因子——标的股票价格的对数求导，根据链式法则：

$$C^{BS}_{z_1} = \frac{\mathrm{d}(C^{BS})}{\mathrm{d}(\ln S_t)} = \frac{\mathrm{d}(C^{BS})}{\mathrm{d}(S_t)} \times \frac{\mathrm{d}(S_t)}{\mathrm{d}(\ln S_t)} = C^{BS}_S S_t. \quad (10\text{-}2\text{-}12)$$

值得注意的是，对于含衍生品的投资组合，使用线性的损失算子的误差往往较大，因为这类投资组合的价值一般是关于风险因子的非线性函数，因此，将进一步讨论高阶近似，使用一阶导和二阶导来提高近似精度。

投资组合价值对风险因子的一阶偏导数可以用向量形式表示为

$$\boldsymbol{\delta}(\tau_t, z_t) = \left[g_{z_1}(\tau_t, z_t), \cdots, g_{z_d}(\tau_t, z_t)\right]^{\mathrm{T}}. \quad (10\text{-}2\text{-}13)$$

投资组合价值对风险因子和时间的混合偏导数可以用向量表示为

$$\boldsymbol{\omega}(\tau_t, z_t) = \left[g_{z_1\tau}(\tau_t, z_t), \cdots, g_{z_d\tau}(\tau_t, z_t)\right]^{\mathrm{T}}. \quad (10\text{-}2\text{-}14)$$

投资组合价值对不同风险因子的混合偏导可以用矩阵来表示。设 $\boldsymbol{\Gamma}(\tau_t, z_t)$ 为矩阵，对角线上为投资组合价值对风险因子 i 的二阶偏导，非对角线上的元素 $g_{z_i z_j}(\tau_t, z_t)$ 为投资组合价值对风险因子 i 和 j 的混合偏导。根据二阶泰勒展开式可以得到

$$\begin{aligned} g(\tau_t + \Delta t, z_t + \boldsymbol{x}) &\approx g(\tau_t, z_t) + g_\tau(\tau_t, z_t)\Delta t + \boldsymbol{\delta}(\tau_t, z_t)^{\mathrm{T}} \boldsymbol{x} \\ &+ \frac{1}{2}\left[g_{\tau\tau}(\tau_t, z_t)(\Delta t)^2 + 2\boldsymbol{\omega}(\tau_t, z_t)^{\mathrm{T}} \boldsymbol{x}\Delta t + \boldsymbol{x}^{\mathrm{T}} \boldsymbol{\Gamma}(\tau_t, z_t) \boldsymbol{x}\right]. \end{aligned} \quad (10\text{-}2\text{-}15)$$

由于典型的市场风险管理时间段 Δt 较小，因此一般忽略 $o(\Delta t)$ 项，如式（10-2-15）中的 $(\Delta t)^2$ 项。当风险因子服从标准连续时间金融模型时，$\boldsymbol{x}\Delta t$ 也是 Δt 的高阶无穷小，可以忽略。

10.2.2 方差-协方差法

在方差-协方差法中，本节假设风险因子变动的条件分布是多元正态分布，均值向量为 $\boldsymbol{\mu}_{t+1}$，协方差矩阵为 $\boldsymbol{\Sigma}_{t+1}$，即给定 $\mathcal{F}_t$，风险因子变动满足 $\boldsymbol{X}_{t+1} \sim N_d(\boldsymbol{\mu}_{t+1}, \boldsymbol{\Sigma}_{t+1})$，为了进行风险度量，首先需要估算 $\boldsymbol{\mu}_{t+1}$ 和 $\boldsymbol{\Sigma}_{t+1}$。

为了估算 $\boldsymbol{\mu}_{t+1}$ 和 $\boldsymbol{\Sigma}_{t+1}$，可以对历史数据 $X_1, X_2, \cdots, X_n$ 进行时间序列模型拟合，从而推导出 $\boldsymbol{\mu}_{t+1}$ 和 $\boldsymbol{\Sigma}_{t+1}$ 的估计值。除此之外，还可以直接使用无模型指数加权移动平均过程（exponentially weighted moving average，EWMA）来估算，假设投资组合的价值损失受到多个风险因子的影响。假定一个多元模型，其条件均值向量 $\boldsymbol{\mu}_t = E(\boldsymbol{X}_t \mid \mathcal{F}_{t-1}) = \boldsymbol{0}$，那么条件方差矩阵满足以下递归关系：

$$\hat{\boldsymbol{\Sigma}}_{t+1} = \theta \boldsymbol{X}_t \boldsymbol{X}_t^{\mathrm{T}} + (1-\theta) \hat{\boldsymbol{\Sigma}}_t, \tag{10-2-16}$$

其中，θ 表示一个很小的正数，通常取 $\theta = 0.04$。式（10-2-16）表示 $t+1$ 时刻的协方差矩阵是通过风险因子的变化对 t 时刻的协方差矩阵进行扰动得到的。如果 n 很大，式（10-2-16）可以近似地表示为

$$\hat{\boldsymbol{\Sigma}}_{t+1} \approx \theta \sum_{i=0}^{n-1} (1-\theta)^i \boldsymbol{X}_{t-i} \boldsymbol{X}_{t-i}^{\mathrm{T}}. \tag{10-2-17}$$

当 n 越来越大，初始项可以忽略不计，因此能够通过 θ 和每期风险因子的变化估算得到 $\hat{\boldsymbol{\Sigma}}_{t+1}$。

此外，进一步放松 $\boldsymbol{\mu}_t = \boldsymbol{0}$ 的假设，对该方法进行优化，即

$$\hat{\boldsymbol{\Sigma}}_{t+1} = \theta (\boldsymbol{X}_t - \boldsymbol{\mu}_t)(\boldsymbol{X}_t^{\mathrm{T}} - \boldsymbol{\mu}_t) + (1-\theta) \hat{\boldsymbol{\Sigma}}_t. \tag{10-2-18}$$

以上是根据方差-协方差的假设（风险因子变动的条件分布是多元正态分布），估算得到风险因子变动的条件分布的具体参数 $\boldsymbol{\mu}_{t+1}$ 和 $\hat{\boldsymbol{\Sigma}}_{t+1}$ 的方法。除此之外，方差-协方差法还要求投资组合价值损失是风险因子变动的线性函数，如式（10-2-6），即

$$l_{[t]}^{\Delta}(\boldsymbol{x}_{t+1}) = -(c_t + \boldsymbol{b}_t^{\mathrm{T}} \boldsymbol{x}_{t+1}), \tag{10-2-19}$$

其中，c_t 和 $\boldsymbol{b}_t^{\mathrm{T}}$ 在 t 时刻都是已知的，故而可以通过风险因子的变化 $\boldsymbol{x}$ 计算投资组合价值的损失，如在例 10-1 中股票投资组合的线性损失算子，$l_{[t]}^{\Delta}(\boldsymbol{x}_{t+1}) = -\sum_{i=1}^{d} \lambda_i S_{t,i} x_{t+1,i} = -V_t \sum_{i=1}^{d} \omega_{t,i} x_{t+1,i}$，在例 10-2 中欧式看涨期权的线性损失算子 $l_{[t]}^{\Delta}(\boldsymbol{x}_{t+1}) = -(C_t^{\mathrm{BS}} + C_S^{\mathrm{BS}} S_t x_{t+1,1} + C_r^{\mathrm{BS}} x_{t+1,2} + C_\sigma^{\mathrm{BS}} x_{t+1,3})$。

所以，在 $\mathcal{F}_t$ 下，投资组合价值的损失也服从正态分布：

$$L_{t+1}^{\Delta} = l_{[t]}^{\Delta}(\boldsymbol{X}_{t+1}) \sim N(-c_t - \boldsymbol{b}_t^{\mathrm{T}} \boldsymbol{\mu}_{t+1}, \boldsymbol{b}_t^{\mathrm{T}} \hat{\boldsymbol{\Sigma}}_{t+1} \boldsymbol{b}_t), \tag{10-2-20}$$

至此，根据上述步骤可以根据损失分布度量风险大小，如计算 VaR 和 ES 等。

在市场风险度量的方法中，方差-协方差法是属于较为简便易行的，但是它也有显而易见的缺点，方差-协方差法需要满足两个假设，即风险因子变动的条件分布是多元正态分布以及线性损失算子能够较好近似真实的损失算子。然而这两个假设在现实金融市场中是很难满足的，一方面对于较短的时间间隔（如日数据、分钟数据等），风险因子变化的正态性假设很难成立，如在股票市场中大量研究表明股票收益率呈现出尖峰厚尾的特征；另一方面，线性损失算子也很难对实际的损失算子做到足够精确的近似，尤其是在投资组合含有衍生品或者时间间隔较长的情况下。

10.2.3 历史模拟法

历史模拟法不需要假设风险因子服从特定的概率分布，历史模拟法中历史的分布和

未来的分布是一致的，可以使用历史数据刻画各个风险因子在过去一段时间的变化，并将其作为未来各个风险因子变化的模拟情形，继而模拟投资组合未来损益的可能分布，从而计算出 VaR。

使用历史模拟法计算 VaR 一般可以分为以下五个步骤。

1）识别风险因子，建立投资组合价值模型

假设投资组合的价值受到 n 个风险因子的影响，风险因子 i 在 t 时刻的取值为 $f_i(t)$，建立投资组合价值模型为

$$V_t = V(f_1(t), f_2(t), \cdots, f_n(t)), \quad (10\text{-}2\text{-}21)$$

其中，函数 V 表示从风险因子到投资组合价值的映射；V_t 表示 t 时刻投资组合的价值。令 $t<0$ 表示过去时刻，$t=0$ 表示当前时刻，$t>0$ 表示未来时刻，那么当前时刻投资组合的价值即可表示为

$$V_0 = V(f_1(t), f_2(t), \cdots, f_n(t)). \quad (10\text{-}2\text{-}22)$$

2）收集历史数据，刻画风险因子历史变化

为了有效模拟未来风险因子的变化，需要选取合理的历史区间，一方面为了扩大样本量，减少偶然误差，应该选取足够长的时间区间；另一方面也不能过于久远，以免降低对未来的模拟价值。

假设选取的时间区间为 $[-(T+1), -1]$，即收集前一时刻到前 $(T+1)$ 时刻风险因子的历史数据，风险因子 i 在历史时间中的 T 种变化情况可以记为

$$\Delta f_i(t+1) = f_i(t+1) - f_i(t), \quad t = -(T+1), -T, \cdots, -1. \quad (10\text{-}2\text{-}23)$$

3）模拟风险因子未来的变化

历史模拟法假设风险因子变化的分布与历史变化分布相同，因此可以用历史变化的分布来模拟未来时刻风险因子的变化，根据第二步刻画的结果，风险因子 i 在未来时刻的 T 种可能值为

$$f_i^t = f_i(0) + \Delta f_i(-t), \quad i = 1, 2, 3, \cdots, T. \quad (10\text{-}2\text{-}24)$$

在标准的历史模拟法中，这 T 种取值出现的概率相等，为 $\dfrac{1}{T}$。

4）计算投资组合未来收益分布

根据风险因子未来可能值以及投资组合价值模型，可以计算出投资组合未来可能的 T 种价值

$$V_t = V(f_1^t, f_2^t, \cdots, f_n^t), \quad t = 1, 2, 3, \cdots, T. \quad (10\text{-}2\text{-}25)$$

进而可以计算出投资组合未来损益的 T 种可能

$$\Delta V_t = V_t - V_0, \quad t = 1, 2, 3, \cdots, T. \quad (10\text{-}2\text{-}26)$$

5）根据投资组合未来损益的分布计算 VaR

将投资组合未来损益的可能值从大到小排列，给定置信区间水平，即可查找、计算得到相应的 VaR。

以浦发银行为例，假设投资者于 2023 年 8 月 1 日买入 1000 股浦发银行（600000）的 A 股股票，用历史模拟法计算置信水平 95%下的每日 VaR。

第一步，选取 2021 年 7 月 12 日至 2023 年 8 月 1 日共 500 个交易日的历史数据，计算每日涨跌额和收益率，如表 10-1 所示。

表 10-1 浦发银行每日涨跌额和收益率

交易日期	收盘价/（元/股）	昨日收盘价/（元/股）	涨跌/（元/股）	收益率
2021/7/12	9.91	9.91	0	0
2021/7/13	9.96	9.91	0.05	0.50%
2021/7/14	9.83	9.96	−0.13	−1.31%
2021/7/15	9.94	9.83	0.11	1.11%
2021/7/16	9.98	9.94	0.04	0.40%
2021/7/19	10.01	9.98	0.03	0.30%
2021/7/20	9.99	10.01	−0.02	−0.20%
2021/7/21	9.55	9.99	0.04	−4.50%
⋮	⋮	⋮	⋮	⋮
2023/7/21	7.12	7.42	0.02	−4.13%
2023/7/24	7.13	7.12	0.01	0.14%
2023/7/25	7.27	7.13	0.14	1.94%
2023/7/26	7.29	7.27	0.02	0.27%
2023/7/27	7.37	7.29	0.08	1.09%
2023/7/28	7.50	7.37	0.13	1.75%
2023/7/31	7.60	7.50	0.10	1.32%
2023/8/1	7.60	7.60	0	0

根据历史模拟法的假设，过去 500 个交易日风险因子的变化都有可能在未来出现，因此，股票未来收益率有 500 种可能的取值，如表 10-1 第 5 列所示。根据 2023 年 8 月 1 日的收盘价 7.6 元/股和 500 种可能的收益率，可以计算得出 2023 年 8 月 2 日持有股票价值损益的 500 种可能，如表 10-2 所示。

表 10-2 历史模拟法假设下的估计值

日收益率	股价/（元/股）	涨跌额/（元/股）	1000 股股票的损益/元	估计损益的排名
0	7.60	0	0	224
0.50%	7.64	0.04	38.35	127
−1.31%	7.50	−0.10	−99.20	458
1.11%	7.69	0.09	85.05	51
0.40%	7.63	0.03	30.58	151
0.30%	7.62	0.02	22.85	163
−0.20%	7.58	−0.02	−15.18	283
−4.50%	7.27	−0.33	−334.73	499
⋮	⋮	⋮	⋮	⋮

续表

日收益率	股价/（元/股）	涨跌额/（元/股）	1000 股股票的损益/元	估计损益的排名
−1.55%	7.48	−0.12	−117.07	475
⋮	⋮	⋮	⋮	⋮
−4.13%	7.29	−0.31	−307.28	498
0.14%	7.61	0.01	10.67	197
1.94%	7.75	0.15	149.23	13
0.27%	7.62	0.02	20.91	175
1.09%	7.68	0.08	83.40	59
1.75%	7.73	0.13	134.06	19
1.32%	7.70	0.10	101.33	35
0	7.60	0	0	224

对投资组合价值未来损益的 500 种可能取值从大到小排列，根据 VaR 的定义可知，第 475 名的损失值即为置信水平 95%下的 VaR，查表 10-2 可知，位列 475 名的损失值为 117.07 元。

从以上例子可以看出，使用历史模拟法计算 VaR 十分简便易懂，但是也存在一些缺陷。历史模拟法的优缺点概括如下。

（1）优点。第一，历史模拟法概念直观，计算简单，容易被风险管理者和监管当局接受和实施。第二，历史模拟法不需要假设风险因子服从某种特定的概率分布，不需要估算风险因子的均值、方差、相关性等特征，能够有效减少模型设定和参数估算带来的风险。第三，利用历史数据，不需要加诸资产报酬的假设，可以较精确反映各风险因子的概率分配特性，如一般资产报酬具有的厚尾、偏态现象就可以通过历史模拟法表达出来。第四，历史模拟法的适用范围较广，无论资产或投资组合的报酬是否为常态或线性、波动是否随时间而改变等，皆可采用历史模拟法来进行 VaR 计算。

（2）缺点。第一，历史模拟法的基础假设是风险因子的未来分布与历史时间一致，但是这个假设过于理想化，风险因子的变化受到众多因素的影响，很难确保未来变化与历史变化的分布完全一致，因此历史模拟法的可靠性依赖于风险因子未来变化与历史变化的近似程度。第二，历史模拟法假设风险因子在历史时间中的每种变化在未来时间发生的概率是相等的，这一假设在现实情况中也是几乎不可能满足的。一般而言，越久远之前的变化在未来的应用价值会越小，应该赋予更低的概率权重，同时，选取的历史时间中包含特殊时期、特殊事件、特殊数值的话，也会对模拟结果产生影响，若所选的历史时期处于经济繁荣阶段，可能会低估 VaR，如果所选的历史时期处于经济萧条阶段，则有可能高估 VaR。第三，历史模拟法需要搜集足够多的历史数据，会耗费较高的人力和物力成本，对于新兴市场来说，数据量可能不足以支撑此方法。第四，历史模拟法的计算结果受到许多因素的影响，包括选择的历史时间、历史数据的数量和质量等，因此使用历史模拟法计算的 VaR 一般波动性较大，稳健性较差。

针对上述缺陷，研究者们提出了一些改进思路，目前发展比较成熟的有时间加权历史模拟法和波动率加权历史模拟法。

（1）时间加权历史模拟法。时间加权模拟法认为距离当前越近的历史变化在未来发生的可能性越大，因此该方法对距离当前时刻越近的历史风险因子变化赋予更大的权重，具体如下。

仍然以 $\Delta f_i(-t)$ 作为过去 t 时刻到 $t-1$ 时刻的变化，但是这一变化在未来时刻发生的概率为

$$P_t = \frac{(1-\lambda)\lambda^{t-1}}{1-\lambda^t}, \quad 0<\lambda<1, \quad t=1,2,3,\cdots,T. \quad (10\text{-}2\text{-}27)$$

根据风险因子变化在未来时刻发生的概率即可计算对应的投资组合损益发生的概率，再根据 ΔV_t 的经验分布求得 VaR。

但是值得注意的是，时间加权历史模拟法降低了历史时刻部分数据的权重，其结果可能会与使用小样本数据计算的 VaR 类似，从而加大估计误差。

（2）波动率加权历史模拟法。考虑到风险因子在不同时期的波动差异可能对估计结果产生的影响，可以使用波动率加权历史模拟法。其基本思想是，使用历史数据建立风险因子的时间序列模型，模拟风险因子在历史事件和未来时间的波动率，根据两者波动率差异对历史数据赋予不同的权重，使用调整后的历史数据进行标准的历史模拟法或者时间加权历史模拟法测算风险。

第一步，建立风险因子 f_i 的时间序列模型，使用的数据是比历史时间更早的历史数据，完成风险因子时间序列模型建模后可以使用历史数据进行校准。

第二步，根据风险因子时间序列模型估计历史时间和未来的波动率，根据两者差异对历史数据进行调整，假设风险因子 i 在历史时刻 $-t$ 的数值为 $f_i(-t)$，波动率为 σ_{-t}，未来时刻风险因子 i 的波动率为 σ，对历史数据 $f_i(-t)$ 赋予权重 $\dfrac{\sigma}{\sigma_{-t}}$，历史时刻的波动率越大，赋予的权重越小，在一定程度上能够消除特殊时期、特殊事件、特殊数值对风险测算结果的影响。那么调整后风险因子的历史数据就可以表示为

$$\left\{f_i(-T)\frac{\sigma}{\sigma_{-T}}, f_i(-T+1)\frac{\sigma}{\sigma_{-T+1}}, \cdots, f_i(-1)\frac{\sigma}{\sigma_{-1}}\right\}, \quad i=1,2,\cdots,n. \quad (10\text{-}2\text{-}28)$$

10.2.4 蒙特卡罗模拟法

蒙特卡罗模拟法也称统计模拟方法，是 20 世纪 40 年代中期由于科学技术的发展和电子计算机的发明，而提出的一种以概率统计理论为指导的数值计算方法。蒙特卡罗模拟法是使用随机数（或更常见的伪随机数）来解决很多计算问题的方法。

使用蒙特卡罗模拟法计算 VaR 主要可以分为以下五个步骤。

第一步，识别风险因子变量，建立投资组合价值模型。与历史模拟法相似，使用蒙特卡罗模拟法也需要先识别风险因子，建立风险因子到投资组合价值的映射。假设投资组合价值受到 N 个风险因子的影响，第 j 个风险因子在 t 时刻的值记为 $S_{j,t}$，t 时刻投资

组合价值 $V_t = V(S_{1,t}, S_{2,t}, \cdots, S_{N,t})$。

第二步，随机模拟风险因子未来的变化。使用计算机产生随机变量，模拟风险因子未来变化轨迹 $\{S_{j,t}, S_{j,t+\Delta t}, S_{j,t+2\Delta t}, \cdots, S_{j,T}\}$。

第三步，计算到期时刻投资组合的价值。根据 $V_t = V(S_{1,t}, S_{2,t}, \cdots, S_{N,t})$ 以及风险因子未来变化轨迹 $\{S_{j,t}, S_{j,t+\Delta t}, S_{j,t+2\Delta t}, \cdots, S_{j,T}\}$，计算得到投资组合价值的变化路径以及到期时刻 T 时的价值和收益。

第四步，计算投资组合损益的分布。重复第二步、第三步 M 次，得到 M 个投资组合的模拟收益，从大到小排列，得到其分布情况。

第五步，计算 VaR。根据投资组合价值收益的分布，就可以计算相应置信水平下的 VaR。

接下来将分别介绍如何模拟单个随机变量和多个随机变量的变化路径。

1）单个随机变量

以股票价格为例，第一步建立随机模型，常用的股票价格模型是几何布朗运动，股票价格在极小时间间隔内的变动可以表示为

$$dS_t = \mu_t S_t dt + \sigma_t S_t dW_t, \quad (10\text{-}2\text{-}29)$$

其中，S_t 表示 t 时刻股票的价格；μ_t 表示 t 时刻股票价格变化的期望值；σ_t 表示 t 时刻股票价格变动的标准差，简单起见，通常假设 μ_t 和 σ_t 为常数 μ 和 σ；W_t 表示一个维纳过程，$dW_t = \varepsilon \sqrt{dt}$，$\varepsilon$ 表示服从标准正态分布的随机变量，因此，股票价格的变动就取决于 dW_t 项。

将需要进行风险度量的时间区间 $[t, T]$ 均匀地分割为 n 个小区间，每个小区间的长度 $\Delta t = \dfrac{T-t}{n}$，当 n 足够大时，$\Delta t \approx dt$，$dS_t \approx S_{t+i\Delta t} - S_{t+(i-1)\Delta t}$，$i = 1, 2, 3, \cdots, n$，那么股票价格在每一段时间间隔内的变动就可以表示为

$$S_{t+i\Delta t} - S_{t+(i-1)\Delta t} = \mu S_{t+(i-1)\Delta t} \Delta t + \sigma S_{t+(i-1)\Delta t} \varepsilon \sqrt{\Delta t}, \quad i = 1, 2, 3, \cdots, n. \quad (10\text{-}2\text{-}30)$$

用计算机模拟生成 ε 的 n 个取值，第 i 个取值对应第 i 个时间间隔，那么由式（10-2-30）就可以得到

$$S_{t+i\Delta t} - S_{t+(i-1)\Delta t} = \mu S_{t+(i-1)\Delta t} \Delta t + \sigma S_{t+(i-1)\Delta t} \varepsilon_i \sqrt{\Delta t}, \quad i = 1, 2, 3, \cdots, n. \quad (10\text{-}2\text{-}31)$$

那么 $t + i\Delta t$ 时刻股票价格就可以表示为

$$S_{t+i\Delta t} = S_{t+(i-1)\Delta t} \left(1 + \mu \Delta t + \sigma \varepsilon_i \sqrt{\Delta t}\right), \quad i = 1, 2, 3, \cdots, n, \quad (10\text{-}2\text{-}32)$$

当 $i = 1$ 时，$S_{t+\Delta t} = S_t \left(1 + \mu \Delta t + \sigma \varepsilon_i \sqrt{\Delta t}\right)$；当 $i = 2$ 时，$S_{t+2\Delta t} = S_{t+\Delta t} \left(1 + \mu \Delta t + \sigma \varepsilon_i \sqrt{\Delta t}\right)$，以此类推，模拟出一条股票价格的变化路径。

重复上述步骤 M 次，模拟出 M 条股票价格的变化路径和 M 个 T 时刻的股票价格，对 M 个 T 时刻的模拟股票价格从大到小排列，便可以研究其分布特征，计算 VaR。

2）多个随机变量

在实际金融市场中,投资组合价值面临的风险往往不止一个,因此研究如何进行包含多个随机变量的模拟是十分必要的。假设投资组合的价值受到 N 个风险因子的影响(如投资于 N 只股票),将第 j 个风险因子在 t 时刻的值记为 $S_{j,t}$,$S_{j,t}$ 服从几何布朗运动过程。

（1）当风险因子之间互不相关,可以参照单个随机变量模拟的过程,模拟每个风险因子在 t 时刻的取值。

$$S_{j,t+i\Delta t} = S_{j,t+(i-1)\Delta t}\left(1 + \mu_j\Delta t + \sigma_j\varepsilon_{j,i}\sqrt{\Delta t}\right), \quad i=1,2,3,\cdots,n, \quad j=1,2,3,\cdots,N, \quad (10\text{-}2\text{-}33)$$

其中,不同风险因子和不同时刻下的 $\varepsilon_{j,i}$ 相互独立。

（2）在现实中,风险因子之间互不相关的情况往往不存在,当 N 个风险因子相关时,$S_{j,t}$ 的随机变动受到服从标准正态分布的随机变量 ε 和风险因子的相关系数 ρ 共同决定的 N 维正态随机向量 $\boldsymbol{\xi} = (\xi_1, \xi_2, \cdots, \xi_N)^{\mathrm{T}}$ 的影响。$\boldsymbol{\xi}$ 的均值向量为 $\mathbf{0}$,协方差矩阵 $\boldsymbol{R}$ 为

$$\begin{pmatrix} \rho_{11} & \rho_{12} & \cdots & \rho_{1N} \\ \rho_{21} & \rho_{22} & \cdots & \rho_{2N} \\ \vdots & \vdots & & \vdots \\ \rho_{N1} & \rho_{N2} & \cdots & \rho_{NN} \end{pmatrix}。$$

如果协方差矩阵 $\boldsymbol{R}$ 是正定的,根据 Cholesky 分解,可以得到 $\boldsymbol{R} = \boldsymbol{T}\boldsymbol{T}^{\mathrm{T}}$,其中 $\boldsymbol{T}$ 为下三角矩阵,$\boldsymbol{T}^{\mathrm{T}}$ 为 $\boldsymbol{T}$ 的转置。

使用 N 维相互独立的标准正态随机向量 $\boldsymbol{\varepsilon} = (\varepsilon_1, \varepsilon_2, \cdots, \varepsilon_N)^{\mathrm{T}}$ 和下三角矩阵 $\boldsymbol{T}$ 构建一个新的 N 维随机向量 $\boldsymbol{\theta}$,$\boldsymbol{\theta} = \boldsymbol{T}\boldsymbol{\varepsilon}$,$\boldsymbol{\theta}$ 的均值向量为 $\mathbf{0}$,协方差矩阵 $\mathrm{Cov}(\boldsymbol{\theta}) = E(\boldsymbol{\theta}\boldsymbol{\theta}^{\mathrm{T}}) = E(\boldsymbol{T}\boldsymbol{\varepsilon}\boldsymbol{\varepsilon}^{\mathrm{T}}\boldsymbol{T}^{\mathrm{T}}) = \boldsymbol{T}E(\boldsymbol{\varepsilon}\boldsymbol{\varepsilon}^{\mathrm{T}})\boldsymbol{T}^{\mathrm{T}} = \boldsymbol{R}$。

因为 $\boldsymbol{\theta}$ 和 $\boldsymbol{\xi}$ 都是正态随机向量,且具有相同的均值和协方差矩阵,所以 $\boldsymbol{\theta}$ 和 $\boldsymbol{\xi}$ 具有相同的联合分布,可以用 $\boldsymbol{\theta}$ 来模拟 $\boldsymbol{\xi}$,其中 $\boldsymbol{T}$ 由 Cholesky 分解得到,$\boldsymbol{\varepsilon}$ 可以由计算机模拟生成。

以两个相关的风险因子为例,假设协方差矩阵 $\boldsymbol{R} = \begin{pmatrix} 1 & \rho \\ \rho & 1 \end{pmatrix}$,其中 ρ 为两个风险因子的相关系数,又根据 Cholesky 分解,$\boldsymbol{R} = \boldsymbol{T}\boldsymbol{T}^{\mathrm{T}}$,可以解得

$$\boldsymbol{T} = \begin{pmatrix} 1 & 0 \\ \rho & \sqrt{1-\rho^2} \end{pmatrix}. \tag{10-2-34}$$

使用 $\boldsymbol{T}$ 和二维相互独立的正态随机向量 $\boldsymbol{\varepsilon} = \begin{pmatrix} \varepsilon_1 \\ \varepsilon_2 \end{pmatrix}$,构造出:

$$\boldsymbol{\theta} = \begin{pmatrix} 1 & 0 \\ \rho & \sqrt{1-\rho^2} \end{pmatrix} \begin{pmatrix} \varepsilon_1 \\ \varepsilon_2 \end{pmatrix} = \begin{pmatrix} \varepsilon_1 \\ \rho\varepsilon_1 + \sqrt{1-\rho^2}\,\varepsilon_2 \end{pmatrix}. \qquad (10\text{-}2\text{-}35)$$

使用计算机反复生成不同的随机向量 $\boldsymbol{\varepsilon}$，模拟出多个 $\boldsymbol{\xi}$，进而得到一条投资组合价值的变化路径。重复上述步骤多次，可以得到多条投资组合价值的变化路径和到期时刻价值，进而可以进行 VaR 计算。

10.2.5 风险度量的估算

历史模拟法和蒙特卡罗模拟法使用模拟的损失数据估计风险度量，历史模拟法是用历史数据模拟风险因子未来的变化，蒙特卡罗模拟法则是使用计算机生成随机变量模拟风险因子未来的变化。接下来，本节介绍如何使用样本数据进行风险度量。

设 $(X_1, X_2, \cdots, X_n)$ 为来自同一分布的随机样本，且 $X_{(1)} \leqslant X_{(2)} \leqslant \cdots \leqslant X_{(n)}$ 是它的次序统计量。对于某些选择的常数 $c_{n1}, c_{n2}, \cdots, c_{nn}$，由样本顺序统计量的线性组合 $T_n = \sum_{i=1}^{n} c_{ni} X_{(i)}$ 被称为 L 估计量，其中 c_{ni} 表示在 n 个样本中第 i 个样本的系数。在极值理论中也写作 $L_{1,n} \geqslant L_{2,n} \geqslant \cdots \geqslant L_{n,n}$。接下来分别介绍如何使用 L 估计量来估算 VaR 和 ES。

1. VaR 的 L 估计量

最简单的 VaR 的 L 估计量就是把 $L_1, L_2, \cdots, L_n$ 代入经验分布函数 $F_n(x) = n^{-1} \sum_{i=1}^{n} 1_{\{L_i \leqslant x\}}$ 中得到的样本分位数，因为经验分布函数的反函数可以表示为

$$F_L^{-1}(\alpha) = L_{(k)}, \qquad (10\text{-}2\text{-}36)$$

其中，k 满足 $\dfrac{k-1}{n} < \alpha \leqslant \dfrac{k}{n}$，为了书写简洁，也可以引入向上取整函数 $\lceil x \rceil = \min\{k \in \mathbb{Z} : k \geqslant x\}$，表示 k 为不小于 x 的最小的整数，那么：

$$F_L^{-1}(\alpha) = L_{(k)} = L_{(\lceil n\alpha \rceil)}. \qquad (10\text{-}2\text{-}37)$$

同样地，也可以用 $L_{k,n}$ 来表示 $F_L^{-1}(\alpha)$。根据 $L_{k,n} = L_{n-k+1}$，引入向上取整函数 $\lceil x \rceil = \min\{k \in \mathbb{Z} : k \geqslant x\}$，那么：

$$L_{(\lceil n\alpha \rceil)} = L_{k,n}, \qquad (10\text{-}2\text{-}38)$$

其中，$k = n - \lceil n\alpha \rceil + 1 = \lfloor n(1-\alpha) \rfloor + 1$，所以置信水平为 α 时 VaR 的 L 估计量就可以表示为

$$\text{VaR}_\alpha = L_{(\lceil n\alpha \rceil)} = L_{k,n}. \qquad (10\text{-}2\text{-}39)$$

例如，当 $n=1000$，$\alpha = 99.5\%$ 时，$\lceil n\alpha \rceil = 995$，$k = 6$，VaR 的 L 估计量为 $L_{(995)}$，也可以表示为 $L_{6,1000}$，代表将损失样本数据从大到小排列后取第 6 大的值。

上述方法估算得到的 VaR 对置信水平 α 来说是不连续的，如 $n=1000$ 时，$\text{VaR}_{99.5\%} = L_{(995)}$，而 $\text{VaR}_{99.55\%} = L_{(996)}$。为了得到对置信水平 α 连续的函数，可以对相邻的顺序统计量进行线性插值，如在 R 语言工具包中，默认的 VaR 估算方法为

$$\widehat{\text{VaR}}_\alpha = \lambda_{\alpha,k,n} L_{k+1,n} + (1-\lambda_{\alpha,k,n}) L_{k,n}, \tag{10-2-40}$$

其中，$k = \lceil (n-1)(1-\alpha) \rceil$，$\lambda_{\alpha,k,n} = (n-k) - (n-1)\alpha$。在这种估算方式下，当 $n=1000$，$\alpha = 99.5\%$ 时，$k=5$，$\widehat{\text{VaR}}_\alpha = 0.995 L_{6,1000} + 0.005 L_{5,1000}$；当 $n=1000$，$\alpha = 99.55\%$ 时，$k=5$，$\widehat{\text{VaR}}_\alpha = 0.4955 L_{6,1000} + 0.5045 L_{5,1000}$；当 $n=1000$，$\alpha = 99.45\%$ 时，$k=6$，$\widehat{\text{VaR}}_\alpha = 0.4945 L_{7,1000} + 0.5055 L_{6,1000}$。

2. ES 的 L 估计量

根据前面章节的阐述，ES 的度量方式为

$$\text{ES}_\alpha = \int_0^1 F_L^{-1}(u) \, dD_\alpha(u), \tag{10-2-41}$$

其中，畸变函数 $D(u)$ 表示定义域 $[0,1]$ 上的凸变形函数，$D_\alpha(u) = (1-\alpha)^{-1}(u-\alpha)^+$，$(u-\alpha)^+ = \max(u-\alpha, 0)$。

因为假设只有样本数据，不知道真正的损失分布函数，因此，本节对上面的定积分进行离散化求和，用已知的经验分布函数的反函数 $F_n^{-1}(u)$ 作为 $F_L^{-1}(u)$ 的估计量，那么 ES 的度量公式就可以转化为

$$\text{ES}_\alpha = \int_0^1 F_n^{-1}(u) \, dD_\alpha(u) = \sum_{k=1}^n L_{(k)} \left[D_\alpha\left(\frac{k}{n}\right) - D_\alpha\left(\frac{k-1}{n}\right) \right]. \tag{10-2-42}$$

代入 ES 的畸变函数 $D_\alpha(u)$ 的表达式，可以进行一系列化简最终得到置信水平 α 下 ES 的估计值 $\widehat{\text{ES}}_\alpha$。

$$\begin{aligned}
\widehat{\text{ES}}_\alpha &= \sum_{k=1}^n L_{(k)} \left[\frac{\left(\frac{k}{n} - \alpha\right)^+}{1-\alpha} - \frac{\left(\frac{k-1}{n} - \alpha\right)^+}{1-\alpha} \right] \\
&= \frac{1}{n(1-\alpha)} \sum_{k=1}^n L_{(k)} \left[(k - n\alpha)^+ - (k - 1 - n\alpha)^+ \right] \\
&= \frac{1}{n(1-\alpha)} \left[L_{(\lceil n\alpha \rceil)} (\lceil n\alpha \rceil - n\alpha) + \sum_{k=\lceil n\alpha \rceil+1}^n L_{(k)} \right].
\end{aligned} \tag{10-2-43}$$

同样地，也可以用 $L_{k,n}$ 来表示。根据 $L_{k,n} = L_{n-k+1}$，

$$\widehat{\text{ES}}_\alpha = \frac{1}{n(1-\alpha)} \left[L_{\lfloor n(1-\alpha) \rfloor + 1, n} (\lceil n\alpha \rceil - n\alpha) + \sum_{k=1}^{\lfloor n(1-\alpha) \rfloor} L_{k,n} \right]. \tag{10-2-44}$$

10.3 基于 FinTech 的市场风险分析

近年来随着 FinTech 的迅猛发展，FinTech 在风险防控领域对金融行业的帮助不容小觑，特别是在数据收集分析、风险定级及预警等领域，FinTech 发挥着重要的通道作用，极大提升了金融行业风险防控水平。FinTech 对风控能力的提升是建立在多维、海量、动态的数据基础之上的。企业通过对自有数据整合、公开数据的抓取、第三方服务商合作以及渠道开发等，实现了人工智能、大数据、云计算和区块链等领先技术的创新，并应用到了风险模型、企业征信、贷后风控管理等实践领域，有效地突破了传统风控模式上的限制。本节将主要介绍基于 FinTech 的市场风险分析，包括深度学习、智能投顾、量化交易的技术方法。

目前人工智能和大数据技术的紧密结合已经成为市场风险分析的主要趋势，其基本逻辑是通过在深度学习和数据挖掘中自我更新、自我调整和自我迭代，进而从更多维度的大数据中把握市场风险规律，进行风险管理。

人工智能技术在金融行业中的应用主要为智能风控、智能支付、智能投研和智能投顾等。随着非结构化数据的增多，人工智能在数据分析方面的优势越发显著，如在自然语言处理领域为舆情处理、协议文本管理等提供了大量的支持，其在金融领域的使用也随之增多。风险管理人员开始利用人工智能模型识别一些辅助参数，如在优化内部评级模型时，风险管理人员会利用人工智能识别一些辅助参数并加入内部评级模型长清单中，用以提高模型质量。人工智能领域中的深度学习技术也被许多研究者用以改进 VaR 模型，提高了市场风险预测的准确性。除此之外，智能投顾、智能投研等人工智能工具也能够为市场参与者提供更多的投资工具，尽可能减少因股票价格、商品价格、利率、汇率等波动带来的市场风险。

近年来，大数据在保险、银行、证券等细分领域的应用越发广泛。在保险行业，大数据可以基于企业内外部交易和历史数据，实时或准时预测和分析欺诈等非法行为，还能通过识别客户的风险偏好来进行差异化服务和精细化营销；在证券行业，大数据可以应用于股价预测，以及结合人工智能助力智能投顾；在银行业，大数据除了用于信用风险管理外，还能与人工智能技术结合，用于利率风险的分析与管理。中国银行业监督管理委员会在 2016 年 9 月印发的《银行业金融机构全面风险管理指引》中就已经提到"银行业金融机构应当建立与业务规模、风险状况等相匹配的信息科技基础设施。银行业金融机构应当建立健全数据质量控制机制，积累真实、准确、连续、完整的内部和外部数据，用于风险识别、计量、评估、监测、报告，以及资本和流动性充足情况的评估。"2018 年 5 月，为推动商业银行进一步提升银行账簿利率风险管理水平，中国银保监会对《商业银行银行账户利率风险管理指引》进行了全面修订，发布《商业银行银行账簿利率风险管理指引（修订）》，其中第三章"风险计量和压力测试"和第四章"计量系统与模型管理"主要就是 FinTech 手段对银行账簿利率风险管理应用的规定，具体内容如下。

第二十二条，商业银行应根据银行账簿相关产品的期权性条款，分析客户行为特点，对产品未来现金流做出假设。具有期权性条款的金融产品包括但不限于：具有提前还款权的固定利率贷款、具有提前支取权的定期存款、无到期日存款、浮动利率贷款中的利率顶和利率底等。

第三十条，银行账簿利率风险计量系统应采用静态模拟、动态模型等多种方法计量经济价值和收益变化，有效评估各种利率冲击情景和压力情景的潜在影响，识别并计量银行账簿利率风险。该系统应能根据监管要求对内部风险参数进行限制或调整。

第三十一条，商业银行应提高银行账簿利率风险计量系统的数据采集自动化水平，及时、准确收集风险信息，对数据管理进行定期评估和完善。

接下来，将分别具体介绍深度学习、智能投顾、量化交易在市场风险方面的应用。

1) 基于深度学习的金融时间序列分析

深度学习的概念源于人工神经网络的研究，含多个隐藏层的多层感知器就是一种深度学习结构。深度学习通过组合低层特征形成更加抽象的高层表示属性类别或特征，以发现数据的分布式特征表示。

常见的深度学习模型包括：卷积神经网络、具有"记忆性"的循环神经网络、长短期记忆（long short term memory，LSTM）模型、深度置信网络及受限玻尔兹曼机等。

在金融时间序列分析中，一般都会涉及资产收益率和波动率建模。其中收益率分布的刻画方法主要有三类，第一类是参数法，如之前介绍的方差-协方差法以及假定收益率服从偏 t 分布；第二类是非参数法，包括前面介绍的历史模拟法、蒙特卡罗模拟法，这类方法并不假定收益率服从某种分布，而是通过历史数据或者模拟方法计算 VaR；第三类是半参数方法，如极值理论，能够刻画收益率尾部分布。

近年来，深度学习快速发展，在市场风险分析中得到了更加广泛的应用。基于 LSTM-RV（long short term memory-realized volatility，长短期记忆实现波动性）模型和半参数极值理论方法构造的 LSTMRV-EVT（long short term memory realized volatility-extreme value theory，长短期记忆实现波动极值理论）风险度量模型，相对于 HAR-EVT（heterogeneous autoregressive-extreme value theory，异质自回归极值理论）、LSTM-EVT（long short term memory-extreme value theory，长短期记忆极值理论）等 VaR 度量模型，在持有和卖空资产两种情形下，对 VaR 度量都是最准确的，显示了深度学习理论在 VaR 预测领域的优势。

已实现波动率能较好地度量高频数据的波动变化，ARFIMA（autoregressive fractionally integrated moving average，自回归分数移动平均）模型、异质自回归模型（heterogenetic autoregressive，HAR）等都可以用于实现波动率预测。

2) 量化交易

量化交易是指以先进的数学模型替代人为的主观判断，利用计算机技术从庞大的历史数据中海选能带来超额收益的多种"大概率"事件以制定策略，极大地减少了投资者情绪波动的影响，避免在市场极度狂热或悲观的情况下做出非理性的投资决策。随着 FinTech 的快速发展，目前市场上已经有很多采用量化策略的产品，量化交易在 A 股市场的成交占比达两成左右。

一方面，量化交易可以提升市场的流动性，提升资产定价效率。量化模型能够处理海量的历史和实时数据，从中挖掘出市场模式和定价偏差，快速识别并利用这些机会，增加了市场的交易活动，提升了整体流动性；此外，许多量化策略采取市场中性立场，即同时持有相等金额的多头和空头头寸以对冲市场风险，这种策略在增加交易量的同时，不会单边推动市场价格，有利于维持市场的稳定和提高定价的合理性。另一方面，策略的同质化也容易引发交易趋同、波动加剧等问题，从而加大市场的脆弱性。因此，量化交易对市场风险是一把双刃剑。

3）智能投顾

智能投顾是依据现代资产组合等其他金融投资理论、结合投资者个人的财务状况、理财目标和风险偏好、运用云计算、大数据、人工智能等技术，为用户生成自动化、智能化、个性化的资产配置建议、提供资产管理服务，实现主动投资和被动投资策略的结合，并对投资组合实现跟踪和自动调整的新型 FinTech 创新应用。

随着 FinTech 的快速发展，智能投顾在各国都得到了不同程度的应用。智能投顾不仅能够大幅降低传统财富管理行业中高昂的人力成本，为投资者提升收益，还能为投资组合进行节税安排，降低投资者税务成本，因此很快得到了广大投资者，尤其是中小投资者的青睐。但是我国金融市场与欧美等发达国家的金融市场之间存在显著的不同点，且我国智能投顾相对发展较晚，相关技术尚不成熟，因此智能投顾虽然有助于投资决策，但是在我国的应用也可能导致一定的市场风险。

首先，从表面上看，近几十年来，我国经济实现高速增长，国民财富快速积累，从而个人投资者的理财需求也得到了快速增长，尤其是中小投资者，他们急需更加广阔的投资理财渠道。实际上，智能投顾在欧美等发达国家的投资标的以交易型开放式指数基金为主，但交易型开放式指数基金在我国金融市场中占的份额非常小，这是我国金融市场与欧美等发达国家金融市场之间的一大区别，因此智能投顾在我国的应用范围较小，无法有效发挥其组合投资、分散风险的显著优势，所以智能投顾在我国广大投资者之间并没有很高的关注度。

其次，智能投顾的第二大优势在于减轻税收负担，所以欧美等发达国家的众多投资者利用智能投顾很大程度是为了合理避税，降低税务成本，但是在我国的税收制度下，投资者并没有这种避税需求，因此对智能投顾也没有强烈的需求。

再次，我国广大投资者，尤其是中小投资者，更加关注短期的投资收益，偏向于频繁地进行股票和基金的买卖，进行长期投资的投资者比例甚少。但智能投顾更注重长期持有金融资产的收益，这也使我国众多投资者对智能投顾抱有怀疑的态度，导致智能投顾在我国的应用范围较小，应用程度较浅。

最后，智能投顾很可能强化羊群效应和市场共振，增强风险波动和顺周期性。金融机构在运用智能化系统向客户提供程序化、标准化的资产管理建议时，若广泛采用相似的风险评估指标及交易策略，可能会促成市场上大量资金的同向操作，表现为集体买入或卖出，加剧资产价格的同步涨跌现象，这种"同频共振"效应本身就是一种系统性风险的体现。为此，2018 年 4 月，《关于规范金融机构资产管理业务的指导意见》规定，金融机构根据不同产品投资策略研发对应的人工智能算法或者程序化交易，避免算法同质化加剧投资行为的顺周期性，并针对由此可能引发的市场波动风险制定应对预案，因算法同质化、编程设计错误、对数据利用深度不够等人工智能算法模型缺陷或者系统异常，导致羊群效应、影响金融市场稳定运行的，应当及时采取人工干预措施，强制调整或者终止人工智能业务。

10.4　市场风险管理

市场风险管理指的是建立健全市场风险管理组织体系，对证券公司面临的市场风险进行全面的识别、准确的计量、及时的检测、处置和报告，有效评估公司面临的市场风险状况，将市场风险控制在证券公司可承受范围内，平衡风险与收益情况的过程。

全面的识别是指对证券公司面临的各种市场风险因素进行认识、鉴别与分析。风险识别是基础环节，公司首先要分析自身的市场风险暴露，即风险范围、风险业务种类以及受风险影响的程度。准确的计量是对市场风险水平的分析和估量，包括计量各种市场风险导致损失的可能性的大小以及损失发生的范围和程度。市场风险计量是市场风险识别的延续，使公司能够准确地评估市场风险的大小，最大限度地减少损失。证券公司采用定量模型计量市场风险，包括敞口分析、敏感性分析、久期分析、情景分析、VaR 和压力测试等。公司应当定期对估值与风险计量模型的有效性进行检验和评价，确保相关假设、参数、数据来源和计量程序的合理性与可靠性，并根据检验结果进行调整和改进。及时的监测和处置是指公司应建立健全市场风险监控流程，在业务日常运营活动中持续监控市场风险暴露水平。在监控过程中，如果出现越权交易和超限额交易，应当迅速向管理层报告并采取措施。

10.4.1　市场风险管理体系

市场风险是巴塞尔新资本协议体系第一支柱的三大风险之一。近年来，随着国际政治和经济形势的变化，各类市场价格波动的频率更高、幅度更加剧烈，国内外银行业越发意识到市场风险管理的重要性。

《商业银行市场风险管理指引》（中国银行业监督管理委员会令 2004 年第 10 号）和《银行业金融机构全面风险管理指引》（银监发〔2016〕44 号）是商业银行建立健全本行市场风险管理体系应遵循的主线法规。2023 年 2 月，中国银保监会、中国人民银行发布《商业银行资本管理办法（征求意见稿）》，向社会公开征求意见。修订后的《商业银行资本管理办法》于 2024 年 1 月 1 日起实施，这意味着巴塞尔协议Ⅲ在国内落地实施进入倒计时阶段。

《商业银行市场风险管理指引》指出，商业银行应当建立与本行的业务性质、规模和复杂程度相适应的、完善的、可靠的市场风险管理体系。市场风险管理体系包括以下基本要素。

（1）董事会和高级管理层的有效监控。
（2）完善的市场风险管理政策和程序。
（3）完善的市场风险识别、计量、检测和控制程序。

(4) 完善的内部控制和独立的外部审计。

(5) 适当的市场风险资本分配机制。

商业银行的董事会和高级管理层应当对市场风险管理体系实施有效的监控。同时，商业银行应当指定专门的部门负责市场风险管理工作，负责市场风险管理的部门应当职责明确，与承担风险的业务经营部门保持相对独立，向董事会和高级管理层提供独立的市场风险报告，并且具备履行市场风险管理职责所需的人力资源、物力资源。此外，商业银行承担市场风险的业务经营部门应当充分了解并在业务决策中充分考虑所从事业务中包含的各类市场风险，以实现经风险调整的收益率的最大化。

商业银行应当制定适用于整个银行机构的、正式的书面市场风险管理政策和程序。市场风险管理政策和程序应当与银行的业务性质、规模、复杂程度和风险特征相适应，与其总体业务发展战略、管理能力、资本实力和能够承担的总体风险水平相一致。商业银行应当根据本行市场风险状况以及外部市场的变化情况，及时修订和完善市场风险管理政策和程序。市场风险管理政策和程序及其重大修订应当由董事会批准。商业银行的高级管理层应当向与市场风险管理有关的工作人员阐明本行的市场风险管理政策和程序。与市场风险管理有关的工作人员应当充分了解其与市场风险管理有关的权限和职责。同时，商业银行应当对不同类别的市场风险（如利率风险）和不同业务种类（如衍生品交易）的市场风险制定更加详细和有针对性的风险管理政策和程序，并保持相互之间的一致性。

商业银行应当根据本行的业务性质、规模和复杂程度，对银行账户和交易账户中不同类别的市场风险选择适当的、普遍接受的计量方法，基于合理的假设前提和参数，计量承担的所有市场风险，尽可能准确计算可以量化的市场风险和评估难以量化的市场风险。商业银行可以采取不同的方法或模型计量银行账户和交易账户中不同类别的市场风险，计量方法包括缺口分析、久期分析、外汇敞口分析、敏感性分析、情景分析和运用内部模型计算 VaR 等。商业银行应当充分认识到不同市场风险计量方法的优势和局限，并及时用压力测试等其他分析手段进行补充。

商业银行应当建立完善的市场风险管理内部控制体系，作为银行整体内部控制体系的有机组成部分，市场风险管理的内部控制应当有利于促进有效的业务运作，提供可靠的财务和监管报告，促使银行严格遵守相关法律、行政法规、部门规章和内部的制度、程序，确保市场风险管理体系的有效运行。内部审计力量不足的商业银行应当委托社会中介机构对其市场风险的性质、水平及市场风险管理体系进行审计，同时也鼓励其他商业银行委托社会中介机构对其市场风险的性质、水平及市场风险管理体系定期进行审查和评价。

10.4.2 市场风险管理流程

通过对市场风险进行有效的识别、计量、监测、控制和跟踪处理，银行可以降低风险损失，提高业务运营效率，从而实现可持续发展。接下来，本节将介绍市场风险管理流程，以便读者能更好地理解和运用市场风险管理方法。

《银行业金融机构全面风险管理指引》提出，银行业金融机构应当建立全面风险管理体系，采取定性和定量相结合的方法，识别、计量、评估、监测、报告、控制或缓释所承担的各类风险。

对于定性管理，银行应该在董事会和高级管理层的监督管理之下，建立完善的治理机构、组织机构、政策程序、管理流程、监测报告、内控体系等。定性管理主要可以概括为六个方面：一是确定由董事会主导的统一的市场风险管理概念；二是建立适应业务流程和性质的市场风险组织架构；三是建立与时俱进的市场风险管理政策和程序；四是建立明晰的市场风险报告路径、报告频率和反馈机制；五是建立市场风险内部监督审核机制和对外信息披露机制；六是建立高素质的市场风险管理队伍。其中对于第四点，2024年起执行的《商业银行资本管理办法》将报送频率由按照月度频率报送，更新为按月度和季度频率报送。

对于市场风险的定量管理，一般分为五个步骤：第一步，收集全部交易记录；第二步，汇总交易记录，形成交易组合；第三步，将决定组合价值的因子分解成基本潜在因子；第四步，采用相关风险因子的现行市场价分解后的资产组合定价并确定组合收益；第五步，运用一套模拟市场价格对资产组合进行重新定价来计量风险大小（陆静，2021）。银行必须将市场风险内部模型融入业务管理流程，参照市场风险内部模型和市场风险计量系统的结果，并结合业务经验，做出稳健、科学、合理的业务决策，以更好地管理市场风险。

除此之外，受宏观经济环境变化等因素的影响，市场风险管理的难度越来越大。商业银行市场风险管理是一个风险管控过程，不仅仅是中后台和风险管理部门的责任。市场风险日常管理必须从前台业务部门的投资决策开始，将贯彻全行风险管理的要求前置。因此，银行在提升市场风险管理能力的过程中应当不断进取，积极应对挑战，将市场风险管理的流程前置到投资决策环节。

1）确定市场风险预算

确定市场风险预算是市场风险管理的重要环节。市场风险预算指的是由董事会及高级管理层确定的对于一个给定时期内由市场风险带来的损失的承受程度。风险预算分为两类，一类是止损约束，旨在控制由盯住市场规则产生的现有头寸相对于基准组合的累积损失；另一类是头寸约束，旨在预控制未来市场价格的不利变动可能引发的潜在损失。

2）设置市场风险限额

商业银行应当对市场风险实施限额管理，制定对各类和各级限额的内部审批程序和操作规程，根据业务性质、规模、复杂程度和风险承受能力设定、定期审查和更新限额。市场风险限额包括交易限额、风险限额及止损限额等，并可按地区、业务经营部门、资产组合、金融工具和风险类别进行分解。商业银行应当根据不同限额控制风险的作用及其局限性，建立不同类型和不同层次的限额相互补充的合理限额体系，有效控制市场风险。

限额管理流程是市场风险限额的治理架构，主要包括限额设定流程和限额调整流程。限额设定流程指的是风险限额的制定、审批和发布的流程。限额调整流程指的是由于本行内部、外部的因素，现有的年度限额方案已不适应业务开展的需求，从而进行限额调整的流程。

限额管理流程需要考虑授权与转授权安排。由于市场风险的波动性和不确定性相对较高，交易部门及部门内各交易台的交易主管，应该在执行风险部门的限额要求的同时，对于所辖部门及所辖交易台具有适当的转授权管理的权限，以便根据市场形势和交易员交易情况灵活调整交易授权。

限额调整流程在以下情形下启动：①交易策略发生变更时；②市场形势或业务需求发生变化时；③风险偏好发生变化时；④监管机构要求变更时。

10.4.3 市场风险监测与报告

市场风险报告旨在监管市场风险头寸、监控市场风险敞口是否符合风险限额，确保承担的市场风险规模控制在可以承受的合理范围内、承担的市场风险水平与其风险管理能力和资本实力相匹配。为了更好地反映金融机构的战略，金融机构应该定期对市场风险限额进行必要的调整。市场风险报告是金融机构能及时采取补救措施、减少损失程度的关键，同时，提供真实、准确的市场风险报告也是原中国银行业监督管理委员会提出的要求。有关市场风险情况的报告应当定期、及时向董事会与高级管理层和其他管理人员提供。不同层次和种类的报告应当遵循规定的发送范围、程序和频率。

1）市场风险报告体系应当遵循的原则

（1）独立性原则。风险报告部门必须独立于风险承担部门。主要的市场风险报告部门是风险管理部门和营运部门。

（2）可靠性原则。风险头寸和估价信息渠道必须经授权并且前后一致。对公式、方法和风险术语的描述必须清晰。

（3）时效性原则。风险报告必须及时，以便采取相应的补救措施。

（4）恰当性。风险报告程序应当有清晰的架构，并上报给高级管理层、董事会及其他管理人员，以便及时采取应急补救措施，减少损失，并进行相应的处罚。

（5）有效性。管理层应当能够高效使用数据库，使人为干预和调整最小化。商业银行应当建立完备、可靠的管理信息系统，并采取相应的措施确保数据准确、可靠、及时和安全，检测市场风险限额的遵守情况和提供市场风险报告的有关内容。

2）市场风险报告的内容

报告应当包括如下全部或部分内容。

（1）按业务、部门、地区和风险类别分别统计的市场风险头寸。

（2）按业务、部门、地区和风险类别分别计量的市场风险水平。

（3）对市场风险头寸和市场风险水平的结构分析。

（4）盈亏情况。

（5）市场风险识别、计量、监测和控制方法及程序的变更情况。

（6）市场风险管理政策和程序的遵守情况。

（7）市场风险限额的遵守情况，包括对超限额情况的处理。

（8）事后检验和压力测试情况。

(9) 内部和外部审计情况。
(10) 市场风险资本分配情况。
(11) 对改进市场风险管理政策、程序以及市场风险应急方案的建议。
(12) 市场风险管理的其他情况。

向董事会提交的市场风险报告通常包括银行的总体市场风险头寸、风险水平、盈亏状况和对市场风险限额及市场风险管理的其他政策与程序的遵守情况等内容。向高级管理层和其他管理人员提交的市场风险报告通常包括按地区、业务经营部门、资产组合、金融工具和风险类别分解后的详细信息，并具有更高的报告频率。

3) 市场风险报告的路径和频度

在正常市场条件下，商业银行的风险管理信息系统应严格保证风险管理部门、高级管理层以及其他需要风险报告的部门或个人能够及时通过内部网络获取所需的风险信息，避免因行政级别或流程的限制而延误了风险信息的及时传递。

根据国际先进银行的市场风险管理实践，市场风险报告的路径和频度通常如下。

(1) 在正常市场条件下，通常每周向高级管理层报告一次；在市场剧烈波动的情况下，需要进行及时报告，但主要通过信息系统直接传递。

(2) 后台和前台所需的头寸报告，应当每日提供，并完好打印、存档、保管。

(3) VaR 和风险限额报告必须在每日交易结束之后尽快完成。

(4) 应高级管理层或决策部门的要求，风险管理部门应当有能力随时提供各种满足特定需要的风险分析报告，以辅助决策。

10.4.4 市场风险控制的基本方法

1. 限额管理

市场风险限额管理是确保将承担的市场风险规模控制在可以承受的范围之内，使承担的市场风险水平与其风险管理能力和资本实力相匹配，是对商业银行市场风险进行有效控制的一项重要手段。商业银行应当对市场风险实施限额管理，制定对各类和各级限额的内部审批程序和操作规程，根据业务性质、规模、复杂程度和风险承受能力设定、定期审查和更新限额。

市场风险限额管理体系主要包括风险限额设定、风险限额监测和风险限额控制三个环节等。

其中风险限额设定是限额管理体系的重要基础，一般可以分为四个阶段：首先是全面风险计量，即银行对各类业务包含的信用风险、市场风险和操作风险分别进行量化分析，以确定各类敞口的预期损失和非预期损失；其次，利用会计信息系统，对各业务敞口的收益和成本进行量化分析，其中制定一套合理的成本分摊方案是亟待解决的一项重要任务；再次，运用资产组合分析模型，确定各业务敞口经济资本的增量和存量；最后，综合考虑监管部门的政策要求以及银行战略管理层的风险偏好，最终确定各业务敞口的风险限额。

常用的市场风险限额包括头寸限额、敏感性指标限额、止损限额、风险价值限额、压力测试限额等。

（1）头寸限额是指对总交易头寸或净交易头寸设定的限额。总头寸限额对特定交易工具的多头头寸或空头头寸分别加以限制；净头寸限额对多头头寸和空头头寸相抵后的净额加以限制。在实践中，商业银行通常将这两种交易限额结合使用。

（2）敏感性指标限额是指对各类敏感性指标设定的限额。可以对单个产品设定敏感性指标限额，也可以对多产品组合设定敏感性指标限额。实务中要注意对组合设定敏感性指标限额时不同产品之间的基差风险，如人民币利率互换存在多个浮动基准，可以对每个基准设定基点价值限额，也可以对多个基准设定总的基点价值限额。但考虑到利率互换的不同基准之间相关性有限，可能出现总基点价值轧差后不太大，但各基准基点价值绝对值很大的情况。

（3）止损限额是指允许的最大损失额。通常，当某项头寸的累计损失达到或接近损失额时，就必须对该头寸进行对冲交易或立即变现。止损限额具有追溯力，适用于一日、一周或一个月等一段时间内的累计损失或盯市损失。

（4）风险价值限额是指对采用一定方法获得的风险价值设置限额。风险价值限额体系设计的基本原理是，对于给定组合，要求其未来一段时间的风险价值在某个置信度水平下不被突破，因此风险价值限额相当于风险价值的风险价值。

（5）压力测试限额是指对使用给定压力情景计算出的压力测试结果设置限额，目的是确保所持头寸在压力情境下的损失水平在可承担的范围内。

商业银行应当根据不同限额控制风险的不同作用及其局限性，建立不同类型和不同层次的限额相互补充的合理限额体系，有效控制市场风险。设定好风险限额后，商业银行应当有效地执行，并对超限额的情况制定监控和处理程序。如果出现超限额情况，相关部门应当及时向管理层报告，该级别的管理层应当根据限额管理的政策和程序决定是否批准以及此超限额情况可以保持多长时间，对未经批准的超限额情况应当按照限额管理的政策和程序进行处理。此外，管理层应当根据超限额发生情况决定是否对限额管理体系进行调整。

2. 市场风险对冲

风险对冲是指购买或投资与标的资产收益波动负相关的某种资产或衍生品，来冲销标的资产潜在的风险损失的一种风险管理策略。风险对冲是管理利率风险、汇率风险、股票风险和商品风险非常有效的方法之一，金融机构可以通过金融衍生品等工具，当原风险敞口出现亏损时，新风险敞口能够盈利，并且尽量使盈利能够抵补全部亏损。与风险分散策略不同的是，风险对冲不仅可以管理系统性风险和非系统性风险，还可以根据投资者的风险承受能力和偏好，调节对冲比率使风险降低到预期水平。但是，风险对冲必须涉及风险组合，而不是针对单一风险，对于单一风险，只能进行风险规避和风险控制。

商业银行的市场风险对冲一般可以分为自我对冲和市场对冲。

（1）自我对冲。自我对冲也称表内对冲，是指商业银行利用资产负债表或某些具有收益负相关性质的业务组合本身具有的对冲特性进行风险对冲。

（2）市场对冲。市场对冲也称表外对冲，对于无法通过资产负债表和相关业务调整进行自我对冲的市场风险（又称残余风险），可以通过衍生品市场进行对冲。利用衍生品进行市场对冲具有构造方式多样、交易灵活等优点，但是金融机构也要审慎使用金融衍生品来控制市场风险，注意会计处理、监管要求、交易对手的信用风险等问题，有效发挥金融衍生品的风险控制能力。

3. 经济资本配置

除了限额管理和风险对冲外，商业银行还可以通过经济资本配置管理来降低市场风险敞口。经济资本配置一般可以分为自上而下和自下而上两种方式，金融机构应注意两种方式的适用范围。

（1）自上而下法。自上而下法一般用于制定市场风险战略规划。商业银行可以根据前期各业务部门、交易员或者交易产品的风险价值占市场风险整体风险价值的比例，将当期经济资本自上而下逐级分解到各个业务部门、交易员或交易产品。根据投资组合原理，资产组合整体风险价值应小于单个风险价值之和，所以，在计算经济资本的分配时，应该对单个风险价值进行必要的技术性调整。

（2）自下而上法。自下而上法一般用于当期绩效考核。商业银行可以根据各业务部门、交易员或交易产品的实际风险状况计算其所占的经济资本，再由下而上逐级累计。同样地，根据投资组合原理，累计所得的资产组合整体经济资本应该小于单个经济资本的简单加总。

参 考 文 献

巴曙松. 2003. 巴塞尔新资本协议框架下的操作风险衡量与资本金约束[J]. 经济理论与经济管理, 23(2): 17-24.
高惠璇. 2005. 应用多元统计分析[M]. 北京: 北京大学出版社.
焦守坤. 2023. 风险价值和期望损失联合模型的估计及应用研究[D]. 合肥: 中国科学技术大学.
李霞. 2014. COPULA 方法及其应用[M]. 北京: 经济管理出版社.
林清泉, 张建龙. 2011. 金融时间序列建模和风险度量: 基于广义双曲线分布的方法[M]. 北京: 中国人民大学出版社.
陆静. 2021. 金融风险管理[M]. 3 版. 北京: 中国人民大学出版社.
韦艳华, 张世英. 2008. Copula 理论及其在金融分析上的应用[M]. 北京: 清华大学出版社.
徐光林. 2010. 回测检验在商业银行市场风险度量中的应用研究[J]. 金融理论与实践, (1): 20-24.
张金清. 2011. 金融风险管理[M]. 2 版. 上海: 复旦大学出版社.
Acharya V V, Pedersen L H, Philippon T, et al. 2017. Measuring systemic risk[J]. The Review of Financial Studies, 30(1): 2-47.
BCBS. 2004. International convergence of capital measurement and capital standards: a revised framework [EB/OL]. https://www.bis.org/publ/bcbs107.pdf[2024-11-05].
BCBS. 2010. Group of governors and heads of supervision announces higher global minimum capital standards[EB/OL]. https://www.bis.org/press/p100912.pdf[2024-11-05].
BCBS. 2013. The liquidity coverage ratio and liquidity risk monitoring tools[EB/OL]. https://www.bis.org/publ/bcbs238.pdf[2024-11-05].
BCBS. 2021a. Revisions to market risk disclosure requirements[EB/OL]. https://www.bis.org/bcbs/publ/d529.pdf[2024-11-05].
BCBS. 2021b. Revisions to the principles for the sound management of operational risk[EB/OL]. https://www.bis.org/bcbs/publ/d515.pdf[2024-11-05].
Brownlees C, Engle R F. 2017. SRISK: a conditional capital shortfall measure of systemic risk[J]. The Review of Financial Studies, 30(1): 48-79.
McNeil A J, Frey R, Embrechts P. 2015. Quantitative Risk Management: Concepts, Techniques and Tools - Revised Edition[M]. Princeton: Princeton University Press.